逻辑·语法·修辞
（第2版）

李衍华　主编

李衍华　吴为章　王　立　编著

图书在版编目(CIP)数据

逻辑·语法·修辞/李衍华主编. —北京:北京大学出版社,2011.9
ISBN 978-7-301-19356-3

Ⅰ.①逻… Ⅱ.①李… Ⅲ.①语言逻辑 ②汉语-语法 ③汉语-修辞 Ⅳ.①H0-05 ②H1

中国版本图书馆 CIP 数据核字(2011)第 160434 号

书　　　名:	逻辑·语法·修辞(第2版)
著作责任者:	李衍华　主编
组 稿 编 辑:	杨书澜
责 任 编 辑:	魏冬峰
标 准 书 号:	ISBN 978-7-301-19356-3/B·1005
出 版 发 行:	北京大学出版社
地　　　址:	北京市海淀区成府路 205 号　100871
网　　　址:	http://www.pup.cn
电　　　话:	邮购部 62752015　发行部 62750672　编辑部 62750673
	出版部 62754962
电 子 邮 箱:	zpup@pup.cn
印 　刷 　者:	三河市北燕印装有限公司
经 　销 　者:	新华书店
	965 毫米×1300 毫米　16 开本　21.25 印张　335 千字
	2011 年 9 月第 1 版　2024 年 6 月第 13 次印刷
定　　　价:	49.00 元

未经许可,不得以任何方式复制或抄袭本书之部分或全部内容。
版权所有,侵权必究
举报电话:010-62752024　电子邮箱:fd@pup.cn

名 人 名 言

凡稍涉乎逻辑者,莫不知此为诸学诸事之规则,为思想之门径也。

——孙中山

一个合逻辑,一个合文法,一个较好的修辞,这三点请你们在写文章的时候注意。

——毛泽东

逻辑与语言,关系最密切;运思与行文,两者不能缺。

——周谷城

人是理性的动物,因为他能运用逻辑于他的思维;人是社会的动物,因为他能用语言和别人交流。

——吕叔湘

结合语言的运用、结合语法修辞来学习逻辑,这是联系实际地学习逻辑的一种切实可行的、比较有效的办法。

——张志公

第 2 版序言

本书原是 2002 年我们为中国逻辑与语言函授大学编写的一部教材,至今已近十年。此次承蒙北京大学出版社出版第 2 版,我们对本书作了进一步订正,增换了部分选例,补充了练习题参考答案,并附一篇《逻辑与语法、修辞关系简论》。本书"语法编"作者中国传媒大学吴为章教授已去世,再版此书对她也是最好的告慰与纪念。在修订本书过程中,"修辞编"作者北京外交学院王立教授承担了对"语法编"校阅及增补练习的工作。

本书能再版要特别感谢北京大学出版社,尤其是综合编辑室主任杨书澜女士,正是由于她对"倡导理性、恪守逻辑"理念的坚守,使我们有机会将本书再一次呈现给读者;同时也要对为本书出版付出许多辛劳的责编魏冬峰女士表示感谢。

本书因简或有疏漏,望读者给予批评建议。

李衍华
2010 年 5 月 30 日

写 在 前 面

从人的思维活动到言语表达,凭借的载体是语言。人运用语言来"想",并表达为"说"或"写",这是一个相互关联的大系统。为了使想、说、写更加清晰和完美,就有了研究思维规律的逻辑,研究运用语言规律的语法,研究增强语言效果规律的修辞。其实,这三者本来就是"一母三胎",各有不同,却又紧密相连,都是说话和写文章本身内在的东西。把这三者结合起来加以研究,一直是许多语言学家和逻辑学家的心愿。语言学家郭绍虞先生曾说:"我尝有这样一个奢望:语法、修辞、逻辑都是对于写作很有帮助的基本知识。由于这三种知识的关系之密,所以我希望有三部书:一部是以语法为中心,结合着修辞逻辑来写的书;一部是以修辞为中心,结合着语法逻辑来写的书;一部是以逻辑为中心,结合着语法修辞来写的书。有这样三部书,各有中心,但又相互关联,那就讲得灵活,自然切于实用了。"(《汉语语法修辞新探》)我们认为这是一个很好的设想,也是我们长期教学实践的共同感受。如果能做到"三结合",使这三门学科的理论,在语言表达的实践中达到融和统一,当然就会更"切于实用"了。

逻辑学界早在20世纪50年代提出要研究语言逻辑的周礼全先生,他提出要应用逻辑的知识和技能去解决实际思维中的问题,而实际思维又和自然语言分不开,因此应当研究自然语言的逻辑问题,并强调要从人们的思维实际出发,结合语法修辞,认为这是逻辑学发展的传统特点,他说:"从亚里士多德《工具论》到现代逻辑出现以前的逻辑传统:逻辑、语法和修辞总是相结合的,语形、语义和语用总是相结合的。"(《逻辑——正确思维和成功交际的理论》)看来,"三结合"的设想,已是前人在做的事情。无论是语言学家还是逻辑学家,都想实现这一"奢望"。

应当承认,把逻辑、语法和修辞结合起来研究,是一项需要各有关学科共同合作的复杂课题。从逻辑方面说,既可以把逻辑应用于语言来研究,也可以从语言概括出逻辑来研究;既可以用传统逻辑方法,也可以用现代逻辑方法来研究;还可以从不同学科中结合语言表达的实际,寻找结合点,进行规律性的探索。

  我们把逻辑、语法、修辞放在一部书里,只表明我们有一个把三者结合起来的愿望,并且各自都作了一定的努力,但是,由于水平所限,基本上还是各说各的话,与真正的三结合,还相距甚远。我们只想在力所能及的范围内,给广大学员提供一本比较简明实用,且又多少有一定程度结合的教材。希望学员在说话、写文章和日常交际中,同时具备逻辑、语法和修辞的知识,能更全面地提高说写能力和语言表达的质量,以适应日常思维和工作的需要。

  本书"逻辑编"由李衍华执笔,"语法编"由吴为章执笔,"修辞编"由王立执笔,全书由李衍华主编。

编 者

2002 年 10 月 11 日

目　　录

逻　辑　编

第一章　绪论 ··· 3
　第一节　什么是逻辑 ·· 3
　　一、"逻辑"一词的由来及释义 ······································· 3
　　二、逻辑学的起源及发展概况 ·· 4
　第二节　逻辑学研究什么 ··· 8
　　一、逻辑学的研究对象 ··· 8
　　二、逻辑学的性质和作用 ··· 11
　第三节　怎样学习逻辑学 ·· 16
　　一、了解学科特点,增强学习信心 ································· 16
　　二、循序渐进,讲究学习方法 ·· 17
　　三、联系实际,学以致用 ··· 17
　思考与练习 ·· 18
第二章　概念 ·· 19
　第一节　概念的概述 ·· 19
　　一、什么是概念 ··· 19
　　二、概念的特征 ··· 19
　　三、概念与语词的关系 ··· 20
　第二节　概念的种类及关系 ··· 21
　　一、概念的种类 ··· 21
　　二、概念间的关系 ·· 23
　第三节　明确概念的逻辑方法 ·· 26
　　一、限制法 ··· 26
　　二、概括(扩大)法 ·· 27
　　三、定义法 ··· 28

四、划分法 29
　思考与练习 31
第三章　判断 35
　第一节　判断的概述 35
　　一、什么是判断 35
　　二、判断的特征 35
　　三、判断、命题与语句 35
　　四、判断的种类 36
　第二节　性质判断 37
　　一、什么是性质判断 37
　　二、性质判断的种类 37
　　三、如何断定性质判断的真假 38
　　四、同一素材的AEIO判断之间的真假推断关系 38
　　五、性质判断中主、谓项的周延性 40
　　六、如何运用性质判断 41
　第三节　关系判断 42
　　一、什么是关系判断 42
　　二、关系的对称性和传递性 43
　　三、如何运用关系判断 44
　第四节　模态判断 44
　　一、什么是模态判断 44
　　二、模态判断的种类及其关系 45
　　三、如何运用模态判断 46
　第五节　规范判断 47
　　一、什么是规范判断 47
　　二、规范判断的种类及其关系 47
　　三、如何运用规范判断 48
　第六节　联言判断 49
　　一、什么是联言判断 49
　　二、联言判断的真假判定 49
　　三、联言判断的语言形式及应用 50
　第七节　选言判断 50
　　一、什么是选言判断 50

二、选言判断的种类及其真假判定 ……………………………… 51
　　三、选言判断的语言形式及应用 ………………………………… 52
  第八节　假言判断 …………………………………………………… 53
　　一、什么是假言判断 ……………………………………………… 53
　　二、假言判断的种类及其真假判定 ……………………………… 53
　　三、假言判断的语言形式及应用 ………………………………… 56
  第九节　负判断 ……………………………………………………… 57
　　一、什么是负判断 ………………………………………………… 57
　　二、负判断的结构及其真假判定 ………………………………… 57
　　三、负判断的语言形式及应用 …………………………………… 57
  思考与练习 …………………………………………………………… 58

第四章　推理

  第一节　推理的概述 ………………………………………………… 63
　　一、什么是推理 …………………………………………………… 63
　　二、推理的组成及语言形式 ……………………………………… 63
　　三、推理的种类 …………………………………………………… 64
  第二节　直接推理 …………………………………………………… 64
　　一、对当关系直接推理 …………………………………………… 64
　　二、换质法直接推理 ……………………………………………… 65
　　三、换位法直接推理 ……………………………………………… 65
  第三节　三段论 ……………………………………………………… 66
　　一、什么是三段论 ………………………………………………… 66
　　二、三段论的组成 ………………………………………………… 67
　　三、正确进行三段论推理的条件 ………………………………… 68
　　四、三段论的公理 ………………………………………………… 68
　　五、三段论推理的一般规则 ……………………………………… 69
　　六、各格的特殊规则 ……………………………………………… 73
　　七、三段论的式 …………………………………………………… 73
　　八、三段论的省略式 ……………………………………………… 74
  第四节　复合判断推理 ……………………………………………… 75
　　一、联言推理 ……………………………………………………… 75
　　二、选言推理 ……………………………………………………… 76
　　三、假言推理 ……………………………………………………… 77

四、二难推理 ……………………………………………… 80
　第五节　归纳推理和类比推理 ……………………………… 81
　　一、完全归纳推理 …………………………………………… 82
　　二、不完全归纳推理 ………………………………………… 82
　　三、求因果联系法 …………………………………………… 84
　　四、类比推理 ………………………………………………… 88
　思考与练习 …………………………………………………… 89

第五章　逻辑思维基本规律 …………………………………… 94
　第一节　同一律 ……………………………………………… 94
　　一、同一律的基本内容及要求 ……………………………… 94
　　二、违反同一律的逻辑错误 ………………………………… 94
　第二节　矛盾律 ……………………………………………… 95
　　一、矛盾律的基本内容及要求 ……………………………… 95
　　二、违反矛盾律的逻辑错误 ………………………………… 96
　第三节　排中律 ……………………………………………… 97
　　一、排中律的基本内容及要求 ……………………………… 97
　　二、违反排中律的逻辑错误 ………………………………… 98
　思考与练习 …………………………………………………… 98

第六章　论证 …………………………………………………… 101
　第一节　论证的概述 ………………………………………… 101
　　一、什么是论证 ……………………………………………… 101
　　二、论证的组成 ……………………………………………… 101
　　三、论证的种类 ……………………………………………… 102
　第二节　论证的方法 ………………………………………… 102
　　一、三段论证法 ……………………………………………… 102
　　二、假言证法 ………………………………………………… 102
　　三、完全归纳证法 …………………………………………… 103
　　四、反证法 …………………………………………………… 103
　　五、选言证法 ………………………………………………… 104
　第三节　论证规则 …………………………………………… 104
　　一、论题必须清楚、明确 …………………………………… 104
　　二、论题必须保持同一 ……………………………………… 104
　　三、论据必须真实、充分 …………………………………… 105

四、论据不得使用未经证实的判断 ·············· 106
　　五、论据不得依赖论题 ···················· 106
　　六、由论据必须能推出论题 ················ 106
　第四节　反驳及其方法 ···················· 106
　　一、什么是反驳 ······················ 106
　　二、反驳的组成 ······················ 107
　　三、反驳的类型 ······················ 107
　　四、反驳的方法 ······················ 108
　第五节　谬误 ························ 110
　　一、语词歧义 ······················· 110
　　二、总合谬误 ······················· 111
　　三、分称谬误 ······················· 111
　　四、偶然关联 ······················· 111
　　五、因果倒置 ······················· 111
　　六、特例谬误 ······················· 111
　　七、同语反诉 ······················· 111
　　八、稻草人谬误 ······················ 111
　　九、以人为据 ······················· 112
　　十、诉诸众人 ······················· 112
　　十一、诉诸情感 ······················ 112
　　十二、诉诸权威 ······················ 112
　　十三、诉诸无知 ······················ 112
　　十四、双重标准 ······················ 112
　思考与练习 ·························· 113

语　法　编

第一章　绪论 ························· 119
第二章　语素的分类和运用 ·················· 122
　第一节　语素的分类 ···················· 122
　　一、单音节语素、双音节语素和多音节语素 ········· 122
　　二、实语素和虚语素 ··················· 124

第二节　语素的运用···126
　　　一、语素、音节、字、词·································126
　　　二、语素构成词的方法·································126
　　　三、防止违反构词法···································129
　　思考与练习···131
第三章　词的分类和运用···133
　　第一节　实词的类别和运用·································134
　　　一、名词、动词、形容词·································134
　　　二、数词、量词·······································138
　　　三、代词···139
　　　四、副词···141
　　　五、助动词（或"能愿动词"）·························142
　　第二节　虚词的类别和运用·································142
　　　一、连词、介词、助词、语气词·························142
　　　二、叹词···145
　　思考与练习···145
第四章　词组的分类和运用···147
　　第一节　词组的构成和类别·································147
　　　一、词组的构成·······································147
　　　二、词组的类别·······································148
　　第二节　词组的多义和歧义·································152
　　　一、多义词组类型举例·································152
　　　二、歧义现象的排除方法·······························153
　　第三节　复杂词组和层次分析·······························154
　　　一、词组复杂化的途径·································154
　　　二、复杂词组的层次分析·······························156
　　思考与练习···157
第五章　句子的分类和运用（上）·································159
　　第一节　句子的类型···160
　　　一、句类、句型、句式·································160
　　　二、基本句型···160
　　第二节　单句的成分及其运用·································161
　　　一、句子成分——主语和谓语·························162

目 录

　　二、句法成分 ································ 166
　　三、特殊成分 ································ 177
　　四、简单单句例析 ························ 179
　思考与练习 ···································· 180

第六章　句子的分类和运用(下) ········ 182
　第一节　常见的特殊句式及其运用 ···· 182
　　一、连动句和兼语句 ···················· 182
　　二、"把"字句 ······························ 183
　　三、"被"字句 ······························ 186
　　四、"是"字句 ······························ 187
　　五、单句结构混乱的现象 ············ 189
　第二节　复句的类型及其运用 ·········· 190
　　一、复句的类型 ·························· 192
　　二、复句的分析和运用 ················ 198
　思考与练习 ···································· 201

第七章　句群的分类和运用 ·············· 204
　第一节　句群的分类 ······················· 205
　　一、并列句群 ····························· 205
　　二、连贯句群 ····························· 206
　　三、递进句群 ····························· 206
　　四、选择句群 ····························· 207
　　五、总分句群 ····························· 207
　　六、解证句群 ····························· 208
　　七、因果句群 ····························· 208
　　八、目的句群 ····························· 209
　　九、条件句群 ····························· 210
　　十、转折句群 ····························· 210
　第二节　句群的切分 ······················· 211
　　一、句群的内部结构切分 ············ 212
　　二、句群的外部结构切分 ············ 212
　第三节　句群的运用 ······················· 214
　　一、上下句子要连贯 ···················· 214
　　二、前后语意须照应 ···················· 215

· 7 ·

三、推理论证合逻辑 ·················· 216
四、遣词造句合语境 ·················· 216
思考与练习 ························ 216

修　辞　编

第一章　修辞概说 ·················· 221
第一节　修辞的含义 ················ 221
一、修辞活动 ······················ 221
二、修辞规律和汉语修辞特征 ·············· 222
三、修辞学 ······················ 223
第二节　为什么要学习修辞 ·············· 223
第三节　修辞和语法、逻辑的关系 ··········· 224
思考与练习 ························ 226

第二章　词语的选用 ················· 227
第一节　从口语中选用 ················ 227
第二节　从文言词语中选用 ·············· 228
第三节　从声音中选用 ················ 229
一、音节要整齐、和谐、匀称 ·············· 229
二、声调要讲求平仄相间，抑扬顿挫 ··········· 229
三、韵脚要和谐自然，琅琅上口 ············· 230
四、叠音要生动、形象 ················· 231
第四节　从意义中选用 ················ 232
一、要把握住词语的意义差别 ·············· 232
二、要注意词语的色彩配合 ··············· 234
三、要注意词类活用 ·················· 235
思考与练习 ························ 236

第三章　句子的选用 ················· 238
第一节　长句和短句 ················· 238
第二节　整句和散句 ················· 242
第三节　肯定句和否定句 ··············· 243
第四节　主动句和被动句 ··············· 244
一、突出强调动作或行为的被动者,把它推为陈述中心 ········ 245

二、主动者无须说出或不愿说出、无从说出时,要用被动句 …… 246
三、在特定的上下文里,为了使前后分句的主语保持一致,
　　用被动句充当复句的分句 …… 246
四、有时候表达一定感情色彩时,要用被动句 …… 247
第五节　口语句式和书面语句式 …… 247
思考与练习 …… 248

第四章　修辞方式(上) …… 249
第一节　比喻 …… 249
一、明喻 …… 250
二、暗喻 …… 251
三、借喻 …… 251
第二节　借代 …… 252
一、借代的方式 …… 252
二、借代和借喻 …… 253
第三节　比拟 …… 254
一、拟人 …… 254
二、拟物 …… 255
三、比拟与比喻 …… 256
第四节　夸张 …… 256
一、扩大夸张 …… 257
二、缩小夸张 …… 257
三、超前夸张 …… 257
第五节　对偶 …… 258
一、正对 …… 259
二、反对 …… 259
三、串对 …… 260
第六节　对比 …… 261
一、两体对比 …… 261
二、一体两面对比 …… 261

第五章　修辞方式(下) …… 263
第一节　排比 …… 263
一、词的排比 …… 263
二、词组的排比 …… 264

三、分句的排比 …………………………………………… 264
　　四、句子的排比 …………………………………………… 264
　　五、段落的排比 …………………………………………… 265
第二节　反复 ………………………………………………… 266
　　一、连续反复 ……………………………………………… 266
　　二、间隔反复 ……………………………………………… 266
第三节　双关 ………………………………………………… 267
　　一、双关的分类 …………………………………………… 267
　　二、双关和借喻 …………………………………………… 268
第四节　反语 ………………………………………………… 268
　　一、反语的分类 …………………………………………… 269
　　二、反语的运用 …………………………………………… 270
第五节　拈连和仿词 ………………………………………… 270
第六节　顶真和回环 ………………………………………… 272
第七节　辞格的综合运用 …………………………………… 273
　　一、辞格的连用 …………………………………………… 273
　　二、辞格的兼用 …………………………………………… 273
　　三、辞格的套用 …………………………………………… 274
思考与练习 …………………………………………………… 274

附　　录

逻辑与语法、修辞关系简论 ………………………………… 279
《逻辑·语法·修辞》各编练习题参考答案 ……………… 286

逻辑编

第一章 绪　　论

第一节　什么是逻辑

一、"逻辑"一词的由来及释义

"逻辑"这个词,在现代生活中,已是一个常用词,但人们对它的理解和应用却有很大差异。孔子说:"名不正则言不顺。"让我们先从"逻辑"一词的含义谈起。

"逻辑"一词是由英语 Logic 音译而来,导源于希腊文 λόγos(逻各斯)。"逻各斯"是一个很宽泛的概念,原意指理性、言辞、规律等。西方最早使用逻辑一词的是公元前 1 世纪的古罗马哲学家西塞罗。我国最早使用逻辑这一译名的是清末学者严复,但他并未正式使用逻辑称谓,仍用"名学"。当时,除"名学"外,还有多种称谓,如"辩学""名理学""论理学""理则学"等。以后有著名学者、逻辑学家章士钊(1881—1973)著《逻辑指要》(写于 1917 年)并力主用逻辑命名。20 世纪 30 年代初著名哲学家、逻辑学家金岳霖(1895—1984)著《逻辑》(清华大学讲义、1937 年出版)。此后,采用者渐多,沿用至今。

从"逻辑"一词的由来可以看到逻辑的本意涵盖极广,正如严复所说"变逻各斯为逻辑以名之。学者可知其学之精深广大矣"。"逻辑"一词在现代汉语中,有多种释义。主要有:

1. 指客观事物发展的必然规律。

例:事物发展的逻辑就是如此,旧的事物不断灭亡,新的事物不断产生。

这里使用"逻辑",意在强调事物发展中新旧更替的必然性。又如"历史的逻辑"、"生活的逻辑"等也是常见的此种用法。

2. 指思维活动(思考)的规律、规则。

例:他的发言条理清晰,很有逻辑性。

这里的"逻辑"是指思维活动的规律。又如"这个推理合乎逻辑""得出合乎逻辑的结论"等,其中的"逻辑"是指"推理规则"。

3. 指某种说法、观点或言论。

例：按照他的逻辑，一名歌手只要嗓子好，就能成为歌唱家。

这里的"逻辑"是指一种说法或观点。此种用法常是套用某种逻辑关系的形式，表述不合事理的言论。又如"奇怪的逻辑"、"强盗逻辑"等，在"逻辑"前加上"奇怪""强盗"等，用来指斥某种荒谬的观点或言论，如"把侵略说成'保护'，真是强盗逻辑"。

4. 指逻辑科学。

例：大家都来学点逻辑。

这里的"逻辑"是指逻辑学。如"逻辑是一门基础科学"、"逻辑不是哲学"等用法，都是指逻辑学。

但是，在用"逻辑"指称逻辑学时，是广义上的泛指。因"逻辑学"可以包括多种门类的逻辑学，所以具体到一定的语境中，仍需确定所指。如"这里所说的逻辑，是指传统的形式逻辑"。

此外，"逻辑"一词还可有许多其他相关的释义。如指"理性"（"逻辑分析"），"说服、论证"（"逻辑性强"、"逻辑力量"），"思考方法、思维工具"（"运用逻辑"、"掌握逻辑"），"完整的思想体系"（"逻辑起点"、"逻辑结构"），"必然性关联"（"逻辑环节"、"逻辑程序"）。历史上也曾有人把逻辑指称为"哲学"、"辩证法"。当我们结合语法修辞，对语言表达作逻辑分析时，"逻辑"又包含着"事理"。

人们对逻辑的解释不下百种，每个逻辑学家对逻辑都有自己心中的解释。人们对逻辑一词的多种解释，说明对逻辑的研究在长期的历史发展中，它的触角深入到各个领域，几乎涉及人类思维的所有方面，这也就是人们常说的"大逻辑"观念。

由此可见，当我们在谈论逻辑的时候，首先要明确其含义，才能做到"名正言顺"，避免误解。

本书中的"逻辑"是指思维活动的规律、规则，在结合语义进行语言分析时，也包括事理，但逻辑并不等同于事理。本书所介绍的"逻辑学"则是指传统的形式逻辑，或称普通逻辑。

二、逻辑学的起源及发展概况

逻辑学是一门已有两千多年历史的古老学问。它的起源可以追溯到古代中国、印度和希腊。

我国先秦时期,诸子百家,学派林立,辩风极盛,出现了名辩学派。孔子(前551—前479)最早提出了"正名"理论,主张按周礼的规定纠正不合名分的现象。《汉书·艺文志》中,列出了儒、道、墨、法、名等先秦十家。名家即以名辩为研究对象的辩士、哲学家。被列为名家第一人的是邓析(约前545—前501),他是春秋末期郑国大夫,主张"刑名之治","操两可之说",表现了朴素的辩证思想及逻辑观念。以后有惠施(约前370—前310),战国中期宋国人,他学富五车,提出"历物十事"的十个命题,极具名辩特色。公孙龙子(约前325—前250),战国后期赵国人,他在《白马论》中提出的"白马非马"论题及其论证,成为对概念的名辩分析的典型代表。尤其是墨子(前480—前420)及后期墨家所集成的《墨经》,是我国第一部逻辑经典,提出了较为完整的"名"(概念)、"辞"(命题)、"说"(推理、论证)及论辩规则等逻辑理论问题。战国晚期的荀子(约前313—前238)在继承前人名辩研究成果的基础上,著《正名》篇,系统提出了"名"的理论,标志着中国古代名学的建立。

古代印度,在各教派的论争中,逻辑学(在印度称为"因明学")也得到了发展。公元2世纪左右,由哲学家足目及其弟子所写《正理经》为最早的逻辑著作。公元5—7世纪,陈那等著《正理门论》,又称新因明,是印度的逻辑经典。我国唐代高僧玄奘曾到印度游学取经,并把因明系统地引入我国。

古希腊是个文明盛世之国,出现了许多大哲学家。著名的哲学家、逻辑学家亚里士多德(前384—前322),是欧洲古代逻辑的创始人,被赞誉为西方的"逻辑之父"。他的逻辑名著《工具论》,是一部权威性的逻辑经典。《工具论》是由《范畴篇》、《解释篇》、《前分析篇》、《后分析篇》、《论辩篇》、《辩谬篇》六部分组成,主要研究了各类语词的意义,各种命题之间的关系,正确推理的普遍形式,构造科学理论的方法,对话和辩论的理论和技术以及各种谬误,初步建立了一个以三段论为中心的演绎逻辑体系。

16世纪以后,随着实验科学的发展,英国哲学家培根(1561—1626)著《新工具》,创立了归纳逻辑,提出科学发现的方法,成为自亚氏以来的传统逻辑的重要组成部分。

17世纪德国哲学家、数学家莱布尼兹(1646—1716)最早提出借助符号语言,用数学方法对思维进行演算的设想。19世纪中叶英国数学家布尔创建了逻辑代数。德国数学家弗雷格建立了第一个逻辑演算系统(命题演算和谓词演算)。20世纪初英国哲学家罗素与怀特海合著《数学原理》,总结了莱布尼兹以来的数理逻辑的研究成果,奠定了20世纪数理逻辑发展的基础。此后,逻辑学家、数学家哥德尔,进一步证明了数学原理中的不完全性定理,对数理逻辑和数学的发展产生了很大的影响和推进作用。狭义的数理逻辑仅指命题演算和谓词演算。广义的数理逻辑除两个演算外,还包括集合论、模型论、递归论和证明论等数学理论。最广义的数理逻辑是指用人工符号语言和形式化方法研究的各种逻辑理论问题,如模态逻辑、多值逻辑、道义逻辑、模糊逻辑、时态逻辑、语言逻辑等。

综上所述,从亚里士多德至17世纪前的逻辑,统称为传统逻辑,或传统的形式逻辑;自17世纪莱布尼兹以后,以数理逻辑为代表的各种逻辑,称为现代逻辑,或现代形式逻辑。

形式逻辑这个名称,最早是18世纪德国哲学家康德提出来的,用它来称呼亚里士多德的演绎逻辑;后来出现的数理逻辑则被称为现代形式逻辑,或符号逻辑。

近年有人把以传统形式逻辑为主,吸收某些数理逻辑成果编写的教材称为"普通逻辑"。

我国改革开放以后,经济繁荣,学术发展,许多逻辑工作者对逻辑应用的领域,也进行了新的开拓,如对说话逻辑、文章逻辑、工作逻辑、谈判逻辑、论辩逻辑、法律逻辑、侦破逻辑、诉讼逻辑、文秘逻辑、医学逻辑、教育逻辑等进行了多角度的不同程度的研究,力求使逻辑成为各行各业提高思维与工作效率的有效工具。这种对逻辑应用的研究与普及,即使是原理加实例,"其目的在于帮助读者消化逻辑原理。因此,这种做法尽管简单,但仍必要"[1]。事实证明,逻辑在各个领域的广泛应用,更具生命力地体现了逻辑学的基础性和人文性,对培养和提高全民的思维素质和逻辑意识、弘扬理性及科学精神,具有根本性的意义和不可替代的作用。

由于人们对提高日常思维能力的需要,多年来,在世界范围内许多大学开设了批判性思维课程,着重培养在实际思维中进行各种推理和论证的能力,尤其关注定义、推理、论证和谬误等理论问题。这些理论和方法已成为目前各类高级学位(MBA等)以及公务员考试中的逻辑测试内容。

---

[1] 方华:《逻辑应用的一项系统工程》,载于1990年6月25日《光明日报》。

第一章 绪 论

从"大逻辑"的观念出发,逻辑学的研究呈现出百花齐放、异彩纷呈的局面,这说明逻辑科学所具有的广泛基础性和人文性,已逐渐被人们所认识。思维所在之处都是逻辑研究的领域,人们可以从各种不同角度来研究逻辑问题。从一定意义上说,任何科学都是应用逻辑,因为任何一门科学的建立,都离不开逻辑思维,都是运用概念、判断和推理构成的科学体系。

在逻辑应用的广阔领域中,更被我们关注的是思维在语言表达中的逻辑问题。我们知道,思维与语言的关系最为密切,思维是语言的内容,语言是思维的载体。思维要凭借语言进行和表达,并且人们只能通过语言材料才能对人的思维作出分析。长期以来,人们对语言表达比较注意语音、语义和语法修辞等方面的分析,却较少进行逻辑分析,以致经常出现一些逻辑错误,降低了语言表达的质量。例如:

① 今天是祖国母亲60岁生日。
② 敌人的侵犯,被我全部歼灭,只有少数撤退了。

例①语法无错,修辞也好,但"祖国"作为概念,其含义是"自己的国家",不能等同于"中华人民共和国",更不能表述为"60岁生日"。例②"侵犯"如何被"歼灭",是主谓不合的语法错误;"撤退"应改为"逃窜"更合感情需要,属修辞毛病;而"全部歼灭"与"少数撤退",则纯属逻辑上的自相矛盾错误。

著名语言学家王力指出:"语法,我们在中学里学得不少,但是,在语言实践中,有时候不免写出一些病句来,这是不善用逻辑思维的缘故。"(《语言的真善美》)著名语言学家吕叔湘、朱德熙更明确地提出:"要把我们的意思正确地表达出来,第一件事情是要讲逻辑。"(《语法修辞讲话》)这些话是非常中肯的。作为逻辑工作者,应当与语言学家联手,深入研究语言表达中的逻辑问题。

语言逻辑研究有多种途径。著名逻辑学家周礼全曾指出:"由于自然语言本身的复杂性,以及现代数理逻辑方法的多样性,自然语言逻辑就出现了从多个不同角度来进行研究的思路……也有从语言的交际角度结合语法、修辞等特点来研究自然语言中的逻辑问题的思路,等等。"这里说的"自然语言"是相对人工语言而言,是指人们日常生活中应用的语言;而人工语言是在自然语言基础上,具有专一性和抽象性的符号语言,有利于思维的精确化,但它不能解决语境多变、语义复杂、语用灵活的自然语言中的表达问题。因此,我们不妨在众多的研究方法中,运用自然语言自身(非形式化方法)来研究自然语言中的逻辑应用问题,这样,可能理论上并不高深,但具有广泛的现实应用意义。

第二节 逻辑学研究什么

一、逻辑学的研究对象

逻辑学的研究对象也有一个历史演变过程,不同历史时期有着不同的研究特点。在古代,西方逻辑、中国的名辩逻辑和印度的因明,都是结合当时论争的需要,"以对话和辩论的原则和技术作为一个重要研究对象的,是和当时的语法学、修辞学密切结合的"①。长期以来,经过不断充实、发展,形成了传统的形式逻辑。而近现代发展起来的现代逻辑,则是以推理形式为主要研究对象,较多地运用形式化方法构造各种逻辑系统。

传统的形式逻辑,一般定义为研究思维的逻辑形式及其规律的科学。狭义理解仅指演绎逻辑,广义理解则包括归纳逻辑。"普通逻辑"则是在传统形式逻辑基础上,增加一些现代逻辑内容和"认识现实的简单逻辑方法"。普通逻辑虽然也吸收了数理逻辑的一些研究成果,但较少形式化语言,而是较多地运用自然语言来描述逻辑问题,并注意逻辑理论的应用。本书主要采用普通逻辑的研究对象,即研究思维的逻辑形式及其基本规律和简单的逻辑方法;但理论上更简明,主要介绍与日常思维有关的逻辑理论并注意分析语言表述中的逻辑问题。

1. 什么是思维的逻辑形式

什么是思维?人的认识过程有两个阶段,即感性认识阶段和理性认识阶段。思维是人的认识过程的理性阶段,即运用概念、判断和推理来反映客观事物本质及规律的认识过程。心理学上则定义为:思维是对现实间接的和概括的反映。

任何思维都有思维内容和思维形式两个方面。思维内容是指思维所反映的特定对象及其属性,思维形式是指思维内容的组织结构,即思维内容之间的联系方式。逻辑形式则是指用符号和公式表示的思维形式(有

---

① 周礼全主编:《逻辑——正确思维和成功交际的理论》,人民出版社 1994 年出版,第 26 页。

的教材对"逻辑形式"与"思维形式"不作区分)。

例如:

① 所有的电脑都是高科技产品。
② 所有的狗都是哺乳动物。
③ 如果是律师,就要学习法律。
④ 如果长期吸烟,就会影响健康。

例①②其思维内容不同,却具有相同的思维内容的联系方式。如果以"S""P"分别表示其内容部分的概念,其逻辑形式为:

所有的 S 都是 P。

其中的"S""P"叫做逻辑变项,"所有的……都是……"叫做逻辑常项。

例③④其思维内容不同,也具有相同的思维内容的联系方式。如果以"p""q"分别表示其中内容部分的判断,其逻辑形式为:

如果 p,就 q。

其中的"p""q"为逻辑变项,"如果……就……"为逻辑常项。

再如:

① 所有珍稀动物都不允许捕杀,
　所有熊猫都是珍稀动物,
　所以,所有熊猫都不允许捕杀。
② 所有劳动创造的都是有价值的,
　所有商品都是劳动创造的,
　所以,所有商品都是有价值的。
③ 如果要建设现代化强国,就要发展高科技,
　我国要建设现代化强国,
　所以,我国要发展高科技。
④ 如果要增强体质,就要坚持锻炼身体,
　我们要增强体质,
　所以,我们要坚持锻炼身体。

例①②的思维内容不同,却具有相同的联系思维内容的方式。如果以"S""P""M"分别表示其中的三个不同的概念,其逻辑形式为:

所有的 M 都是 P,
所有的 S 都是 M,
所以,所有的 S 都是 P。

例③④的思维内容不同,也具有相同的联系思维内容的方式。如果以"p""q"分别表示其中的两个不同的判断,其逻辑形式为:

如果 p,就 q;
　　p,
所以,q。

由上例分析可知,任何逻辑形式都是由具有同类形式的思维内容中抽象概括出来的。没有思维内容,也不可能有思维的逻辑形式。逻辑形式中的"变项"是思维内容的载体,"常项"则是思维内容之间联系方式的符号。我们可以根据"逻辑常项"的逻辑性质,分析判断和推理中的各种逻辑关系,并总结出如何正确运用这些判断和推理的规则和规律。

2. 什么是基本的思维规律

逻辑学在研究逻辑形式时,并不仅限于概括出各种思维形式的结构,还要从这些逻辑形式中探求规律,目的是总结出人们运用这些形式的行之有效的方法和规则。而思维的最一般的规律,不论多少次重复它都是有效的,对思维活动具有普遍的指导意义。因此,思维规律是人类长期思维经验的总结,是思维活动必须遵守的共同准则。逻辑学把对人类思维具有普遍意义的一般规律叫作逻辑思维的基本规律。逻辑思维的基本规律有同一律、矛盾律(也称不矛盾律)和排中律。这三条规律是使思维具有确定性、无矛盾性和明确性的保证。

逻辑规律是思维的规律,不是客观事物的规律,它只对如何正确思维提出要求,这是逻辑规律的基本性质。但这并不是说,逻辑规律是完全脱离客观的,更不是人们主观臆造或天赋的。逻辑规律是人们在长期思维实践中,经过亿万次的重复被固定下来的正确思维的规范。归根结底,它是对客观事物之间必然联系的反映。

3. 什么是逻辑方法

普通逻辑除研究思维的逻辑形式及逻辑规律外,还研究一些简单的逻辑方法。

所谓方法,一般是指人在社会实践和认识过程中,为了达到某种目的而采取的步骤和手段。逻辑方法则是指人们根据事实材料或科学原理，按照逻辑规律、规则的要求，运用概念、判断和推理，对思维进行分析或加工的方法。而普通逻辑中所指的简单的逻辑方法，主要是指对概念的限制法、概括法、定义法、划分法，以及观察法、试验法、求因果法、证明和反驳等。

二、逻辑学的性质和作用

1. 逻辑学的性质

任何一门科学的性质都是由它的研究对象决定的。逻辑学的研究对象，决定了逻辑学具有共有性、基础性和工具性三种基本性质。

共有性是指逻辑学的研究内容对所有人一视同仁，没有阶级性，也没有民族性。任何国家、任何民族、任何阶级的人，都要思维，都要运用相同的思维形式，都要符合思维规律才能正确进行表述和论证。思维如果杂乱无章，不合逻辑，就不可能有条不紊地表达思想，也就无法有效地实现思想交流，不同语言之间的翻译也会无法进行。因此，逻辑学是一门全人类的科学。

基础性是指逻辑学的基本理论是普遍适用于一切科学的原则和方法。中世纪大哲学家托马斯说："应当从逻辑开始，因为一切科学都要依据它。它教给我们在一切科学中的思考方法。"掌握逻辑的理论和方法，对于建立一个由概念、判断和推理构成的知识体系来说，是十分必要的。逻辑是各门科学建立的思维基础，也是学习和研究各门科学的思维前提。孙中山曾说，逻辑"为诸学诸事之规则，为思想之门径也"。逻辑学不仅对科学的学习和研究具有基础意义，而且也是培养人的基本素质和培育人类理性精神的基础科学，具有广博的人文内涵。联合国教科文组织1974年编制的学科分类，把逻辑学列在七大基础学科的第二位，即数学、逻辑学、天文学和天体物理学、地球科学和空间科学、物理学、化学、生命科学。

工具性是指逻辑学不能为人们提供任何具体的科学知识，而是教给人一套思之有效的思维工具。它不同于各种具体操作的实用工具，而是被人运用在思维中的隐性工具。离开它，人就无法进行思考和表达，也无法进行对话、演说和论辩。由于它的隐性，因而常被人忽略。人们习惯于对语言材料作语法修辞分析，而往往忽略对语言材料的逻辑分析，这也是容易造成逻辑缺失的原因之一。其实,逻辑从一开始就是在百家论争中应运而生的,为人们提供正确思维的方法及规则,用它来规范思维及语言表达,从而把论辩引向科学,以利于探求真理。亚里士多德的逻辑经典被称为"工具论",培根的归纳逻辑被称为"新工具",都是把逻辑作为认识真理、发现真理的思维工具。

2. 逻辑学的作用

只有了解逻辑学的研究对象及学科性质,才能恰如其分地把握逻辑学的作用。其作用是多方面的。

(1) 有助于人们由已知推断未知,获得新认识。

人对客观外界的认识主要来自两方面:一是靠感官直接获取对外界的感性认识;二是靠思维间接获得对外界的理性认识。逻辑思维中的推理就是获得间接认识的主要手段,也是由已知推断未知的唯一途径,这一点为科学的发展所证明。科学史上的每一项发现或发明,都离不开逻辑思维。演绎、归纳、类比等逻辑推理是科学研究和科学发现的基本逻辑方法。例如,欧几里得几何学就是运用演绎推理方法,由一些公理和定义推证出一系列定理的完整知识体系。爱因斯坦说:"这个逻辑体系如此精密地一步一步推进,以至它的每一个命题都是绝对不容置疑的——我这里说的就是欧几里得几何。推理的这种可赞叹的胜利,使人类理智获得了为取得以后的成就所必需的信心。"[1]

在生活和工作中,也要经常运用已有知识进行逻辑推理,获得新认识。如侦察破案、医疗诊断、心理咨询、股市分析、气象预测等等,都需要运用逻辑推理、作出推断。这方面的事例不胜枚举,可以说每时每刻都在我们身边发生。例如:

> 在候车室,一个年轻人乘人不备提起一个放在中年妇女身边的皮箱就走,当这位中年妇女发现后追上去问:"你为什么拿我的皮箱?"年轻人立即不好意思地回答:"噢,对不起,是我拿错了。"这时,一位值班民警走到年轻人面前质问:"那么,你自己的皮箱呢?"年轻人哑口无言,转身要跑,民警立即将其抓住,原来是一个惯偷。这位民警正是根据年轻人的话,推断出年轻人应有自己的皮箱,即"如果是拿错了皮箱,那么自己应有皮箱",年轻人拿不出自己的皮箱,当然

---

[1] 《爱因斯坦文集》第1卷,商务印书馆1976年版,第313页。

就不是拿错了皮箱。民警根据这一推断,将其抓获。

可见,逻辑的作用渗透在生活的各个领域。凡是根据科学原理或观察所得,作出新的推断,都要靠逻辑推理。人类的一切真知、新知,所有科学研究的结论,科技创新的成果,都是借助逻辑思维所获得的智慧的结晶。人类正是因为具有逻辑思维,才能不断认识身边的广大未知世界。正如恩格斯所说,"甚至形式逻辑也首先是探寻新结果的方法,由已知进到未知的方法"①。

(2) 有助于人们准确表达思想、严密进行论证,提高辨析逻辑错误的能力。

人们用语言表达思想的方式叫言语。言语方式:一是说话,二是写文章。无论是说,还是写,都要受思维支配。因此,要准确表达思想,首先要做到思维清晰、有条理。毛泽东对写文章曾提出要做到"三性",即准确性、鲜明性、生动性并指出:"准确性属于概念、判断和推理问题,这些都是逻辑问题。"还说:"一个合逻辑,一个合文法,一个较好的修辞,这点请你们在写文章的时候注意。"语言学家王力指出:"准确性有两方面:一方面是内容的准确性,另一方面是表达形式的准确性,也就是语言的逻辑性。不但逻辑推理要有逻辑性,我们造一个句子也需要有逻辑性。……平常我们所谓主谓搭配不当、动宾搭配不当、形容词与名词搭配不当等等,严格地说,都不是语法问题,而是逻辑问题。"(《我谈写文章》)一般说来,概念不明确就会造成用词不当;判断不准确就会造成病句;推理不合乎逻辑就会造成推断失误,或论证失去说服力。例如:

① 某机械制造厂把富裕的人员组织起来,开办了一个公司。
② 谁也不会否认地球不是围绕太阳运转的。
③ 陈勇出身农民、家境贫寒,因而,他的思想觉悟较高,为人俭朴。

例①中的"富裕"是指财物充裕的意思。由于对概念内涵不明确,导致用词不当,应改为"富余"。

例②中有三个否定词出现,实际表达的是否定句,由于判断失误,造成病句。

---

① 《马克思恩格斯选集》第3卷,人民出版社1972年版,第174页。

例③中由"出身农民、家境贫寒"不能必然推断出"思想觉悟较高,为人俭朴",这是不合逻辑的,因而这个推断是没有说服力的。

逻辑应用的实际经验告诉我们,在对语言表达作逻辑分析时,还要注意语言表达的灵活性。如各种不同文体作品的语言特点、修辞格的运用、语言表达中的省略、习惯用法等,不能简单套用逻辑规则去分析。

老舍的小说《骆驼祥子》中有一段说:"什么响动也没有,只有天上的星伴着自己的心跳。"句中的"心跳"不是响动吗?表面上看有矛盾,但这种矛盾言辞,通过一静一动的对比描写,更能映衬出此时此刻人物的心境。

李白的诗中常用夸张修辞手法,如诗句"白发三千丈,缘愁似个长"(《秋浦歌》),虽然白发长到三千丈,不合事理,但头发是可长长的,人也是可以因发愁而白了头的,诗人借夸张寄托了太深的愁思,更加鲜明地表达了思想感情。

日常表述中有许多习惯用语。有反义的,如"好容易"(很不容易)、"好不热闹"(很热闹)、"救火"(灭火);有矛盾的,如"未婚妻";有省略的,如"吃火锅"(吃火锅里的东西),"打扫卫生"(打扫垃圾,做到卫生)等。这些习惯用语,都是在长期使用中约定俗成,被大家公认的。

逻辑的功能,不仅能帮助我们准确表达思想和进行交流,而且还有帮助我们进行说理论证的功能。由逻辑论证而产生的说服力,是逻辑力量的表现。斯大林称赞列宁演说的逻辑力量时说:"当时使我佩服的是列宁演说中那种不可战胜的逻辑力量,这种逻辑力量虽然有些枯燥,但是紧紧地抓住听众,一步一步地感动听众,然后就把听众俘虏得一个不剩。"①

言论的逻辑力量,来自严密的逻辑推理。掌握逻辑推理和论证的规则和方法,可以有效地提高说理论辩的能力,避免论证中出现逻辑错误。例如,有人说,"某人一定做了亏心事,因为他脸红了","某人一定会游泳,因为他是在河边长大的","他一定很有钱,因为他出手大方"等,都是错误的论证。

在商业广告中,常见利用例证方法或名人效应证明产品的效用。其实,例证再多也有局限,有正有反,可以各取所需;名人的名气再大,也只是一个特例。虚假广告正是逻辑上虚假论证的翻版。即使用概率来说

---

① 《斯大林全集》第6卷,人民出版社1956年版,第50页。

明,也要按概率统计的要求,做好样本,因为样本不同,统计结果也不一样。如疾病的治愈率,在不同年龄、不同地区、不同职业的人群中,其百分率是不一样的。

街头骗术,更是千方百计制造骗局,利用人的善良感情和贪利心理,设置"托儿",骗取信任,且屡屡得手。不管骗术多巧妙,也会有破绽。各种形式的骗术,都是经不起逻辑论证的。一切利用虚假理由进行所谓论证的欺骗行为,都是反逻辑的,他们最怕的是理性的光芒。

(3) 有助于驳斥谬误和揭露诡辩。

在日常言语交际中,不但需要说理论证,还要对错误言论进行反驳。在论辩中,没有逻辑性的言论是不堪一击的。

有一位英国记者曾对周恩来总理提出一种观点:"一个国家向外扩张是由于人口过多。"周总理立即给予了反驳:"我不同意这种看法,英国的人口在第一次世界大战前是 4500 万,不算太多,但是,英国在一个很长的时期内曾经是'日不落的'殖民帝国。美国的面积略小于中国,而美国的人口还不及中国的三分之一,但是美国的军事基地遍于全球,美国的海外驻军 150 万。中国人口虽多,但是没有一兵一卒驻在外国的领土上,更没有在外国建立军事基地。可见一个国家是否向外扩张,并不决定于它的人口多少,而决定于它的社会制度。"周总理通过列举与对方观点相矛盾的事实,有力地驳斥了对方的错误观点。

近几年,国际和国内经常举办大学生辩论赛。在论辩中运用驳斥谬误的方法,是战胜对方的有力手段。1993 年,剑桥大学为正方,复旦大学为反方的"狮城舌战",以"温饱是谈道德的必要条件"为题,展开唇枪舌剑的辩论。正方在给"温饱""道德"等概念作出定义后说:"我方的论点对方没有任何批驳,所以,我方的定义已经成立……"而反方针对正方的说法,只是说:"你的论点不是自己说成立就成立了,不然还要评判干什么?"(掌声)但这种反驳缺乏说服力,没有能指出对方犯了"诉诸无知"的谬误。一个没有被批驳的定义,等于对该定义什么都没说,不能据此就认为该定义是正确的。没有证明不对的,就是对的,这在逻辑上属于"诉诸无知"的谬误。

诡辩是貌似合乎逻辑的歪理。诡辩不易被人识破,需要运用逻辑分析予以破斥。例如:

一位贵妇人到珠宝店花一万元买了一条金项链,回家以后感到不太满意,于是,第二天来到珠宝店要求调换另外一条价值两万的金项链。她对老板说:"我昨天已经给了你一万元,买走了一条金项链。当然,这条金项链已属于我所有,而且价值一万元,今天,我把这条价值一万元的金项链给你,这样,我前后一共给了你两万元,请你给我那条价值两万元的金项链。"老板听后,一时哑口无言,想不明白这位贵妇人怎么说得这么有"理"。

其实,这位贵妇人是在搞"重复计算"的诡辩。一件商品的价值只能计算一次,昨天已经交易过了,今天只有退货以后再说,不能再重复计算,实际也是偷换概念的把戏,即以未实现其价值的"金项链"来偷换已实现其价值的"金项链"。

当今社会,诡辩手法很多,但不管诡辩者怎样变换花样,也是站不住脚的歪理,只能一时迷惑人。掌握逻辑分析方法,可有助于破斥诡辩。逻辑是诡辩的克星。

第三节 怎样学习逻辑学

逻辑学是一门工具性科学。这就要求我们,根据这一学科的性质,来考虑如何学习和掌握它。这里提出几点应注意的问题。

一、了解学科特点,增强学习信心

由于逻辑学在社会和学校中的普及不够,许多人不太了解它的内容,以为它是一门很深奥难学的科学。其实,传统的逻辑学并不艰深难懂,它所讲的内容都与我们的日常思维和表达有关。想、说、写都有一个合不合逻辑的问题,只是人们还不习惯逻辑分析方法。这种情况随着人们对培养逻辑思维的日益重视和逻辑科学的逐步普及,将会有所改变。

有人认为逻辑太抽象,许多名词、术语费解难记。的确,逻辑有抽象的特点,可是,这种抽象并不是不可捉摸的。例如,"所有 S 都是 P"、"如果 p 就 q"等逻辑形式,都是对实际语句的概括,是完全可以理解的。这正如用"+"、"−"、"×"、"÷"表示实际运算的关系一样,其抽象的道理是相同的。因此,学习逻辑不要怕抽象,相反,倒是需要学点逻辑来自觉培养抽象思维能力,因为科学的抽象总是更深刻、更正确、更完全地反映着客观事物。

二、循序渐进，讲究学习方法

学习任何一门科学都要持之以恒，循序渐进。学习逻辑更是如此。逻辑学本身有严密的知识体系，前边的某个概念没学好，就会影响后面许多内容的理解和掌握。如"周延"这个概念，如果没有学或没有理解好，就不能掌握后面的三段论推理的规则。因此，一定要循序渐进，系统地学，全面把握逻辑知识，避免走弯路。

学习要讲究方法。注意抓知识的重点、难点，把前后知识贯通起来学习。碰到难点，不要放过，以免造成知识"夹生"。一般多看几遍就可以搞懂，俗语说"多想出智慧"。学习逻辑要勤于思考，在学习上突破几个关键，就会有豁然贯通之感。

三、联系实际，学以致用

逻辑学是一门工具性学科，如果学习只停留在书本上，学了不用，就失去了学习的意义。毛泽东在1964年曾专门谈到学用逻辑的问题。他说："如果不到社会上和人民中间去学哲学，不到自然界中去学哲学，那种哲学学出来没有用处，仅仅是懂得一点概念而已。逻辑学也是如此，可以读一点课文，但是不会懂得很多，只有在运用中才能逐步理解。我读逻辑时就不大懂，在用的时候才逐步懂得。"毛泽东的这一番经验之谈，启示我们必须学以致用，才能学好逻辑。逻辑有广阔的用"武"之地，在日常的生活工作中，只要注意发现，可供逻辑分析的材料到处都有。

应用中要注意逻辑的限度，这是由逻辑学的性质和作用决定的。因为，逻辑只给人提供工具、方法和规则，不能靠它解决一切具体问题。要解决问题，还需要有关的具体知识、背景情况等其他方面的条件，综合起来才能做到。分析逻辑作用时，也要恰如其分，不要把一切都归结于逻辑。逻辑首先是给人以逻辑的观念和眼界，在人的思维中形成一种潜在的思维素质和能力，不要把它当成"现买现卖"的东西。

做好练习是学好逻辑的重要环节，也是逻辑应用的基本训练。它既可以巩固所学的理论知识，又可以把理论知识转化为分析能力。因此，学习逻辑必须十分注重练习。俗语说"熟能生巧"，多做练习，自然就能摸到做题的方法和规律了。

→ 思考与练习

一、逻辑学的研究对象是什么？

二、逻辑学的性质和作用是什么？

三、怎样学习逻辑学？

四、指出下列语句中"逻辑"一词的含义。

1. 生活的逻辑告诉我们，只有经历过失败，才能体会到成功的喜悦。

2. 学习逻辑，贵在应用。

3. 他这篇论文中，对论题做了充分的逻辑论证。

4. 按照他们的逻辑，一切服务人员都用不着有文化，学习文化反而会影响工作。

五、指出下列哪些语句表述具有相同的逻辑形式，并用符号公式表示其逻辑结构。

1. 有些手机是可视的。

2. 如果你投资股票，就会有风险。

3. 只有敢下水练，才能学会游泳，张勇不敢下水练，所以，张勇不能学会游泳。

4. 有些报纸是外文的。

5. 所有的牛都是哺乳动物。

6. 只有健康的身体，才能成为登山运动员，陈新没有健康的身体，所以，陈新不能成为登山运动员。

7. 如果一个数能被6整除，那么它就能被3整除。

8. 所有的法律都是强制性的行为规范，刑法是法律，所以，刑法是强制性的行为规范。

9. 所有的形容词都是实词。

10. 所有的元素都是有原子量的，锰是元素，所以，锰是有原子量的。

第二章 概　　念

第一节　概念的概述

一、什么是概念

概念是反映对象本质属性(或特有属性)的思维形式。本质属性是指在一事物的众多属性中对该事物起决定作用的属性。如"人"的属性有许多,而"能制造和使用生产工具"却是对人起决定作用的本质属性。又如"商品"的本质属性是"用来交换的劳动产品","三角形"的本质属性是"三边封闭的平面图形"等。人通过对事物的比较、分析、综合、抽象和概括等方法,得到对事物的本质认识,形成了对一个个事物的科学概念。如果只是知道事物的名称,并不等于对事物有了科学概念。

二、概念的特征

概念是人思维中形成的东西,它具有内涵和外延两个基本特征。内涵是指反映在概念中的对象的本质属性;外延是指反映在概念中的具有该本质属性的一切对象。例如,"法律"作为概念,它的内涵是"由立法机关制定,国家政权保证执行的行为规则",它的外延是"一切具有这一本质属性的对象",即"所有的法律"。概念的内涵与外延是相互依存的,一定的内涵决定着一定的外延。因此,要把握一个科学概念,首先要对对象有本质上的了解,然后才能明确它的范围。

内涵与外延都是思维层面上的反映,是人对客观事物认识的成果。人们暂时还没有认识到的事物,不会反映到人的概念中来,因此,概念的内涵和外延并不等同于客观事物的本质及范围。随着客观世界的发展变化和人的认识不断深化,概念的内涵或外延也会发生变化。概念是思维的最小单位,也是人类智慧的结晶。人们正是通过一个个科学的概念不断扩大和加深对世界的认识,形成了各门科学的概念体系。

三、概念与语词的关系

概念的语言表达形式是语词(词或词组)。概念的内涵即语词的含义,概念的外延即语词所指的对象。如"人"、"人民"、"中国人民"等语词,分别表达着一个概念,各有其特定的内涵和外延。

概念与语词的关系:(1) 概念要通过语词表达,但并不是所有的语词都表达概念。如助词、叹词等虚词不表达概念。(2) 同一个概念可以表达为不同的语词。如"大夫"与"医生","番茄"与"西红柿","母亲"、"娘"与"妈妈"等。(3) 同一个语词可以表达不同的概念。如"红"既可以表示颜色,也可以表示兴旺;"健康"既可以表示身体健康,也可以表示思想健康或语言健康等。

这些情况说明,概念和语词之间,并不是完全对应的关系。因此,在使用语词表达概念时,首先必须明确要表达什么意思,也就是明确概念的内涵和外延,然后才能选择恰当的语词来表达。如果在语言表达中,不能准确把握概念的内涵和外延,就会出现下面几种错误。

1. 概念错用。指在句中使用了一个被错误理解的概念内涵和外延而出现的表达错误。例如:

张董事长以法人资格参加与对方的谈判。

句中的"法人"是"依法享有民事权利和承担民事义务的组织"而不是指个人。如果是代表法人组织行使职权的负责人,应称"法定代表人",也不能简称为"法人"。这里显然是把这一概念的内涵和外延都搞错了。

2. 概念不明。指在句中使用了不能清楚明确地表达概念内涵和外延的语词,造成模糊不确定的印象。例如:

由上海飞往北京的飞机,于今日凌晨二十分到达首都机场。

句中的"凌晨二十分"概念不明确。"凌晨"是指黎明前后一段时间,"凌晨二十分"无法确定准确钟点。概念内涵不明确,外延也就无法确定。

3. 概念混淆。指把两个含义不同或相近的概念混同使用的错误。例如:

这种油,每斤售价125元,价值过高。

句中的"价值"是指凝结在商品中的人类一般劳动,不能用高低来表示。应当用"价格",因"价格"是价值的货币表现,可以用高低来表示。这里混淆了两个概念的内涵与外延。

4. 概念歧义。指在句中使用了可作两种解释的词语造成的概念错误。例如:

本市有十五个出版社的门市部都已将门面粉刷一新。

句中的"十五个出版社的门市部",既可以解释为"十五个出版社",也可以解释为"十五个……门市部"。概念内涵两解,其外延也就不同。因语词的歧义也就造成了概念的歧解。

第二节 概念的种类及关系

一、概念的种类

1. 单独概念和普遍概念

根据概念外延所反映的数量多少可将概念分为单独概念和普遍概念。

(1) 单独概念,即反映单个对象的概念。它可以由专有名词或词组来表达,如"中国"、"万里长城"、"2010 年元旦"等。有些专有名词并不专有,如人名、地名有许多是相同的,如"孙子"既可指春秋齐国人孙武,又可指战国齐国人孙膑。遇到这种情况要根据当时的语境确定所指。

(2) 普遍概念,即反映一类对象的概念。它由普遍名词或词组来表达,如"人"、"马"、"山"、"河"、"学校"、"历史名城"、"不以人的意志为转移的客观规律"等。另外,动词、形容词也表达普遍概念,如"走"、"叫"、"勇敢"、"聪明"等,它们也是对一类事物某种共性的概括。

在语言表达中,单独概念与普遍概念作为主项概念或谓项概念,可有四种组合方式。即:

① 北京是中国的首都(单独—单独)
② 巴金是小说作家(单独—普遍)
③ 洗衣机是家用电器(普遍—普遍)
④ 美国总统是奥巴马(普遍—单独)

第④种情况,虽然在特定(当前)语境下可以理解,但不合逻辑。逻辑上的原则是,不能用外延小的概念表述外延大的概念。

2. 集合概念和非集合概念

根据概念外延情况划分概念种类时,还可以根据是否反映集合体,分为集合概念和非集合概念。

(1) 集合概念,即反映同类事物集合体的概念。它可以由专有名词、普遍名词或词组来表达,如"中华民族"、"《鲁迅全集》"、"森林"、"词汇"、"中国现代科技丛书"等。集合概念的特点是,它所反映的集合体中的每一个体不具有集合体的属性,如"中华民族"中的每一个民族,不具有中华民族总体的属性,不能表达为"汉族是中华民族"。

值得注意的是,在特定的语境下,可以将一个普遍概念用作集合概念,如"青年是祖国的未来"、"高等学校分布在全国各地",其中的"青年"、"高等学校"在句中是将普遍概念作为集合概念使用,而不是对其中的每个个体的表述。

(2) 非集合概念,即不反映事物集合体的概念。包括除集合概念以外的一切概念。

在语言表达中,常见的逻辑错误是"误用集合",即应当使用非集合概念的地方使用了集合概念,如"我买了两本历史丛书"、"他掌握的词汇太少",其中的"丛书"应为"书","词汇"应为"词"。一般在集合概念前不能使用表个体的数量词,如不能说"两朵花卉"。

3. 正概念和负概念

按概念内涵反映的对象是否具有某种属性,可将概念分为正概念(肯定概念)和负概念(否定概念)。

(1) 正概念,即反映的对象具有某种属性的概念。它可以由各种实词或词组来表达,如"世界"、"飞"、"伟大"、"保健品"、"经济危机"等。

(2) 负概念,即反映的对象不具有某种属性的概念。负概念是相对正概念而言,一般前面都有否定副词来表示,如"非党员"、"无轨电车"、"不健康"等。但有些带否定词的并不是负概念,如"不丹"、"非洲"等。逻辑上所说的正负概念不涉及对内容是非的评价,如"无罪"是负概念,而"有罪"是正概念。由于负概念的外延较宽,不易确定范围,逻辑上要求确定一对正概念和负概念的论域,如"金属"与"非金属"的论域即"化学元素",这样,"非金属"的外延就限定在化学元素范围中的非金属。在日常表达中使用负概念的地方很多,如"这些是非卖品"、"非本单位职工不得在此停车"、"无票者不得入内"、"无罪释放"、"这件事与我没关系"等。

二、概念间的关系

两个概念之间,在外延上可有如下几种关系:

1. 全同关系(同一关系),即两概念间内涵不同,外延完全重合的关系。如"一分钟"与"60 秒"之间,"《狂人日记》的作者"与"鲁迅"之间等。表达同一关系概念的语句形式是"……就是……"、"……等于……"、"……即……"等。也可用复指成分表达,如"陈红,这个年仅七岁就失去了双亲的孤儿"。

逻辑上将同一关系概念(a、b)图示为:

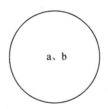

语言表达中运用同一关系容易出现两种错误:

(1) 同一误作非同一,即把同一关系概念表达为非同一关系概念的错误。如:

我们不仅要树立无产阶级世界观,而且要树立共产主义世界观。

句中的"无产阶级世界观"与"共产主义世界观"是同一关系概念,不应作进层表达。

(2) 非同一误作同一,即把非同一关系概念表达为同一关系概念的错误。如:

语言,即言语,是人们交流思想的方式。

句中的"语言"与"言语"不是同一关系概念,不应将二者等同。

2. 真包含关系,即两个概念间,如果一个概念包含着另一外延较小的概念,那么,前者对后者具有真包含关系。如"文学作品"与"小说","画家"与"徐悲鸿"等。逻辑上将具有真包含关系的两个概念(a、b)图示为:

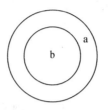

3. 真包含于关系，即两概念间，如果一个概念被包含在另一外延较大的概念中，那么前者对于后者具有真包含于关系。如"电视"与"电器"，"西安"与"城市"等。逻辑上将具有真包含于关系的两个概念（a、b）图示为：

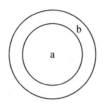

在真包含关系或真包含于关系的两个概念间，外延较大的叫"属概念"，外延较小的叫"种概念"，因此，这两种关系可统称为属种关系。属种关系在语言表达中常用的语句形式有"……是一种……"、"……是……之一"、"……中有一种……"等。具有属种关系的概念，一般不应并列使用，否则，就会犯"属种不当并列"的错误。例如：

在英国，他在学习之余，开始接触英国文学和欧洲文学。

句中的"英国文学"和"欧洲文学"具有属种关系，不应并列使用。

对于具有属种关系的概念，如并列使用可有两种处置办法。如果是属概念在前，种概念在后，可加强调语词，如"干部，尤其是领导干部更要廉洁自律"；如果是种概念在前，属概念在后，可加"及其他"，如"我校图书馆买了许多小说及其他文学作品"。有些并列用法属于约定俗成，不必处置，如"我单位的团员和青年都参加了植树劳动"，其中的"青年"，一般都理解为"非团员的青年"。

4. 交叉关系，即两概念间的外延只有部分重合的关系。如"干部"与"青年"，"书法家"与"画家"等。具有交叉关系的两个概念（a、b）可图示为：

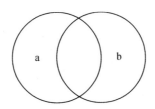

交叉关系在语言表达中常用的句式有："有些……是……"、"……兼……"、"既是……又是……"等。具有交叉关系的概念，一般不应并列使用，否则，就会犯"交叉不当并列"的错误。例如：

有人将《红与黑》、《复活》、《健康宝典》等外国名著和畅销书廉价出售。

句中的"外国名著"与"畅销书"具有交叉关系，不应并列使用。

但有时为了从多方面说明一个对象，可将交叉关系的概念并列使用，如"鲁迅是伟大的思想家、革命家、文学家"、"他是一个心灵美、语言美、行为美的人"等。

5. 全异关系，即两概念间的外延没有任何重合的关系。如"太阳"与"巧克力"。对于全异关系概念，可以在一个限定的范围中考察，可分为矛盾关系和反对关系两种：

（1）矛盾关系，即在同一个属概念下，两个全异关系的种概念的外延之和等于属概念的外延，那么这两个种概念之间为矛盾关系。如"手机"下面的"国产手机"与"非国产手机"为矛盾关系。如果以 c 表示属概念，a、b 表示两个种概念，可图示为：

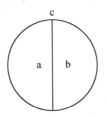

（2）反对关系，即在同一个属概念下，如果两个全异关系的种概念的外延之和小于属概念的外延，那么这两个概念之间为反对关系。如"颜色"下面的"白色"与"黑色"为反对关系。可图示为：

逻辑编

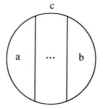

矛盾关系与反对关系的区别,关键在于 a、b 之间有没有第三种可能。矛盾关系中间没有第三种可能,语言表达为"不是……就是……"、"要么是……要么是……"等,公式为 a + b = c。反对关系中间有第三种可能,语言表达为"不是……也不是……"、"或是……或是……"等,公式为 a + b < c。

语言表达中要区别这两种关系,否则,就会混淆这两种关系,常犯的是"以反对为矛盾"的错误。例如:

他像一个机关的领导干部,不是个处长,就是个科长。

句中的"处长"与"科长"是在"机关干部"这一属概念下面的两个具有反对关系的种概念,不应该用"不是……就是……"表达为矛盾关系。他还可能是"司长"、"局长"等。

以上图解方式是瑞士数学家欧拉提出的,故称"欧拉图解法"。

第三节 明确概念的逻辑方法

以上是概念的最基本理论部分。学习概念的基本理论,目的是在日常思维和语言表达中,能够明确地使用每一个概念,为此,逻辑学为我们提供了几种明确概念的逻辑方法,即限制法、概括法、定义法和划分法。

一、限制法

限制法是指通过增加概念内涵从而缩小其外延的逻辑方法。

首先应当了解,在具有属种关系的两个概念之间,其内涵与外延有一种反变关系的规律,即其中一个概念的内涵越多,则其外延越小,而内涵越少,其外延越大。如"人"与"中国人"之间,"中国人"的内涵多,而外延小,"人"相对"中国人"其内涵少,而外延大。根据这种反变关系的规律,我们可以提出一种能通过增加内涵缩小概念外延来明确概念的逻辑方法。如对"服装"可限制为"夏季服装",对"电脑"限制为"家用电脑"等。必须注意,限制只能在属种概念之间进行,不能应用于整体与部分之间,如"公司"可以限制为"房地产开发公司",却不可限制为"营业部"。限制也可连续进行,直到它的极限——个体。如"作家——小说作家——中国小说作家——中国现代小说作家——巴金"。

在语言表达中,限制一般表示为名词前加定语,也可以是动词或形容词前加状语,如"慢走"、"很聪明"等。但也有加定语并非限制的,如"劳动创造的商品",并没有缩小商品的外延,逻辑上不构成限制。反之,不用定语,但能缩小其外延,却是限制,如把"水果"限制为"梨","动物"限制为"老虎"等。

在语言表达中限制不当的错误主要有:

1. 限制多余,是使用了一个与被限制概念内涵重复的概念加以限制。例如:

我的第一篇处女作终于问世了。

句中的"第一篇"本就是"处女作"的内涵,犯了"限制多余"的错误。

2. 限制无关,是使用了一个与被限制概念无关的概念加以限制。例如:

他深刻地投身到抗洪抢险的斗争中去。

句中的"深刻"与"投身"无关,不能构成限制。

3. 限制失当,是使用了一个可用但不恰当的概念加以限制。例如:

这些商品除了正常的渠道进货外,有不少是商店千方百计到外地自行采购来的。

句中的"渠道"前用"正常的"加以限制容易使人产生误解,以为商店自行采购是非正常渠道,应改为"通常"。

二、概括(扩大)法

概括(扩大)法是指通过减少概念内涵从而扩大其外延的逻辑方法。

例如,对"中年人"减去"中年"这一属性,就可以扩大到"人"。概括法适用于指明事物的所属范围,反映出事物的一般性质,如"爱因斯坦是物理学家"、"中国是社会主义国家",都是用概括法表明事物的所属范围。概括也可连续进行,它的极限是范畴(概括范围最大的概念),如"人——高等动物——动物——生物——物"。

语言表达中概括不当的错误主要有:

1. 外延过宽(以属代种):指在句中使用了一个外延过宽的概念,不能准确表达意思。例如:

爱迪生发明了灯。

句中的"灯"是泛指一切的灯,应改用"电灯"或"白炽灯"。

2. 概括失当:指在句中对列举种类的概括不当。例如:

我国的江河湖泽盛产鱼、虾、盐、碱等水产。

句中的"盐"、"碱"并非"水产",属概括不当错误。

三、定义法

定义法是指通过给概念下定义,从而明确概念内涵的逻辑方法。

定义是揭示概念内涵的逻辑方法,或者说是用简短的语句指明对象的本质特征。如"宪法就是国家的根本法","直径是通过圆心的弦"等。定义由被定义项(被下定义的概念)、定义项(用来下义的概念)和定义联项(联结定义项和被定义项的语词"就是"或"是")三部分组成。公式为:$Ds = Dp$。

下定义的基本方法是"属加种差法"。即先确定被定义概念的属概念,然后找到被定义概念与其并列的其他种概念之间的差别,把种差与属相加即构成定义。公式为:

被定义项 = 种差 + 属。

例如:电灯(被定义项)就是(=)利用电能发光的(种差)灯(属)。

定义可分为两种类型:一是实质定义,即直接揭示对象的本质特征构成的定义。如"秤是测定物体重量的工具","偶数是能被2整除的数"。二是语词定义,即对语词含义作出说明或规定,如"托福"是指美国和加拿大的大学要求非英语国家的留学生必须参加的一种英语资格考试;"双百方针"就是指百花齐放、百家争鸣的文艺方针。

下定义的规则:

1. 定义项必须与被定义项的外延重合。违反这条规则,就会犯"定义过宽"或"定义过窄"的错误。

（1）定义过宽，即定义项外延大于被定义项外延的错误。例如：

正方形就是四边相等的平面图形。

句中的定义项"四边相等的平面图形"的外延大于"正方形"的外延。

（2）定义过窄，即定义项外延小于被定义项外延的错误。例如：

商品就是商店里出售的劳动产品。

句中的定义项"商店里出售的劳动产品"的外延小于"商品"的外延。

2. 定义不应循环。违反这条规则，就会犯"直接循环"（同语反复）或"间接循环"的错误。

（1）直接循环，即定义项直接包含了被定义项的错误。例如：

科学家就是被人称为科学家的人。

（2）间接循环，即定义项间接包含了被定义项的错误。例如：

太阳就是白昼发光的星球。

句中的定义项"白昼发光的星球"中的"白昼"仍需用"太阳照射在地球上的那段时间"来定义，犯了"间接循环"的错误。

3. 定义不应作否定陈述。违反这条规则，就会犯"否定定义"的错误。例如：

唯物主义就不是唯心主义。

如果定义是肯定陈述，有时可以用负概念作定义项。例如：

生荒地就是没有开垦过的荒地。

4. 定义不应使用比喻。违反这条规则，就会犯"比喻定义"的错误。例如：

数学就是科学的皇后。

四、划分法

划分法是指通过对概念的划分，从而明确概念外延的逻辑方法。

划分是揭示概念外延的逻辑方法，或者说是把一个属概念划分为若干种概念的方法。如"人可分为男人和女人"、"三角形可分为锐角三角形、直角三角形和钝角三角形"等。划分不是把整体分解为各个部分。如果将"树"分为"树根、树干、树叶",是分解,不是划分。划分必须是将属概念分为若干种概念。划分是由被划分概念(母项)、用来划分的概念(子项)和划分依据三部分构成。如人分为男人和女人的依据是"性别",母项是"人",子项是"男人"和"女人"。划分的公式为:子项外延之和＝母项外延。

划分的方法有:1. 一次划分,即对一类事物,依据某属性作出一次性划分。如果一次划分为两小类,则为"二分法"。如把"成绩"分为"及格"和"不及格"。2. 连续划分,即把一次划分后的子项,作为母项再次划分下去,构成多层次划分。如对"哲学"可分为"唯物主义哲学"和"唯心主义哲学"。"唯物主义哲学"又可分为"朴素唯物主义"、"机械唯物主义"、"辩证唯物主义","唯心主义哲学"又可分为"主观唯心主义"和"客观唯心主义"。3. 列举法划分,即对子类较多的事物,列举部分子类,然后加"等"的省略方法。如"金属有金、银、铜、铁等"。

划分的规则:

1. 划分的子项外延相加必须等于母项的外延。违反这条规则,就会犯"划分不全"或"多出子项"的错误。

（1）划分不全,即划分出的子项外延之和小于母项外延。例如:

实词可分为名词、动词、形容词、数量词。

句中划分后的子项缺少"代词"。

（2）多出子项,即划分出的子项外延之和大于母项外延。例如:

文学形式有诗歌、小说、戏剧、散文、音乐、绘画。

句中划分出的子项"音乐"、"绘画"不属于文学形式。

2. 划分出的子项外延之间应不相容,互相排斥。违反这条规则,就会犯"子项相容"的错误。例如:

文件可分为内部文件、重要文件、秘密文件。

句中划分出的三个子项之间有相容关系,犯了"子项相容"的错误。

3. 每次划分的标准必须同一。违反这条规则,就会犯"混淆根据"的错误。例如:

邮件可分为国内邮件、国际邮件、航空邮件、平寄邮件。

句中对"邮件"的划分,同时使用了两个标准,前两项划分的依据是"投递范围",后两项划分的依据是"投递方式",犯了"混淆根据"的错误。

最后应指出,划分也被称为外延定义。定义和划分经常被结合使用,全面揭示出一个概念的内涵和外延,以便更完整地把握一个概念。例如:

> 软件是计算机系统的组成部分,是指挥计算机进行计算、判断、处理信息的程序系统。通常分为系统软件和应用软件两类。

思考与练习

一、什么是概念?它有何特征?

二、概念和语词有何关系?

三、概念有哪些种类?集合概念的特征是什么?

四、概念间有哪些关系?什么是属种关系?矛盾关系和反对关系的区别是什么?

五、什么是对概念的限制和概括?

六、什么是概念的定义?下定义有哪些规则?

七、什么是概念的划分?划分有哪些规则?

八、指出下列语句中表达概念和不表达概念的词或词组。

1. 你游览过雄伟壮观的中国万里长城吗?
2. 只有努力学习,才能取得优秀成绩。

九、指出下列概念的内涵和外延。

1. 学位
2. 文物
3. 手机
4. 股份公司
5. 有价证券

十、指出下列各段话中,哪些话是标有横线概念的内涵或外延。

1. 法是体现统治阶级意志,由国家制定或认可,由国家强制力保证执行的行为规则的总称,包括法律、法令、条例、决定、命令等。

2. 《发明奖励条例》中指出:"本条例所说的发明是一种重大的科学技术新成就,它必须同时具备下列三个条件:(1) 前人没有的;(2) 先进的;(3) 经过实践证明可以应用的。"

逻辑编

十一、指出下列句子中划线的语词所表达的是单独概念,还是普遍概念。

1. <u>杜甫</u>是<u>我国唐代著名诗人</u>。
2. <u>天安门</u>是雄伟壮丽的。
3. <u>黄鹤楼</u>是<u>我国的名楼之一</u>。
4. <u>2010 年</u>是<u>跨入 21 世纪的第十年</u>。

十二、指出下列句子中划线的语词所表达的是集合概念,还是非集合概念。

1. <u>中国工商银行</u>分布在全国各地。
2. 张明买了一本<u>历史书</u>。

十三、指出下列句子中划线的语词所表达的是正概念,还是负概念。

1. 禁止出售<u>淫秽光盘</u>。
2. 商店橱窗里的展品都是<u>非卖品</u>。

十四、指出下列句子中划线的概念间的外延关系,并用图表示。

1. <u>北京</u>是<u>中华人民共和国的首都</u>,并且是一座<u>历史名城</u>。
2. <u>香蕉</u>、<u>苹果</u>是人们喜爱的<u>水果</u>,今年的<u>富士苹果</u>喜获丰收。
3. <u>司马迁</u>是我国西汉时期的<u>史学家</u>、<u>文学家</u>、<u>思想家</u>。

十五、在下列的各组图形内填入适当的概念。

1.

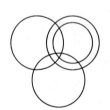

2.

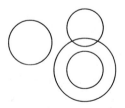

十六、下列的限制和概括是否正确?如不正确,说明理由。

1. 工人。限制:钢铁工人。

　　　概括:劳动者。

2. 市人民政府。限制：区人民政府。
   　　　　　概括：省人民政府。
3. 谦虚。限制：谦虚的人。
   　　　　概括：品德。
4. 桌子。限制：桌面。
   　　　概括：家具。

十七、下列定义是否正确？如不正确，说明理由。

1. 逻辑学是研究思维的科学。
2. 公务员是政府机关的工作人员。
3. 自来水不是由人去取的水。
4. 正方形就是正正方方的图形。
5. 企业就是从事现代化生产的经济部门。
6. 沉默是金。

十八、下列划分是否正确？如不正确，说明理由。

1. 自然界分为有机界和无机界。
2. 电视机可分为黑白电视机、彩色电视机，以及国外进口的电视机。
3. 一年分为春、夏、秋、冬四季，一季分为三个月，一个月分为上、中、下三旬。
4. 句子成分可分为主语、谓语、宾语。
5. 固体燃料包括煤、炭、木材、石油、沼气等。
6. 历史可分为古代史、近代史、现代史、中国史、外国史。

十九、分析下列各段表述中概念上的逻辑错误。

1. 新时装表演队的表演华而不艳，美而不俗，恰到好处，很值得以后的效尤者学习。
2. 今年新就业的博士及博士后学位人员平均月薪2100元。
3. 在冬奥会上，许多国家的代表队都来自非欧美地区。
4. 这个石洞里，常有大量鱼类聚集。
5. 春节快到了，早市上的蔬菜涨到了4元1斤，还有人买。
6. 在校本科生为9936人，研究生为652人，博士生50人。
7. 每月进货都有一些质量差的次品，影响了我店的声誉。
8. 益美超市四层最近增添了新款手机、数码相机、液晶电视、可视电话、频谱饮水机、纳米杯等最新电器产品，吸引了许多顾客光临。

9. 直角三角形就是三内角和为180°的三角形。

10. 最近市场上西瓜的售价是:4斤以上8角一斤,4斤以下6角一斤。

实例分析题

一、张家港市一家毛纺厂与外省某单位签订了一份销售5000米粗毛呢的合同。双方言明于当年四月底付清货款。货按时全部运到后,由于市场销售情况发生了变化,收货单位未能将货全部售出,于是就将未销掉的货,连同销掉货的货款一并交给这家毛纺厂。毛纺厂表示只收货款,不收未销掉的货,要求对方将全部货款付清。但是,收货单位拿出合同,指着上面的一段话说:"合同上明明写着'四月底结清货与款'。现在我们退回未销掉的货并交上销掉货的款,结算清楚了结,这不是很守约吗?"供货的毛纺厂明知自己本来有理,但面对有法律效用的合同上的白纸黑字,却无言以答,即使向法庭起诉,也很难打赢官司。

请问:这家毛纺厂为什么签了卖货合同并按时供货,却不能收回全部货款,造成不应有的经济损失?

二、2001年我国婚姻法修正案草案中,第三条第二款规定"禁止重婚和其他违反一夫一妻制的行为"。讨论中建议改为"禁止重婚。禁止有配偶者与他人同居",并获得通过。

请问:从概念关系上分析,原款规定中的"重婚"和"其他违反一夫一妻制的行为"是什么关系,修改后的"重婚"与"有配偶者与他人同居"是什么关系,分别用图表示出进行比较,并说明运用了什么逻辑方法,将"其他违反一夫一妻制的行为"改为"有配偶者与他人同居"。

三、某杂志的一份关于个人年收入的调查问卷:
您的年收入:
- 100万元以上
- 80万元—100万元
- 70万元—80万元
- 60万元—70万元
- 50万元—60万元
- 40万元—50万元
- 30万元—40万元
- 20万元—30万元

请问:这份调查问卷的选项,在概念的划分上违反了什么划分规则?应怎样准确进行划分?

第三章 判　　断

第一节　判断的概述

一、什么是判断

判断是对思维对象有所断定的思维形式。例如,"中国是发展中国家"、"阿Q不是巴金小说中的人物"、"5大于3"、"只有出示门票,才能进入国家大剧院"等。"思维对象"可以是客观事物,也可以是创造的形象、符号等。所谓"有所断定"是指对思维对象的性质、关系、状态等的肯定或否定。

判断是一种基本思维形式,它由概念构成,又是构成推理的组成部分。人凭借判断揭示出各种事物的本质和规律,从而不断扩大和加深人对世界的认识。

二、判断的特征

判断的基本特征:一是必有断定。没有断定的语句不构成判断,如:"你贵姓?""请进来。"等都不是判断。二是必有真假。如果断定的情况与实际相符,则为真判断;如果断定的情况与实际不符,则为假判断。逻辑学不研究判断事实上的真假,而研究判断之间的真假关系,但结合日常语言表达的需要,也要考虑判断本身的真假问题。这不仅对表达判断是必要的,而且对进行正确推理,也是必要的前提。

三、判断、命题与语句

判断也称为命题,但二者有所区别。命题是未被主观断定的陈述,而判断是已被主观断定的陈述。例如,某人说:"张三是凶手。"对某人来说,他作了主观断定,这是一个判断;而对法院来说,在查证核实之前,只是一个未被断定的命题。对一个陈述,是判断还是命题,只在于有没有主观上的断定。因而,在非严格意义上,判断和命题也可以同义使用。

判断的语言形式是语句。判断与语句之间的关系是:

1. 判断要通过语句表达,但并不是所有语句都表达判断。句中有无断定是确定是否表达判断的依据。一般陈述句都表达判断;感叹句中有断定的表达,如:"这花真美!"没有断定的不表达判断,如:"呵,黄河!"祈使句中有断定的表达,如:"同志,请不要随地吐痰。"没有断定的不表达判断,如:"请把门关上。"一般疑问句不表达判断,如"什么是网络?"反问句则表达判断,如:"难道我说的不对吗?"(强调"我说的对")

2. 同一判断可以表达为不同的语句。例如,"事物都是运动的"可表达为"事物不是不运动的"、"不运动的事物是没有的"、"难道有不运动的事物吗"等不同的语句形式。

3. 同一语句也可以表达不同的判断。例如,"新学生宿舍落成",既可以理解为"新学生",也可理解为"新宿舍",在语言表达中属于"歧义判断"的错误。如果在条文法规中出现歧义判断,将会造成执行上的困难。如果在对话、谈判或论辩中发生,就会产生误解,导致谈判或论辩的失败。算卦先生却常用歧义判断糊弄人,如"父在母先亡",可作出两种相反的解释。

造成歧义判断的原因很多:(1)因概念歧义造成。如"赵师傅一个班修好了两辆车"("一个班"可以理解为"一个班的时间",也可理解为"一个班的人")。(2)因限制不明确造成。如"计划处的三个科干部参加了考试"(既可以理解为"三个科"所有干部,也可以理解为"三个"科干部)。(3)因缺少主语造成。如"我们把这些信转给了陶斯亮同志,因来信很多,不能一一复信,因此写了这篇文章"(谁"写了这篇文章",由于缺失主语,可作两种理解,或是"我们",或是"陶斯亮")。

四、判断的种类

判断有多种分类方法。传统的分类方法见下表:

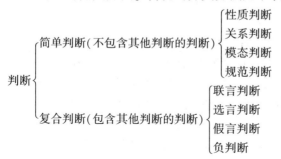

第二节 性质判断

一、什么是性质判断

性质判断,也称直言判断,即断定思维对象具有或不具有某种性质的判断。例如,"'鸟巢'是中国举办奥运会标志性建筑"、"有些科学不是自然科学"等。

性质判断由四部分组成:

1. 主项:表示判断对象的概念。如上例中的"鸟巢"、"科学"等。逻辑上用"S"表示。

2. 谓项:表示断定对象性质的概念。如上例中的"中国举办奥运会标志性建筑"、"自然科学"等。逻辑上用"P"表示。

3. 联项:表示主项与谓项之间断定的判断词。如上例中的"是"、"不是"。"是"有时可省略。

4. 量项:表示主项外延数量的概念。分为全称量项("所有"、"一切"等)、特称量项("有"、"有的"、"有些"等)和单称量项("这个"、"那个"等)三种。全称量项可省略,特称量项不能省略。主项为单独概念("鸟巢")时,没有量项标志,可作全称对待。

特称量项,也称存在量项。"有"在逻辑上表示:一类事物中至少有一个分子存在,究竟有多少分子存在没有限定,也不排除有可能全部存在。如说"我班有些同学学过英语",不排除"我班所有同学都学过英语"。而日常使用"有些",往往是在限定意义上使用,如说"有些同学是住宿生",意味着"有些同学不是住宿生"。用"多数"、"少数"作特称量项时,有相对的限定意义。

二、性质判断的种类

按性质判断中的量项(全称、特称)和联项(是、不是)的情况,可分为四种基本类型。

1. 全称肯定判断,即断定一类事物都具有某种属性的判断。例如,"所有的熊猫都是哺乳动物"。公式为"所有 S 都是 P",简称为 A 判断(SAP)。

2. 全称否定判断,即断定一类事物都不具有某种属性的判断。例如,"所有的事物都不是静止的"。公式为"所有的 S 都不是 P",简称为 E

判断(SEP)。

3. 特称肯定判断,即断定一类中有事物具有某属性的判断。例如,"有些书是精装书"。公式为"有些S是P",简称为I判断(SIP)。

4. 特称否定判断,即断定一类中有事物不具有某属性的判断。例如,"有些汽车不是国产的"。公式为"有些S不是P",简称为O判断(SOP)。

还有一类主项为单独概念的单称判断,因其主项外延与全称判断主项外延都是指其全部,故可作全称判断对待,但不能改变其单称性质。

三、如何断定性质判断的真假

逻辑上,可以根据性质判断中的主、谓项外延关系断定一个性质判断的真或假。见下表:

判断的真假 判断类型 \ 主谓项关系	全同关系	真包含于关系	真包含关系	交叉关系	全异关系
A	真	真	假	假	假
E	假	假	假	假	真
I	真	真	真	真	假
O	假	假	真	真	真

根据上表,我们可以对任何一个A、E、I、O判断,通过分析它的主谓项之间的外延关系,确定它是真判断还是假判断。例如,"所有律师都是法律工作者",首先确定它是一个A判断,从表上可知,一个A判断,当它的主、谓项外延关系是全同关系,或真包含于关系时,则为真判断。上例A判断中的主、谓项"律师"与"法律工作者"为真包含于关系,故这个A判断为真判断。又如,"有些板栗是水果",根据它是一个I判断,并且主、谓项"板栗"与"水果"为全异关系,可以由上表判定它是一个假判断。

四、同一素材的AEIO判断之间的真假推断关系

所谓"同一素材",是指AEIO判断中的主项与主项相同,谓项与谓项相同。在同一素材的AEIO判断之间,存在着一种真假推断规律。这一规律从上表中可以概括出来,也可用一个逻辑方阵表示(见下页):

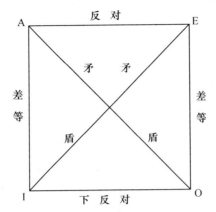

同一素材 AEIO 之间的真假推断规律在方阵中构成四种对当关系：

1. 反对关系（A—E）：A 真，E 必假；A 假，E 可真可假。E 对 A 同理。二者不能同真，却可同假。

2. 矛盾关系（A—O、E—I）：A 真，O 必假；A 假，O 必真。O 对 A 同理。E 真，I 必假；E 假，I 必真。I 对 E 同理。二者不能同真，也不能同假。

3. 差等关系（A—I、E—O）：A 真，I 必真；A 假，I 可真可假。I 真，A 可真可假；I 假，A 必假。E—O 之间同理。二者可以同真，也可以同假。

4. 下反对关系（I—O）：I 真，O 可真可假；I 假，O 必真。O 对 I 同理。二者不能同假，可以同真。

掌握同素材 AEIO 真假推断规律，对语言表达有如下作用：

1. 举一推三。例如，由"所有学生都是考试录取的"（A）真，根据反对关系可推断"所有学生都不是考试录取的"（E）必假；根据矛盾关系可推断"有些学生不是考试录取的"（O）必假；根据差等关系可推断"有些学生是考试录取的"（I）必真。

2. 用于论证。根据反对关系，可以通过证明一个 A 判断的真，从而推断 E 判断为假。例如，"我社所有编辑都通过了资格考试"被证明为真，则"我社所有编辑没有通过资格考试"必假。并且，可以根据矛盾关系，推断"我社有些编辑没有通过资格考试"必假。在论辩过程中，如果双方的辩题是矛盾关系，则可以由我方的真，确立对方的假，并且可以由对方的假，确立我方的真；如果双方的辩题是反对关系，则只可以由我方的真，确立对方的假，而不能由对方的假，确立我方的真。

如果双方的辩题都是单称判断,则不存在反对关系,只有矛盾关系,如"《西游记》不是一部神怪小说"和"《西游记》是一部神怪小说"之间,非此即彼,没有其他可能。

如果判断的主项是空类(即不存在此事物),如"太阳神"、"永动机"等,那么判断之间的真假关系都不能成立。

3. 巧用下反对。利用下反对关系可以同真,构成一种巧辩言辞。例如,著名作家马克·吐温在一次酒会上说:"有些美国参议员是婊子养的。"立即引起议员哗然,要求马克·吐温必须公开道歉,马克·吐温遂即发表一份声明说:"本人在一次酒会上出言不逊,现更正如下:有些美国参议员不是婊子养的。"实际上,并没有对原句作出更正,因为"有些 S 不是 P"(O 判断)与"有些 S 是 P"(I 判断)之间可以同真,仅把 I 判断改为 O 判断,并不能否定 I 判断。更正后的这一句可以理解为对另外一些参议员而言,并未涉及原句中指的那些参议员。

五、性质判断中主、谓项的周延性

所谓"周延性"是指在性质判断中对主项、谓项处延的断定情况。如果在判断中断定了主项(或谓项)的全部外延,那么这个主项(或谓项)就是周延的;如果在判断中没有断定主项(或谓项)的全部外延,那么这个主项(或谓项)就是不周延的。必须指出,概念的周延性问题,只发生在判断的断定中,就独立的概念来说,没有周延不周延问题。

例如,"所有的香蕉都是水果"(A 判断)判断中对主项"香蕉"断定了其全部外延,是周延的;而对谓项"水果",只断定了属于香蕉的那一部分,未全部断定,故不周延。又如"有些干部不是青年"(O 判断)判断中对主项"干部"未断定其全部外延,是不周延的;而对谓项"青年",则断定(否定)了其全部外延与"有些干部"无关,故周延。

AEIO 四种判断的周延规律列表如下:

判断类型	主项	谓项
A	周延	不周延
E	周延	周延
I	不周延	不周延
O	不周延	周延

由表可知,全称判断,其主项皆周延;特称判断,其主项皆不周延。肯

定判断,其谓项皆不周延;否定判断,其谓项皆周延。这一规律,对以后要讲的由性质判断构成的三段论推理,极为重要。

其中,全称肯定判断(A)和特称肯定判断(I)的谓项,有周延的特例。例如,A判断"所有的偶数都是能被2整除的数",其中的谓项"能被2整除的数"与主项"偶数"是全同关系,其谓项周延;又如,I判断"有些工人是矿工",其中的谓项"矿工"与主项"工人"是真包含于关系,其谓项周延。为此,许多学生常感到困惑。其实,这是根据对谓项概念内容从事实上的分析,而从逻辑上看,"所有S都是P"、"有些S是P"这两种肯定判断,我们可以知道判断中对主项"S"是否全部断定,因为有"所有"、"有些"语言标志;而对谓项"P",因无量项表示,只能知道谓项"P"的外延中,至少有一个分子被断定与"S"有相容关系,并没有表示出被全部断定。因此,逻辑上只能认为肯定判断谓项不周延,而不考虑具体内容上的特例。如果对此两种判断的谓项作周延理解,逻辑上等于又增加了一个全称判断"所有P都是S",即"所有S都是P(或'有些S是P'),并且,所有P都是S"。

六、如何运用性质判断

逻辑上对判断的要求主要是形式上对真假关系的判定,而在日常语言表达中对下判断的要求,既要真实,又要恰当。例如,毛泽东在《关于健全党委制》中说:"近查有些(当然不是一切)领导机关,个人包办和个人解决重要问题的习气甚为浓厚。"这是一个恰当使用特称量项的判断,同时又是真实的判断。但是,往往一个真实的判断未必恰当,而一个恰当的判断也未必真实。例如,"有些迷信思想是不科学的",是一个真实的判断,但并不恰当,因为,实际上所有迷信思想都是不科学的。又如有些"善意的谎言",如对患有重病的人安慰说:"您的病并不严重,很快会好的。"在特定的语境下,却是恰当而不真实的。

使用性质判断要遵守下列规则:

1. 主谓搭配恰当。一个肯定判断,在主项与谓项之间,必须至少有一个分子的相容关系;一个否定判断,在主项与谓项之间至少有一个分子没有相容关系。违反这条规则,就会出现"主谓不相合"的错误。例如:

① 黄教授的著述大多是先秦典籍。
② 鲸不是哺乳动物。

例①主项"黄教授的著述"与谓项"先秦典籍"之间,是两个全异关系的概念,没有任何相容关系,不能构成肯定判断。"先秦典籍"只能是黄教授著述中的研究对象。例②"鲸"并不是"鱼",而是"哺乳动物",主项"鲸"与谓项"哺乳动物"之间,应是真包含于关系,"鲸"中任何一个分子都与"哺乳动物"有相容关系,不能构成否定判断。

2. 量项要恰当。对于判断中主项外延数量的断定要符合实际,否则,就会犯"量项不当"的错误。例如:

① 凡是疾病都是由饮食不洁造成的。

② 写文章要言之有物,有些又臭又长,看了令人生厌的文章,报纸上不应刊登。

例①是"特称误作全称"的错误;例②是"全称误作特称"的错误。

3. 联项要准确。在判断中的断定(肯定或否定)要准确无误。否则,就会犯"联项不当"("误用肯定"或"误用否定")的错误。例如:

① 在铁证面前,他仍然抵赖,还是否认他没有犯一点罪行。

② 我们没有一个人不认为环境保护工作不重要。

例①句中对"罪行"连用两个否定词,表达为"承认罪行",造成与"抵赖"反意,犯了"误用肯定"的错误。例②句中连用三个否定词,表达为"都认为环境保护工作不重要",与原意相违,犯了"误用否定"的错误。

此外,在语言表达中,常有变化的句型。例如,"没有基金不是有风险的"("没有 S 不是 P")表达的是 A 判断(所有基金都是有风险的);"没有迷信是科学的"("没有 S 是 P")表达的是 E 判断(所有迷信都不是科学);"仿制品并非都不是精品"("S 并非都不是 P")表达的是 I 判断(有些仿制品是精品);"美容师不都是女性"("S 不都是 P")表达的是 O 判断(有些美容师不是女性)。

第三节 关系判断

一、什么是关系判断

关系判断是断定对象之间关系的判断。例如,"一斤等于十两"、"故宫在天安门和景山之间"、"我热爱祖国"等。

关系判断由关系项、关系词和关系量项(有的没有)三部分组成。

1. 关系项,即表示相关事物的概念,是关系的承担者。如上例中的"一斤"、"十两"、"故宫"、"天安门"、"景山"、"我"、"祖国"等。一个关系判断中可以有两个或两个以上的关系项,以 a、b、c 等表示。

2. 关系词,即表示某种关系的语词。如上例中的"等于"、"……在……和……之间"、"热爱"等,以"R"表示。

3. 关系量项,即表示关系项数量的语词。例如,"有些代表赞成所有的候选人",其关系量项是"有些"和"所有"。

关系判断的公式:

$$aRb 或 R(a、b、c……)$$

二、关系的对称性和传递性

1. 关系的对称性有三种情况:

(1) 对称关系,即 a 对 b 有 R 关系,并且 b 对 a 也有 R 关系,则 R 为对称关系。如"一丈等于十尺"、"某甲与某乙是同学"等。

(2) 反对称关系,即 a 对 b 有 R 关系,但 b 对 a 没有 R 关系,则 R 为反对称关系。如"三大于二"、"长江在黄河以南"等。

(3) 非对称关系,即 a 对 b 有 R 关系,而 b 对 a 不一定有 R 关系,则 R 为非对称关系。如"我相信你"、"甲国支援乙国"等。

2. 关系的传递性有三种情况:

(1) 传递关系,即 a 对 b 有 R 关系,b 对 c 有 R 关系,并且 a 对 c 也有 R 关系,则 R 为传递关系。如"孔子早于墨子,墨子早于荀子,则孔子早于荀子"等。

(2) 反传递关系,即 a 对 b 有 R 关系,b 对 c 有 R 关系,但 a 对 c 没有 R 关系,则 R 为反传递关系。如"小李比小陈大 2 岁,小陈比小张大 2 岁,但小李不比小张大 2 岁"等。

(3) 非传递关系,即 a 对 b 有 R 关系,b 对 c 有 R 关系,而 a 对 c 不一定有 R 关系,则 R 为非传递关系。如"我认识你,你认识他,而我不一定认识他"等。

判断中包含了何种关系词则为何种关系判断。如"我喜欢你"是一个由非对称关系词"喜欢"构成的非对称关系判断。

三、如何运用关系判断

1. 关系项要准确。例如：

① 小林到海边,尽情地呼吸着清新的空气、海水和阳光。
② 红星鸡厂去年年产一万只鸡,今年增加到三万只鸡,增加了三倍。
③ 公司召开大会,大张旗鼓地进行表彰和奖励,颁发了证书和奖状。

例①中的关系项"海水和阳光"无法"呼吸";例②关系项"三倍"不准确,应是"两倍"。例③第一关系项是"公司",第三关系项是"证书和奖状",但缺少了第二关系项,不知受奖的人是谁。

2. 关系词要恰当。例如：

① 江西有个青年发明了一颗星。
② 提倡编演健康的、民间传统的文娱活动,宣传新风尚。

例①关系词"发明"应为"发现";例②关系词"编演"不恰当,"编"和"演"都不能与"文娱活动"发生关系。

3. 不能混淆关系词性质。例如,有人说:"这次下棋,张某一定能赢李某,因为陈某赢了李某,而张某又赢了陈某。"其中"赢了"是一个非传递关系词,不能肯定"张某一定能赢李某",而句中用作传递关系,犯了"混淆关系性质"的错误。

第四节 模态判断

一、什么是模态判断

模态判断是断定事物的可能性或必然性的判断。例如,"明天可能下雨"、"社会向前发展是必然的"等。

模态判断是由对某种现象的断定和模态词构成:

1. 对某种现象的断定。如上例中的"明天下雨"、"社会向前发展"。以"S 是 P"表示,也可简化为 P。

2. 模态词,即断定模态的语词。如上例中的"可能"、"必然"。分别以"◇"、"□"表示。

二、模态判断的种类及其关系

根据模态判断中不同的断定情况,可分为四种类型。

1. 或然肯定判断,即断定事物情况可能存在的判断。如"小张可能是湖南人"。公式表示为"S 可能是 P"(或"S 是 P 是可能的")。符号表示为:◇P(可能 P)。

2. 或然否定判断,即断定事物情况可能不存在的判断。如"今天可能不开会"。公式表示为"S 可能不是 P"(或"S 不是 P 是可能的")。符号表示为:◇¬P(可能非 P)。

3. 必然肯定判断,即断定事物情况必然存在的判断。如"水必然是往低处流"。公式表示为"S 必然是 P"(或"S 是 P 是必然的")。符号表示为□P(必然 P)。

4. 必然否定判断,即断定事物情况必然不存在的判断。如"人的生命必然不是永存的"。公式表示为"S 必然不是 P"(或"S 不是 P 是必然的")。符号表示为:□¬P(必然非 P)。

以上四种模态判断存在着相互推断真假的规律。其规律与性质判断 AEIO 之间的真假推断关系相同。也可表示为一个逻辑方阵:

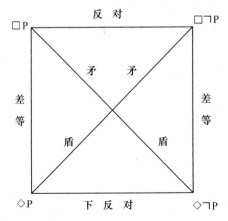

其推断关系是:

(1) 反对关系:□P 真,□¬P 必假;□P 假,□¬P 真假不定。反推同理。

（2）矛盾关系：① □P 真，◇¬P 必假；□P 假，◇¬P 必真。反推同理。② □¬P 真，◇P 必假；□¬P 假，◇P 必真。反推同理。

（3）差等关系：① □P 真，◇P 必真；□P 假，◇P 真假不定。◇P 真，□P 真假不定；◇P 假，□P 必假。② □¬P 真，◇¬P 必真；□¬P 假，◇¬P 真假不定。◇¬P 真，□¬P 真假不定；◇¬P 假，□¬P 必假。

（4）下反对关系：◇P 真，◇¬P 真假不定；◇P 假，◇¬P 必真。反推同理。

三、如何运用模态判断

1. 区别事物模态和认识模态。

事物模态是指客观存在事物的必然性或可能性。如"感冒可能引起肺炎"是客观存在的可能性；"人必然会老的"是客观存在的必然性。认识模态是指人在认识上受主客观条件限制，作出的推测。如"这位新来的同志可能是北京人"，只是一种推测，一旦证实，这种可能性就不存在了。

在语言表达中，要注意使主观认识上的模态符合客观事物的模态。例如：

① 小兰唱歌这样好，必然是受过专业训练。

② 所有公司内部都可能有管理制度。

例①中的"必然"不妥，客观上只能是"可能"；例②中的"可能"不妥，客观上应是"必然"。

2. 准确把握模态判断间的真假对当关系，恰当地进行模态判断间的等值转换。例如：

① 侵略者必然要失败，也就是说，侵略者不可能不失败。

② 我不认为张三必定是罪犯，也就是说，张三必定不是罪犯。

例①根据矛盾关系，可以由"S 必然 P"真，推断"S 不可能不 P"为真。因为在矛盾关系中，一个判断与另一判断的否定等值(即同真)。例②根据反对关系，不可以由"S 必然 P"的否定(即假)，推断"S 必然不 P"为真。因为在反对关系中，一个判断假，不能推断另一判断为真，故不能用"也就是说"进行等值转换。

第三章 判 断

第五节 规范判断

一、什么是规范判断

规范判断是对人的行为提出某种规定的判断。或者说是包含"允许"、"必须"、"禁止"等规范词的判断。例如,"允许私人办企业"、"干部必须遵纪守法"、"禁止在剧场内吸烟"等。

规范判断是由对某种行为的断定和规范词(提出规范要求的词)组成。如上例中的"私人办企业"、"干部遵纪守法"、"在剧场内吸烟"等,都是对某种行为的断定。规范词是"允许"、"必须"、"禁止"等。逻辑上以小写"p"表示对某种行为的断定,以"O"表示"必须","P"表示"允许","F"表示"禁止"。

二、规范判断的种类及其关系

根据规范判断中规范要求的不同,可分为六种类型:

1. 必须肯定判断:规定某种行为必须履行的判断。如"公民必须遵守国家法令"。规范词还可以是"应当"、"要"、"义务"等。公式为:必须 p。符号为:Op。

2. 必须否定判断:规定某种行为必须不实施的判断。如"旅客必须不带违禁品"。公式为:必须非 p。符号为:O¬p。

3. 允许肯定判断:规定某种行为可以实施的判断。如"允许被告为自己辩护"。公式为:允许 p。符号为:Pp。

4. 允许否定判断:规定某种行为可以不实施的判断。如"允许年老体弱者不排队"。公式为:允许¬p。符号为:P¬p。

5. 禁止肯定判断(相当于"必须否定判断"):规定某种行为不得实施的判断。如"禁止制作盗版音像产品"。规范词还可以是"不得"、"不准"等。公式为:禁止 p。符号为:Fp(相当 O¬p)。

6. 禁止否定判断(相当于"必须肯定判断"):规定某种行为不准不实施的判断。如"禁止不购票乘坐飞机"。公式为:禁止¬p。符号为:F¬p(相当 Op)。

以上六种规范判断可归结为前四种,它们之间存在着相互推断正确

与否的规律,其规律与 AEIO 的真假对当关系相同,也可由逻辑方阵表示。(见下图)

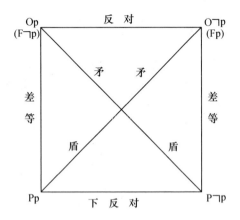

其推断关系是:

(1) 反对关系:Op 正确,O¬p 必错误;Op 错误,O¬p 对错不定。反推同理。

(2) 矛盾关系:① Op 正确,P¬p 必错误;Op 错误,P¬p 必正确。反推同理。② O¬p 正确,Pp 必错误;O¬p 错误,Pp 必正确。反推同理。

(3) 差等关系:① Op 正确,Pp 必正确;Op 错误,Pp 对错不定。Pp 正确,Op 对错不定;Pp 错误,Op 必错误。② O¬p 正确,P¬p 必正确;O¬p 错误,P¬p 对错不定。P¬p 正确,O¬p 对错不定;P¬p 错误,O¬p 必错误。

(4) 下反对关系:Pp 正确,P¬p 对错不定;Pp 错误,P¬p 必正确。反推同理。

三、如何运用规范判断

1. 规范判断有社会制约性。不同的社会制度,不同的道德传统,就会有不同的法律规范和道德规范。因此,对同一行为,在不同的社会条件下,就可能有不同的规定。如生育子女行为,有的国家允许多生,而我国实行计划生育,一般情况下,只允许生一个孩子。因此,规范判断本身无所谓真假,只有在一定社会条件下是否正确合理的问题。从逻辑上讲,并不研究提出各种规范的社会条件如何,而是注重研究在特定社会条件下所提出的各种规范判断的逻辑特征和它们之间的逻辑推断关系。例如,从"搜查妇女身体应当由女工作人员进行"可推出"搜查妇女身体不允许不由女工作人员进行"(矛盾关系)。又如,由"子女应当孝敬父母"可推出"子女不应当不孝敬父母"(反对关系)等。

2. 准确使用规范词,恰当进行规范词之间的等值转换。例如:

① 这对年轻恋人,已到法定结婚年龄,应当到有关部门登记结婚。
② 子女必须随父姓,是不对的,也就是说,子女应当不随父姓。

例①规范词"应当"与"必须"相当,都是指令性较强的规范词,而婚龄的规定只是一个允许的底线,没有指令性。例②由"必须 p"不对,根据反对关系,不能推断"必须非 p"必正确,二者不能用"也就是说"进行等值转换。

第六节 联言判断

一、什么是联言判断

联言判断是断定几种情况同时存在的复合判断。例如,"郭沫若是诗人,并且是剧作家"。

联言判断是由联言支(联言判断中的支判断)和联结项(联结支判断的连接词"并且")组成。以 p、q 表示联言判断(两支)的联言支,公式为:

p 并且 q

"并且"可用数理逻辑合取的符号"∧"表示。公式为:

$p \wedge q$

在汉语中,表示联言判断的连接词,还有"既是……又是……"、"不但……而且……"、"不是……而是……"、"虽然……但是……"等。

二、联言判断的真假判定

联言判断是一种断定几种情况同时存在的复合判断,它的真假取决于联言支的真假情况。如果联言支都真,则联言判断为真;如果联言支中至少有一假,则联言判断为假。例如,"他聪明而且好学"。其中支判断"他聪明"和"他好学"都真时,则联言判断为真;如果"他聪明"和"他好学"中,至少有一个假时,则联言判断为假。

联言判断(两支)的真假值(也称真值或逻辑值),可用真值表来表示:

p	q	p∧q
真	真	真
真	假	假
假	真	假
假	假	假

三、联言判断的语言形式及应用

联言判断的语言形式主要有:

1. 并列复句。例如"老王既是股迷,又是彩迷"。

2. 递进复句。例如"小张的发明不但在国内获奖,而且在国际获奖"。

3. 转折复句。例如"他虽然失败了,但是并不灰心"。

这三种句型中的连接词所表示的"并列"、"递进"和"转折",是语法意义上的区别,逻辑上都是对两种情况的同时断定,因此都符合联言判断为真的要求。

联言判断的省略式有:(1)复合主项联言判断。例如"鲁迅、茅盾、巴金都是文学家"。(2)复合谓项联言判断。例如"北京是中国的政治、文化教育和科学技术的中心"。(3)复合主谓项联言判断。例如"国家的统一、全国各族人民的团结,是我国各族人民的根本利益,是我国走向繁荣富强的根本保证"。

联言判断的语言表达,有时要考虑语序。如"我们贯彻并且学习了这次职工代表大会决议的精神",应该"学习"在前,"贯彻"在后。有时语序不同,语义大不一样,如"屡战屡败"与"屡败屡战",其语义完全不同。

第七节 选言判断

一、什么是选言判断

选言判断是断定几种可能情况至少有一种(或只有一种)存在的复

合判断。例如,"小张或者是棋迷,或者是球迷"、"在困难面前,要么知难而进,要么知难而退"等。

选言判断是由选言支(选言判断中的支判断)和联结项(联结选言支的连词"或者"等)组成。

二、选言判断的种类及其真假判定

根据选言支之间是否有相容关系,分为相容选言判断和不相容选言判断两种。

1. 相容选言判断:断定几种可能情况中至少有一种情况存在的选言判断。例如,"他或者是音乐爱好者,或者是美术爱好者"。以 p、q 表示两支选言判断的选言支,公式为:

p 或者 q

"或者"可以数理逻辑析取符号"∨"表示。公式为:

p∨q

汉语中表示相容选言判断的连词,还有"可能……可能"、"也许……也许"等。

相容选言判断的真假判定,要依据其选言支之间的真假情况。由于相容选言判断是断定几种情况中至少有一种存在,所以,当选言支至少有一个为真时,则相容选言判断为真,选言支都假时,则相容选言判断为假。例如,"他或是导演,或是演员",当"他是导演"和"他是演员"中至少有一个真时,则相容选言判断为真,而二者都假时,则相容选言判断为假。

相容选言判断(两支)的真假值,可用真值表来表示:

p	q	p∨q
真	真	真
真	假	真
假	真	真
假	假	假

2. 不相容选言判断:断定几种可能情况中有而且只有一种情况存在的判断。例如,"电池的一端要么是阴极,要么是阳极"。以 p、q 表示两支选言判断的选言支,公式为:

要么 p,要么 q

"要么……要么……",可用符号"∨"表示。公式为:

p∨q

汉语中表示不相容选言判断的连接词,还有"不是……就是……"、"或者……或者……二者择一"等。

不相容选言判断的真假判定,要依据其选言支之间的真假情况断定。由于不相容选言判断是断定几种情况中只有一种存在,所以,当选言支有而且只有一种情况为真时,则不相容选言判断为真,而当几种情况都真,或几种情况都假时,则不相容选言判断为假。例如:

"一枚银币落地,要么正面朝上,要么反面朝上,二者必居其一"。当"正面朝上"或者"反面朝上"时都表明只有一真,则不相容选言判断为真;而二者都真,或二者都假都是不可能出现的,则表明不相容选言判断为假。

不相容选言判断(两支)的真假值,可用真值表来表示:

p	q	p∨q
真	真	假
真	假	真
假	真	真
假	假	假

三、选言判断的语言形式及应用

选言判断的语言形式主要有:(1) 选择复句。例如,"小王学习跟不上的原因,可能是基础差,可能是平日不努力";(2) 取舍复句。例如,"与其强攻,不如智取"。

选言判断的省略式有:(1) 复合主项选言判断。例如,"或是国安队,或是申花队,获得这次足球赛的冠军";(2) 复合谓项选言判断。例如,"她或是电影演员,或是电视演员"。

选言判断的语言表达,要注意连接词的使用。连词"或者……或者……"既可以表达相容选言判断,也可以表达不相容选言判断;而"要么……要么……"等表示二者择一的连词,只能表达不相容选言判断。如

"他要么是诗人,要么是画家",犯了用不相容关系连词表达相容关系的错误。

还要注意混淆相容选言关系与联言关系的错误。例如,"或出成果,或出人才,是科研机构的基本任务",是一个复合主项的相容选言判断,但对"科研机构的基本任务"来说,应用"既出成果,又出人才"的联言判断来表达。又如,"一篇好作品,或是思想性好,或是艺术性好",是复合谓项的相容选言判断,也应用联言判断来表达。

逻辑上要求选言支要穷尽,才能保证至少有一真。例如,"某县今年小麦产量或是高产,或是低产"。但由于没有穷尽选言支,事实上还可能是"平产",从而导致该判断中两个选言支为假,则选言判断为假。

第八节 假言判断

一、什么是假言判断

假言判断是断定某一事物情况为另一事物情况条件的复合判断。或者说,是有条件地断定某种情况存在的判断。例如,"如果天下雨,地就会湿"、"只有调查研究,才有发言权"等。

假言判断是由假言支(假言判断中的支判断)和联结项(联结假言支的连词"如果……就"等)组成。表示条件的假言支叫"前件",表示依赖条件产生的现象(结果)的假言支叫"后件"。如上例中的"天下雨"、"调查研究"是前件,"地湿"、"有发言权"是后件。

二、假言判断的种类及其真假判定

假言判断根据其条件的不同,可分为充分条件假言判断、必要条件假言判断、充分必要条件假言判断三种类型。

1. 充分条件假言判断:断定前件是后件的充分条件的假言判断。所谓"充分条件",是指:有此条件,必有某结果,无此条件,未必无此结果,则此条件为"充分条件"。例如,"如果摩擦,就会生热"。有摩擦,必生热,无摩擦,未必不生热。故"摩擦"是"生热"的充分条件。以 p、q 表示前、后件,公式为:

如果 p,就 q

"如果……就"可以数理逻辑的蕴含符号"→"表示,公式为:

p→q

汉语中表示充分条件关系的连词,还有"假如(使)……那么(就)……"、"只要……就……"、"一旦……就……"等。

充分条件假言判断的真假判定,要依据其前后件之间是否为充分条件关系来判定。当前件真,后件必真时,这反映前件是后件的充分条件,则判断为真;当前件真,后件为假时,这反映前件不是后件的充分条件,则判断为假。

充分条件假言判断的真假值,可用真值表表明(此真值表前两行表明前件是后件的充分条件,即前件真后件必真,不能假;后两行表明前件不是后件的必要条件,即前件假,后件可真可假)。

p	q	p→q
真	真	真
真	假	假
假	真	真
假	假	真

2. 必要条件假言判断:断定前件是后件的必要条件的假言判断。所谓"必要条件",是指:无此条件,必无某结果,有此条件未必有此结果,则此条件为"必要条件"。例如,"只有笔试及格,才能被录取",笔试不及格,必不能被录取;笔试及格,未必被录取。故"笔试及格"是"被录取"的必要条件。以 p、q 表示前后件,公式为:

只有 p,才 q

"只有……才"可以数理逻辑的反蕴含符号"←"表示,公式为:

p←q

汉语中表示必要条件关系的连词,还有"必须……才……"、"除非……才……"、"不……不……"等。

必要条件假言判断的真假判定,要依据其前后件之间是否为必要条件关系来判定。当前件假,后件必假时,这反映前件是后件的必要条件,则判断为真;当前件假,后件为真时,这反映前件不是后件的必要条件,则判断为假。

必要条件假言判断的真假值,可用真值表表明(此真值表后两行表明前件是后件的必要条件,即前件假,后件必假,不能真;前两行表明前件不是后件的充分条件,即前件真,后件可真可假)。

p	q	p←q
真	真	真
真	假	真
假	真	假
假	假	真

从严格意义上划分,以上两种假言判断应是充分不必要条件(有前件必有后件,无前件未必无后件)假言判断和必要不充分条件(无前件必无后件,有前件未必有后件)假言判断。

3. 充分必要条件假言判断(简称充要条件假言判断):断定前件是后件充分必要条件的假言判断。所谓"充分必要条件",是指:有此条件,必有某结果;无此条件,必无某结果,则此条件为"充分必要条件"。例如,"当且仅当三角形等边,三角形就等角"。三角形等边,则三角形必等角;三角形不等边,则三角形必不等角。故"三角形等边"是"三角形等角"的充分必要条件。以 p、q 表示前后件,公式为:

当且仅当 p,就(才)q

"当且仅当"可以数理逻辑的等值符号"↔"表示,公式为:

p↔q

汉语中表示充分必要条件关系的连词为"如果……,就……,并且,只有……,才……"("如果而且只有……就(才)……")。有时也用"只要……就"来表达。

充要条件假言判断的真假断定,要依据前后件之间是否为充分必要条件关系(也称等值关系)来判定。当前件真,后件必真时,则判断为真,当前件真,后件为假时,则判断为假,这反映前件是后件的充分条件。当前件假,后件必假时,则判断为真;当前件假,后件为真时,则判断为假。这反映前件是后件的必要条件。

充分必要条件假言判断的真假值,可用真值表表明(此真值表前两行表明前件是后件的充分条件;后两行表明前件是后件的必要条件)。

p	q	p↔q
真	真	真
真	假	假
假	真	假
假	假	真

三、假言判断的语言形式及应用

假言判断的语言形式主要有：

1. 假设复句。例如，"假如（如果）天气好，我们就去郊游"。假设复句主要表达充分条件关系。此种连词有时也可以不反映条件关系。如"如果以前他很幼稚，那么现在他已成熟了"。

2. 条件复句。例如，"只有节目好时，我才看电视"。语法上，条件复句可包括有条件句（如"只有……才"、"只要……就"、"除非……才"等）和无条件句（如"无论……都"、"不管……也"）。无条件句中的结果不以条件为转移。例如，"不管怎么说，他也不相信"。假言判断只与有条件句相当。

假言判断的语言表达常有省略，如"贷了款就要还贷"，省略了"如果"。

应用假言判断要注意：

1. 不得混淆条件关系。例如，"只有贪污才会犯大错误"、"只要熟悉生活，就能写出好作品"等。前者将充分条件误作必要条件，后者将必要条件误作充分条件。

2. 准确进行条件转换。例如，"如果是优秀电视剧，那么必受群众欢迎"，可以转换为"只有受群众欢迎，才是优秀电视剧"，还可以转换为"如果不受群众欢迎，就不是优秀电视剧"。转换公式为：如果 p，那么 q = 只有 q，才 p = 如果不 q，则非 p（p→q = q←p = $\bar{q}$→$\bar{p}$）。

3. 不得强加条件。例如，"如果乌鸦叫，就有祸事到"，"乌鸦叫"与"祸事到"虽然都真，且可以有偶然关联，却没有条件关系。

4. 充要条件常用双重复句表达。例如，"人不犯我，我不犯人；人若犯我，我必犯人"，其中的"人犯我"与"我犯人"之间，运用了"不……不……"（必要条件）和"若……必……"（充分条件）双重复句表达了充分必要条件关系。

第九节 负 判 断

一、什么是负判断

以上所介绍的各种简单判断和复合判断,还可以有对它们的否定形式,叫作"负判断",即否定一个判断的判断。因为负判断中包含着另一个判断,所以也属于复合判断,如"并非所有的模特都是女性"、"不是只要有决心,就能成功"等。

二、负判断的结构及其真假判定

负判断是由否定词和被否定的判断(支判断)两部分构成,其结构的典型公式为:

并非 p

"并非"可以用数理逻辑的否定符号"¬"表示,公式为:

¬p(或 $\bar{p}$)

汉语中表示否定的词还有"并不是"、"不是"、"不能说"、"……是不对的"等。

由于负判断是对其所包含判断的否定构成,因此,负判断的真假值,要依据其所包含的支判断的真假来判定。支判断真,则负判断假;支判断假,则负判断真。例如,"人都会老"真,"并非人都会老"为假;"公司都是私营的"假,"并非公司都是私营的"为真。

负判断的真假值,可用真值表表明:

p	¬p
真	假
假	真

三、负判断的语言形式及应用

1. 负判断的语言形式,主要是用否定词对一个单句或复句的否定来表达,如"并非鸟都会飞"、"不是买了股票,就能赚到钱"、"孩子不吃早餐是不对的"等。否定词有"并非……"、"不是……"、"……是不对的"等。

负判断不同于否定判断。负判断中否定的是判断,而否定判断中否定的是谓项。如"并非画家都是书法家"与"画家都不是书法家"是不同的判断;前者是对判断"画家都是书法家"的否定,后者是对谓项"书法家"的否定。

2. 负判断的应用,主要用于对某一判断(简单判断或复合判断)的否定,从而推出一个与其等值的判断,这样可以进行语句之间的转换,使语言表达更为丰富、灵活。

(1)简单判断的负判断及其等值关系。根据各种简单判断的逻辑性质及真假推断关系,可以通过否定一个判断推出一个与其等值的判断。如根据性质判断的真假推断关系("逻辑方阵"),可以通过对一个性质判断的否定推出一个与其等值的判断。例如:

并非"所有的模特都是女性" = 有模特不是女性("="表示等值)

公式:

并非"所有 s 都是 p" = 有 s 不是 p($\neg SAP \leftrightarrow SOP$)

(2)复合判断的负判断及其等值关系。根据各种复合判断的逻辑性质及真假判定规则,可以通过否定一个判断推出一个与其等值的判断。如根据充分条件假言判断的真假判定规则(当前件真后件假时,充分条件假言判断为假),可以推出一个与其等值的判断。例如:

并非"只要有决心,就能成功" = 有决心,但未成功

公式:

并非"只要 p,就 q" = p,但未 q($\neg(p \rightarrow q) \leftrightarrow (p \wedge \neg q)$)

→ 思考与练习

一、什么是判断?它有何特征?
二、判断和语句有何关系?
三、什么是性质判断?它由哪几部分组成?它有哪几种基本类型?
四、同一素材 AEIO 性质判断之间的真假对当关系是怎样的?掌握

它有什么作用？

五、什么是概念的周延性问题，AEIO 四种判断中主、谓项的周延规律是怎样的？为什么说肯定判断的谓项都不周延？

六、什么是关系判断？它由哪几部分组成？

七、什么是模态判断？它由哪几部分组成？它有哪几种基本类型？

八、什么是规范判断？它由哪几部分组成？它有哪几种基本类型？

九、什么是联言判断？它由哪几部分组成？其公式及真值判定是怎样的？

十、什么是选言判断？它由哪几部分组成？它有哪些种类？其公式及真值判定是怎样的？

十一、什么是假言判断？它由哪几部分组成？它有哪些种类？其公式及真值判定是怎样的？

十二、什么是负判断？它的结构及真假判定是怎样的？

十三、指出下列语句哪些表达判断，哪些不表达判断。

1. 黄河是中国的第二条大河。
2. 《资治通鉴》的作者是谁？
3. 横过马路请走人行横道。
4. 谁不说俺家乡好。

十四、下列各判断属何种性质判断，分别用符号表示，并指出它们的主、谓项及其周延情况。

1. 所有的数码相机都是高科技产品。
2. 台湾是美丽的宝岛。
3. 每一个人都不是能脱离社会生存的。
4. 没有一个星球不是运动的。
5. 有人是画家。
6. 很多会议不是非开不可的。
7. 文学家不都是写小说的。
8. 占全班五分之二的女同学考试成绩都很好。

十五、已知下列性质判断的真假，根据性质判断的真假对当关系，指出与其素材相同的其他三种判断的真假。

1. 这里摆的花都是红色的(真)。
2. 凡是保健品都是用于治疗疾病的(假)。

3. 有些邮票是纪念邮票(真)。

4. 凡是商品房都不是廉租房(真)。

5. 有的山羊不是动物(假)。

十六、指出下列关系判断中的关系项、关系词,并从对称性角度分析属何种关系判断。

1. 父母抚养儿女。

2. 周红和张文是同事。

3. 张经理敬佩王董事长。

4. 今天的气温比昨天的气温高。

十七、已知下列模态判断的真假,根据模态判断的真假对当关系,指出其他三种判断的真假。

1. 太阳必然从东方升起(真)。

2. 违法行为必然是犯罪行为(假)。

3. 某动物园可能没有熊猫(真)。

4. 赵某可能是博士生(假)。

十八、指出下列各判断属于哪一种复合判断,用公式表示并找出其连接词(如有省略,予以说明)。

1. 书山有路勤为径,学海无涯苦作舟。

2. 世界上的国家或是位于南半球,或是位于北半球,或是地跨两半球。

3. 本次书法比赛,我虽然没获奖,但结交了不少书界朋友。

4. 只有掌握专业技能,才能做好本职工作。

5. 身高超过一米的孩子乘公交车,就要打票。

6. 哪里有红军的足迹,哪里就播下革命的种子。

7. 不入虎穴,焉得虎子!

8. 有则改之,无则加勉。

十九、分析下列各段表述中判断上的逻辑错误。

1. 孩子找不到妈妈就着急了。

2. 他各科成绩都优秀的原因,是他长期勤奋学习的结果。

3. 武汉那个城市没有一天是晴天,那里没有一天不下雨。

4. 有些非法网站必须取缔。

5. 这次卫生大检查一定要防止不走过场。

6. 今后这些场馆将会成为体育、文艺活动和举办娱乐的场所。
7. 广州市公安局接受群众意见,并及时改判严惩持刀行凶犯。
8. 通知规定商品使用未注册商标必须在商品上和包装上标明企业名称或地址。
9. 只有患了高血压症,血压才会升高。
10. 要把文章写得好,只要自己努力,肯花时间,还愁写不好吗?

实例分析题

一、有一次,日本京都大学佛学教授柳田圣山先生在参观上海云佛寺时,向云佛寺的法师问到洪钟使用的规矩。法师说,庙里做隆重佛事的时候,七七四十九天,日日夜夜都要敲击洪钟。柳田教授听后表示不赞同,他说:"'七七'期间,白天敲钟,夜里是不敲的,因为佛教寺庙的规矩是'晨钟暮鼓'。夜里敲钟,佛教经典上无此记载。"法师听后,当时没有说什么。他们一道走出殿堂,来到小卖部,柳田教授对清人俞樾手书的唐诗《枫桥夜泊》甚为喜爱,这时,法师走上去,随手在"姑苏城外寒山寺,夜半钟声到客船"中的"寒山寺"和"夜半钟声"上划了几个圆圈,提请教授注意。教授略有所思,继之恍然大悟,很快就立正、低头、合掌,连连向法师致敬。

请问:柳田教授为什么在法师提请他注意诗中的某些词句后,很快就连连向法师致敬?(提示:运用性质判断的有关理论。)

二、某市法院在审理一件盗窃案时,犯罪嫌疑人拒不认罪,审判人员经过反复研究,决定在搜出的大量赃物中,以审问一架照相机的来历为突破点,揭露被告人的狡辩,使其认罪。在庭审笔录中有下面一段(有省略):

审判长问:"被告,这架照相机是谁的?"
被告:"是我的,五年前从旧货店买来的。"
审判长:"你使用它拍过照吗?"
被告:"当然拍过,五年来一直用它拍照。"
审判长:"被告,你把这架照相机打开。"
被告:"审判长,假如我把它打开,那就证明照相机是我的,是吗?"

审判长:"不对,打开了,并不证明它一定是你的;而打不开,那就证明一定不是你的。"

被告颠来倒去拨弄了半天也未打开,神色慌乱,手足无措(原机主人安装了暗钮)。

审判长:"你刚才说五年来一直用它,现在却又不能打开,这不自相矛盾吗?"

被告低下了头,无言以答。

请问:在审问被告的过程中,审判长为什么能如此有力地制服被告,被告的狡猾表现在哪里?(提示:运用假言判断的有关理论。)

三、有四张正面为英文字母,背面为数字的牌,现只知其一面的情况:

| E | K | 4 | 7 |

题设:有效规则是:如果正面是元音字母,那么它的背面就是偶数。

请问:只需翻哪几张牌,即可知道四张牌的全部情况,为什么?

第四章 推 理

第一节 推理的概述

一、什么是推理

推理是由一个、两个或两个以上已知判断推出一个新判断的思维形式。例如：

① 所有体操教练都是体育工作者
　　所以,有些体育工作者是体操教练。
② 所有会计师都应遵守财务制度
　　张某是会计师
　　所以,张某应遵守财务制度。
③ 马是脊椎动物
　　牛是脊椎动物
　　羊是脊椎动物
　　马、牛、羊都是哺乳动物,
　　所以,一切哺乳动物都是脊椎动物。(结论为或然)

例①是由一个已知判断推出一个新判断的推理;例②是由两个已知判断推出一个新判断的推理;例③是由三个已知判断经过归纳推出一个新判断的推理。

二、推理的组成及语言形式

推理是由前提和结论两部分构成。前提即作为推理依据的已知判断,结论即依据前提推出的新判断。前提与结论之间必须具有某种推出的逻辑关系,否则,不能构成逻辑推理。例①②是前提与结论之间有必然推出关系的演绎推理;例③是前提与结论之间有或然推出关系的归纳推理。

推理的语言形式主要是因果复句或句群,但并不是凡是句群都表达推理,必须具有前提和结论的推论关系的句群才表达推理。推理的一般语言连接词是"因为……所以……"、"由于……因此……"、"……由此可见……"等。例①②③都是省略了表示前提的"因为",只用了表示结论的"所以"。

三、推理的种类

推理有多种分类方法,传统分类方法是:

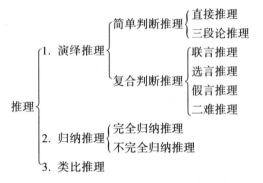

演绎推理属于"必然性推理";归纳推理和类比推理属于"或然性推理"或"非演绎推理"。

第二节 直接推理

直接推理是根据一个已知判断推出一个新判断的推理形式。下面介绍三种直接推理方法。

一、对当关系直接推理

根据"逻辑方阵"的真假对当关系,由一个已知判断推出一个新判断的直接推理。例如,"所有干部都应遵纪守法,所以,有些干部不遵纪守法是不对的"。公式为:SAP→并非 SOP。

由于逻辑方阵中共有 24 种对当关系,除去推断有真假不定的 8 种以外,共有 16 个有效式,都可以构成对当关系直接推理。

二、换质法直接推理

换质法是通过改变一个性质判断联项的性质,推出一个新判断的直接推理。例如,"法律是有强制性的,所以,法律不是没有强制性的"。

运用换质法推理,必须遵守两条规则:(1)改变原判断的联项性质,即肯定变为否定,或否定变为肯定。上例中即由"是"变为"不是";(2)用原判断谓项的矛盾概念作新判断的谓项。如上例中的"有强制性的"变为"没有强制性的"。换质法反推也成立。

换质法适用于 AEIO 四种判断:

1. A 判断换质。例如,"事故都是有原因的,所以,事故不是没有原因的"。公式:SAP⇔SE$\overline{P}$。"⇔"表示可以互推,也可用"↔"表示两边等值。符号上面的"-"表示否定。

2. E 判断换质。例如,"侵略战争都不是正义的,所以,侵略战争都是非正义的"。公式:SEP⇔SA$\overline{P}$。

3. I 判断换质。例如,"有些歌手是专业的,所以,有些歌手不是非专业的"。公式:SIP⇔SO$\overline{P}$。

4. O 判断换质。例如,"有些行为不是文明的,所以,有些行为是不文明的"。公式:SOP⇔SI$\overline{P}$。

换质法在日常表达中很常见,既可以对同一对象从肯定或否定两方面来表述,又可以增强语言表达效果。如学生问:"我考试不及格吧?"老师答:"不是不及格,是及格了。"再如强调一件事说:"这路不能不修,一定要修。"

三、换位法直接推理

换位法是通过调换一个性质判断的主、谓项位置,推出一个新判断的直接推理。例如,"所有的牛都是动物,所以,有些动物是牛"。

换位法推理,必须遵守两条规则:1.调换原判断的主项与谓项的位置,如上例中将"牛"与"动物"对调;2.在原判断中不周延的概念,到新判断中不得变为周延,如上例中,"动物"在原判断中不周延,到新判断中仍要不周延,因此变为特称判断。

换位法只能应用于 AEI 三种判断:

1. A 判断换位(限量换位法)。例如,"所有行贿都是违法的,所以,有些违法的是行贿"。公式：SAP⇔PIS。由全称推出特称,故称"限量"。不能反推。

2. E判断换位。例如,"所有的奇数都不是偶数,所以,所有的偶数都不是奇数"。公式：SEP⇔PES。可以反推。

3. I判断换位。例如,"有些教育学家是心理学家,所以,有些心理学家是教育学家"。公式：SIP⇔PIS。可以反推。

O判断不能换位。因为O判断主项不周延,换位到新判断的谓项,变为周延,违反规则。

换位法在日常表达中很常见,既可以改变认识的侧重点,又可以明确表达出主谓项的外延关系。例如,医生诊断一位可能是盲肠炎的患者,首先考虑到"凡是盲肠炎患者都会右下腹痛",在确认患者右下腹痛时,思考的侧重点则改变为"右下腹痛"。这样,在医生的思考中已经对原判断的主谓项进行了换位,必须注意的是,根据A判断限量换位法,不能认为"凡右下腹痛的患者都是盲肠炎",而应推断为"有些右下腹痛是盲肠炎",然后再做进一步检查,才能避免误诊。

换质法与换位法可以根据需要结合使用。例如,"真理是不怕批评的,所以,怕批评的不是真理"。这是一种先换质,后换位的推理方法。公式：$SA\overline{P} \xrightarrow{换质} SEP \xrightarrow{换位} PES$。

第三节 三 段 论

一、什么是三段论

"三段论"是直言三段论推理的简称。三段论是由两个包含着一个共同概念的性质判断推出一个新判断的推理。例如：

> 凡教师都是教育工作者,
> <u>李新是教师,　　　　　</u>
> 所以,李新是教育工作者。

其中"教师"是包含在两个性质判断中的共同概念,由于它的联结作用,才使三段论推理成为可能。中间的横线表示以上为前提部分,以下为结论。

二、三段论的组成

三段论由三个不同的概念和三个不同的判断构成。

1. 三个不同的概念:
(1) 小项:结论中的主项,以"S"表示。
(2) 大项:结论中的谓项,以"P"表示。
(3) 中项:前提中的共同概念,以"M"表示。

2. 三个不同的判断:
(1) 大前提:包含大项(P)及中项(M)的判断,以"P—M"或"M—P"表示。
(2) 小前提:包含小项(S)及中项(M)的判断,以"S—M"或"M—S"。表示。
(3) 结论:包含小项(S)及大项(P)的判断,以"S—P"表示。

三段论依据中项(M)的位置不同,可组成四种格式的三段论,称为三段论的"格"。即:

第一格
```
M ─┐ P
S  └ M
─────
S ── P
```
例:粮食是农产品
　　玉米是粮食
∴ 玉米是农产品

第二格
```
P ─┐ M
S  │ M
   ┘
─────
S ── P
```
例:犯罪是触犯刑律
　　他没有触犯刑律
∴ 他没有犯罪

第三格
```
M ─┐ P
M  │ S
   ┘
─────
S ── P
```
例:熊猫是稀有动物
　　熊猫是哺乳动物
∴ 有些哺乳动物是稀有动物

```
    第四格          例:法院是审判机关
     P   M            审判机关不是公安机关
       ╳           ∴ 公安机关不是法院
     M   S
    ─────────
     S — P
```

第一格称为公理格、标准格或典型格,是最常用的格。尤其在法院审判中,要依据法律条款及犯罪事实作出审判结论,必须符合此格的推理过程,故也称为"审判格"。第二格常用来区别事物间的某种关联,称为"区别格"。第三格常用例证来证明某一特称断定,称为"例证格"。第四格应用较少。

三、正确进行三段论推理的条件

一个正确的三段论推理,必须满足两个条件:一是前提真实;二是形式正确(合乎推理规则)。也就是说,如果前提不真,或形式不正确,都不能保证得到必然为真的结论。只有在前提真实并且形式正确的条件下,才能保证得到一个必然为真的结论。而前提真实性问题,逻辑学不能解决,要靠具体事实或科学原理来提供;逻辑学只解决推理在形式上的有效性。只要是合乎推理规则的,就是形式上有效的,合乎逻辑的;只要是违反推理规则的,就是形式上无效的,不合乎逻辑的。在结合语言表达进行三段论推理时,不仅要考虑形式上是否合乎逻辑,还要考虑前提是否真实,二者缺一不可。

四、三段论的公理

三段论的公理是三段论推理的初始依据。所谓公理,是指不证自明的道理。三段论公理是:一类事物的全部是什么或不是什么,那么该类事物的部分也就是什么或不是什么。也就是说,如果对一类事物的全部有所断定,那么对它的部分也就有所断定。具体可以分为两条:

1. 肯定公理:如果对一类事物(M)有所肯定(P),那么对其中的每个对象(S)也就有所肯定。如图:

2. 否定公理:如果对一类事物(M)有所否定(P),那么对其中的每个对象(S)也就有所否定。如图:

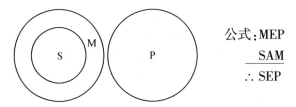

五、三段论推理的一般规则

人们在长期的思维实践中,以三段论公理为基础,总结出正确进行三段论推理的一般规则,成为检验三段论推理正误的依据。一般有如下七条:

1. 一个三段论中只能有三个不同的项(概念)。违反此规则,叫"四概念"("四名词")错误。例如:

  白头翁是一种植物
  老王是白头翁
  所以,老王是一种植物。

"白头翁"在前提中,一是指"植物",一是指"老人"。在同一个推理过程中,分别在两种意义上使用一个词,犯了"四概念"错误。

"四概念"错误,有时不易被发现。例如:

  铁路是分布在全国各地的
  "京九"路是铁路
  所以,"京九"路是分布在全国各地的。

中项"铁路"(M)在大前提中,是作为集合概念使用,而在小前提中,却作为非集合概念使用。虽然两个中项"铁路"语词相同,却不是同一概

念(M),犯了"四概念"错误,不能推出正确结论。可图示如下:

大前提:　　　　　　　　小前提:

由于中项"M"分别为"M_1"、"M_2"两个不同的概念,无法成为联结小项"S"与大项"P"的共同中项,造成了"四概念"错误,无法推出结论。

此条规则是对三段论推理的中项提出的要求,虽是涉及概念内容的,本身不是逻辑问题,但在推理过程中也是制约推断的因素。在日常推理中,如果在中项上使用了多义词,又没有确定含义,就会导致"四概念"错误,使推理无效;而在论辩过程中运用三段论推理时,如果出现"四概念",就会造成"混淆概念"或"偷换概念"的错误。

2. 中项在前提中至少周延一次。违反此规则,叫"中项不周"的错误。例如:

　　许多干部是汉族人
　　张永是干部
　　所以,张永是汉族人。

中项"干部"(M)在前提中两次都不周延,使得小项"张永"(S)与大项"汉族人"(P),分别与中项"干部"(M)只发生部分外延之间的联系,无法确定"张永"(S)与"汉族人"(P)之间的必然联系。上例如图示,"S"有两种位置,与"P"无必然联系。上例只是得出了一种可能的结论,即:S_2—P。

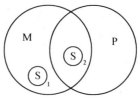

3. 在前提中不周延的项,到结论中不得变为周延。违反此规则,叫"非法周延"的错误。如是大项,叫"大项扩大";如是小项,叫"小项扩大"。例如:

凡翻译都应学习外语，
我不是翻译
所以,我不应学习外语。

前提中大项"应学习外语"(P)不周延,到结论中变为周延(否定判断的谓项),犯了"大项扩大"的错误。上例如图示,"S"有两种位置,与"P"无必然联系。上例只是得出了一种可能的结论,即:S_2—P。

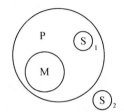

4. 前提有一否定,则结论必否定。例如:

中学不是大学
某校是中学
所以,某校不是大学。

中项"中学"(M)不属于大项"大学"(P),当然,"中学"(M)中的小项"某校"(S)必不属于"大学"(P)。上例如图示,"S"与"P"必然无任何联系。

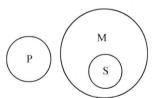

5. 两个否定前提不能得结论。例如:

中学不是大学
某校不是中学
?

中项"中学"(M)与小项"某校"(S)和大项"大学"(P)在外延上无联系,而"某校"(S)与大项"大学"(P)的关系有两种可能,故无法确定"某校"(S)与"大学"(P)之间是何种关系。上例如图示,"S"有两种位置,无法确定"S"与"P"之间的必然联系。

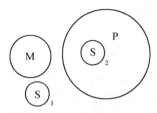

6. 前提有一特称,则结论必特称。例如:

所有军官都是军人
有些演员是军官
所以,有些演员是军人。

前提中小项"演员"(S)不周延,到结论中仍应不周延,故结论必特称。上例如图示,"S"必然有部分与"P"发生联系。

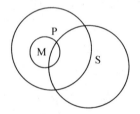

7. 两个特称前提不能得出结论。例如:

有些干部是中年人
有些妇女是干部
　　　?

小项"妇女"(S)、大项"中年人"(P)分别与中项"干部"(M),都只是在外延上发生部分联系,无法确定小项"妇女"(S)与大项"中年人"(P)的必然联系。上例如图示,"S"有两种位置,与"P"无必然联系。

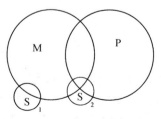

以上七条规则可编一首"七言"帮助记忆:

中有周延概念三,
大项小项莫扩展,
一特得特一否否,
否特成双结论难。

任何一个三段论都要符合这七条规则,如果违反其中任何一条,都不能得出结论。第1、2、3条是对三段论的中项、大项、小项提出的规则;第4、5、6、7条是对三段论由前提能否推出结论的规则。

六、各格的特殊规则

根据三段论的一般规则,可以推证(证明过程省略)出各格的特殊规则。由于第四格较少使用,下面列出前三格的特殊规则:

第一格的特殊规则:
① 大前提必须全称;
② 小前提必须肯定。

第二格的特殊规则:
① 前提中必有一否定;
② 大前提必须全称。

第三格的特殊规则:
① 小前提必须肯定;
② 结论必须特称。

掌握三段论各格的特殊规则,更便于判定一个三段论的错误。但要判定一个三段论的正确,仅根据格的规则是不够的,还要符合一般规则。例如:

有些人是干部
有些人是青年
所以,有些青年是干部

这是一个三段论第三格推理,完全符合第三格的特殊规则,但是却违反了"两个特称前提不能得出结论"的一般规则,因而这个推理是无效的。

七、三段论的式

三段论是由三个性质判断组成的,而性质判断又有AEIO四种类型,这样三段论就可以组合成 64 种不同形式的三段论推理,简称为三段论的"式"。又因三段论有四种不同的"格",这样组合的结果共有 64×4=256 个式。但是,根据三段论的一般规则,如"EEE"式、"IIO"式,都是违反规则的式,这样排除的结果,只有 24 个有效式,其在每种格中的分配如下:

第一格:AAA、AII、EAE、EIO、(AAI)、(EAO)

第二格:AEE、EAE、EIO、AOO、(AEO)、(EAO)

第三格:AAI、AII、EAO、EIO、IAI、OAO

第四格:AAI、AEE、EAO、EIO、IAI、(AEO)

其中带括号的称为弱式,因其结论为特称,相对结论为全称的式,则为弱式。了解三段论的式,主要用于检验一个三段论是否有效。如果一个三段论在它属的"格"中没有此"式",则该三段论必是无效式。

八、三段论的省略式

三段论在语言表达中,常用省略式。

1. 省略大前提。例如,"你是税务人员,所以,你应当遵守税务制度",省略大前提"凡税务人员都应遵守税务制度"。

2. 省略小前提。例如,"凡公务员都应秉公办事,所以,你应秉公办事",省略了小前提"你是公务员"。

3. 省略结论。例如,"你是劳动模范,而凡是劳动模范都应起表率作用",省略了结论"你应起表率作用"。

一个完整三段论的表达顺序,常用非标准形式,有时先表达小前提,有时先表达结论。恢复标准式的办法是,首先找到结论,从而确定小项和大项。然后,再找大、小前提。包含小项的是小前提,包含大项的是大前提。最后排列成标准式,依据规则判定是否为有效式。恢复省略式为完整式的办法,也是如此。

在实际用语言表达的三段论中,常常加入许多叙述、说明或议论的语言成分,必须剥离出这些成分,才能分析出三段论的推理思路;同时还要注意辨认大、小前提及结论的语句表达形式及所在位置。如有省略,则需恢复其完整式,再作分析。

第四节 复合判断推理

一、联言推理

联言推理是前提或结论为联言判断的推理。例如：

> 小王会开汽车，
> 小王会修汽车，
> 所以，小王既会开汽车，又会修汽车。

联言推理有两种形式：

1. 组合式联言推理：由若干支判断都真，推出一个联言判断真的联言推理。例如：

> 启功是书法家，
> 启功是文学教授，
> 所以，启功既是书法家，又是文学教授。

公式：

> p,
> q,
> 所以，p 并且 q。

符号表示：$p, q, \rightarrow p \wedge q$

2. 分解式联言推理：由联言判断的真，推出其中一个支判断真的联言推理。例如：

> 人参既能补气，又能健脾
> 所以，人参能补气。

公式：

> p 并且 q,
> 所以，p。

符号表示：$p \wedge q \rightarrow p$

联言推理的日常应用，要注意两点：

1. 前提中不得有假判断。例如,"马克思主义既是科学的理论,又是检验真理的标准,所以,马克思主义是检验真理的标准",这个推断是错误的,因为在前提中第二个支判断是错误的。

2. 联言推理的合成式,只是简单的综合,不是一般性概括,结论不能超出前提范围。例如,"燕子是卵生的,麻雀是卵生的,大雁是卵生的,所以,所有的鸟都是卵生的",这个结论超出了前提范围,是一般归纳的结论,而且结论是或然的,不属于联言推理。

二、选言推理

选言推理是前提中有一个选言判断的推理。根据选言判断的不同,可分为不相容选言推理和相容选言推理两种。

1. 不相容选言推理:前提中有一个不相容选言判断的选言推理。可有两个正确式:

(1) 肯定否定式:通过肯定不相容选言判断的一个选言支,推出否定其他选言支为结论的选言推理。例如(两支):

这幅汉代古画,要么是东汉的,要么是西汉的
经鉴定,这幅汉代古画是东汉的,
所以,这幅汉代古画不是西汉的。

公式:

要么 p,要么 q,
p,
所以,非 q。

符号表示:$(p \veebar q) \wedge p \rightarrow \bar{q}$

(2) 否定肯定式:通过否定不相容选言判断中除一个选言支以外的其余选言支,推出肯定另一个未被否定的选言支为结论的选言推理。例如(两支):

要么在国内旅游,要么去国外旅游,
不在国内旅游,
所以,去国外旅游。

公式:

第四章 推理

要么 p,要么 q,
非 p,
所以,q。

符号表示:$(p \veebar q) \wedge \bar{p} \rightarrow q$。

2. 相容选言推理:前提中有一个相容选言判断的选言推理。因选言支相容,只能有一个正确式,即否定肯定式。例如(两支):

这位科学家,或是物理学家,或是数学家,
这位科学家不是物理学家,
所以,这位科学家是数学家。

公式:

或者 p,或者 q,
非 p,
所以,q。

符号表示:$(p \vee q) \wedge \bar{p} \rightarrow q$

选言推理的日常应用,要注意两点:

1. 应用相容选言推理,不得使用肯定否定式。例如,"某冷饮店出售冰棍、汽水和酸奶,只看到有人吃冰棍、喝汽水,所以,一定没有酸奶",这个结论是不可靠的,因为相容选言推理不能通过肯定一部分选言支,推断否定另一部分选言支。

2. 应用选言推理应当穷尽选言支。如果遗漏了选言支,推出的结论不可靠。例如,"在选举人民代表时,要么投赞成票,要么投反对票,这位代表没有投赞成票,所以,这位代表一定投了反对票",这个结论未必是真的,因为选言支中遗漏了"弃权票"。

三、假言推理

假言推理是前提中有一个假言判断的推理。根据假言判断的不同,可分为充分条件假言推理、必要条件假言推理和充要条件假言推理三种形式。

1. 充分条件假言推理:前提中有一个充分条件假言判断的假言推理,可有两个正确式:

(1) 肯定前件式:通过肯定充分条件假言判断的前件,推出肯定后件

为结论。例如:

如果饮食过量,胃就会不舒服,
某人饮食过量,
所以,某人胃不舒服。

公式:

如果 p,就 q,
p,
所以,q。

符号表示:$(p \to q) \wedge p \to q$

(2)否定后件式:通过否定充分条件假言判断的后件,推出否定前件为结论。例如:

如果电灯亮了,就不会有短路,
现在发生了短路,
所以,现在电灯不亮了。

公式:

如果 p,就 q,
非 q,
所以,非 p。

符号表示:$(p \to q) \wedge \bar{q} \to \bar{p}$

充分条件假言推理的规则是:

(1)肯定前件必肯定后件,否定前件不能否定后件;
(2)否定后件必否定前件,肯定后件不能肯定前件。

如果违反上述规则,其推理就是无效的,例如,"如果违反交通规则,就要受到处罚,小张受到了处罚,所以,小张违反了交通规则",这是一个通过肯定充分条件假言判断的后件,推出肯定前件为结论的假言推理,违反了规则(2)"肯定后件不能肯定前件",其结论无效。

2. 必要条件假言推理:前提中有一个必要条件假言判断的假言推理,可有两个正确式:

(1)否定前件式:通过否定必要条件假言判断的前件,推出否定后件为结论。例如:

只有学习好,才能评为"三好生",

小王学习不好,

所以,小王没有评为"三好生"。

公式:

只有 p,才 q,

非 p,

所以,非 q。

符号表示:$(p \leftarrow q) \wedge \bar{p} \rightarrow \bar{q}$

(2) 肯定后件式:通过肯定必要条件假言判断的后件,推出肯定前件为结论。例如:

只有年满 18 岁的公民,才有选举权,

小黄有选举权,

所以,小黄是年满 18 岁的公民。

公式:

只有 p,才 q,

q,

所以,p。

符号表示:$(p \leftarrow q) \wedge q \rightarrow p$

必要条件假言推理的规则是:

(1) 否定前件必否定后件,肯定前件不能肯定后件;

(2) 肯定后件必肯定前件,否定后件不能否定前件。

如果违反上述规则,其推理就是无效的。例如,"只有充沛的体力,才能登上峰顶,小陈没有登上峰顶,所以,小陈没有充沛的体力",这是一个通过否定必要条件假言判断的后件,推出否定前件为结论的假言推理,但违反了规则(2)"否定后件不能否定前件",其结论无效。

3. 充要条件假言推理:前提中有一个充要条件假言判断的假言推理。可有四个正确式:(1) 肯定前件式;(2) 否定后件式;(3) 否定前件式;(4) 肯定后件式。

充要条件假言推理的规则:(1) 肯定前件必肯定后件,否定前件必否定后件;(2) 肯定后件必肯定前件,否定后件必否定前件。

日常思维中,常将假言推理与选言推理结合应用。例如,在分析死亡原因时有三种可能,或是自杀,或是他杀,或是自然死亡(疾病等)。如果是自杀,应有自杀的证据;如果是他杀,应有他杀的证据。经调查分析,既没有自杀的证据,也没有他杀的证据,所以,可以认为是自然死亡。这个分析过程,就是用了一个三支的不相容选言推理的否定肯定式,其中在否定两个选言支时,又应用了充分条件假言推理的否定后件式,所以,这个推理的结论是有效的,合乎逻辑的。可用符号表示为:p = 自杀,q = 他杀,r = 自然死亡,t_1 = 自杀证据,t_2 = 他杀证据。公式为:$(p \vee q \vee r) \wedge [(p \to t_1) \wedge \bar{t_1} \to \bar{p}] \wedge [(q \to t_2) \wedge \bar{t_2} \to \bar{q}] \to r$。

四、二难推理

二难推理是以两个充分条件假言判断和一个含两支的选言判断为前提的推理。二难推理常用于论辩,针对论敌的谬误,摆出两种可能,无论选择哪一种都会使对方陷于困境,从而驳倒论敌。二难推理也经常用于日常处于左右为难的思维过程。下面介绍两种二难推理的形式:

1. 简单构成式:通过肯定两个充分条件假言判断的前件,推出一个肯定后件的简单判断为结论的二难推理。例如:

> 如果为这事批评孩子,对孩子不好,
> 如果为这事不批评孩子,对孩子也不好,
> 或者批评孩子,或者不批评孩子,
> 总之,对孩子都不好。

公式:

> 如果 p,就 q,
> 如果非 p,就 q,
> 或 p,或非 p,
> 总之,q。

符号表示:$[(p \to q) \wedge (\bar{p} \to q)] \wedge (p \vee \bar{p}) \to q$

2. 复杂构成式:通过肯定两个充分条件假言判断的前件,推出一个肯定后件的复合判断为结论的二难推理。例如:

> 如果他有意散布谣言,就是别有用心,
> 如果他无意散布谣言,就是愚昧无知,

或者有意散布谣言,或者无意散布谣言
总之,他或是别有用心,或是愚昧无知。

公式:

如果 p,就 q,
如果非 p,就 r,
或 p,或非 p,
总之,或 q,或 r。

符号表示:$[(p \rightarrow q) \wedge (\bar{p} \rightarrow r)] \wedge (p \vee \bar{p}) \rightarrow (q \vee r)$

二难推理的规则是:

(1) 两个充分条件假言判断必须是真实的;

(2) 推理过程必须是充分条件假言推理的正确式,并且,其选言判断前提的选言支要穷尽。

破斥二难推理的方法:

1. 揭露假言前提的虚假。例如,"如果我要参加考试,我就会考不好;如果我不参加考试,我就无法通过资格考试。或参加考试,或不参加考试,总之,或是考不好,或是无法通过资格考试"。这是一个二难推理,但假言前提"如果我要参加考试,就会考不好"是不真实的,不具有充分条件关系,因而二难推理不能成立。

2. 指出推理过程错误。例如,"如果买房,就会增加一大笔负担;如果租房,就要每月增加支出。或不买房,或不租房,总之,或者不增加一大笔负担,或者不每月增加支出"。这是一个二难推理,但推理过程都是充分条件假言推理的否定前件式,其推理形式是无效的,因此,二难推理不能成立。

3. 指出两支选项未能穷尽,遗漏选言支。例如,"如果天旱无雨,农作物就会受害;如果久雨不停,农作物就会受害。或天旱无雨,或久雨不停,总之,农作物总会受害",这是一个二难推理,但前提中的选言判断未能穷尽选项,遗漏了"雨水适量"的可能,因此,二难推理不能成立。

第五节 归纳推理和类比推理

归纳推理是根据个别性认识推出一般性认识的推理。可分为完全归纳推理和不完全归纳推理两类。归纳推理和类比推理,除完全归纳推理外,都属于或然性推理。

一、完全归纳推理

完全归纳推理是根据一类事物中每个对象具有或不具有某种属性,推出该类事物都具有或不具有某种属性的推理。例如:

直角三角形内角和180°,
锐角三角形内角和180°,
钝角三角形内角和180°,
<u>直角三角形、锐角三角形、钝角三角形是全部三角形,</u>
所以,一切三角形内角和都是180°。

公式:

S_1 是(或不是)P
……
S_n 是(或不是)P
<u>S_1……S_n 是全部 S(上例"n"为3)</u>
所以,所有 S 都是(或不是)P

完全归纳推理的主要特点是:(1)前提中无一遗漏地考察了一类中的每一个对象,结论没有超出前提范围;(2)只要前提都是真实的,其结论必然为真。

由于完全归纳推理是一种严密的、能得到必然结论的归纳方法,所以,人们在进行调查研究或严格论证时常用此法。例如,"经过一一核实,到会代表都已领到了选票"、"我单位所有有私车的职工都缴纳了车税"、"这批洗衣机全部是优等品"等。

运用完全归纳推理有一定局限性,对现实生活中数量较多,甚至无穷的事物,不能做到一一考察,无法应用完全归纳推理。

二、不完全归纳推理

不完全归纳推理是根据一类事物中部分对象具有或不具有某种属性,推出该类事物都具有或不具有某种属性的归纳推理。其特点是:(1)前提中只列举了一类中的部分对象,结论超出前提范围;(2)结论具有或然性,但可提高可靠程度。其主要类型是简单枚举法和科学归纳法。

1. 简单枚举法

简单枚举法是根据一类事物中的部分对象具有或不具有某属性,并且没有遇到相反情况,推出该类对象都具有或不具有某属性的归纳推理。例如:

黄鱼是用鳃呼吸,
鲫鱼是用鳃呼吸,
鲤鱼是用鳃呼吸,
<u>黄鱼、鲫鱼、鲤鱼都是鱼,并且没有发现反例,</u>
所以,所有的鱼都是用鳃呼吸。

公式:

S_1 是(或不是)P
S_2 是(或不是)P
S_3 是(或不是)P
……
S_n 是(或不是)P
<u>S_1、S_2、S_3……S_n 是部分 S(上例"n"为3),且没有反例</u>
所以,所有 S 都是(或不是)P

简单枚举法的特点:(1) 前提只列举一类中的部分对象,并且没有发现反例;(2) 结论是或然的,因为毕竟前提中还有未考察的范围,一旦发现了反例,其结论就是错误的。例如:

鸡的血是红色的,
鸭的血是红色的,
鱼的血是红色的,
<u>鸡、鸭、鱼都是动物,</u>
所以,所有动物的血都是红色的。

但是,发现蜘蛛、乌贼的血不是红色的,所以,结论是错误的,也称为"轻率概括"或"以偏概全"的错误。

如何提高简单枚举法结论的可靠程度:(1) 枚举数量越多,考察范围越广,结论可靠程度越高;(2) 注意寻找反例。如果有意寻找却始终没有发现反例,结论的可靠性就高。

2. 科学归纳法

科学归纳法是根据一类事物中部分对象与某属性之间具有因果联系，推出该类事物都具有或不具有某属性的归纳推理。例如：

铁铲会生锈，

铁锯会生锈，

铁锁会生锈，

铁铲、铁锯、铁锁都是铁器，生锈的原因是因铁在潮湿的空气中被氧化而生成红黄色的氧化铁，

所以，一切铁器都会生锈。

公式：

S_1 是（或不是）P

S_2 是（或不是）P

S_3 是（或不是）P

……

S_n 是（或不是）P

S_1、S_2、S_3……S_n 是部分 S（上例"n"为 3），并揭示出 S_{1-n} 是（或不是）P 的必然原因

所以，一切 S 都是（或不是）P

科学归纳法的特点：(1) 前提数量不具有重要意义，重要在于揭示具有或不具有某属性的必然原因；(2) 结论比较可靠。

三、求因果联系法

科学归纳法需要揭示事物与现象之间的因果关系。英国逻辑学家穆勒在总结培根等人提出的归纳方法基础上，概括出五种求因果法，史称"穆勒五法"。

1. 求同法（契合法），是对在若干场合出现的被研究现象，通过寻找不同场合中的相同因素，来推断该因素与现象之间具有因果联系的逻辑方法。例如：

学生甲：学习努力，基础差，年龄大，——评为学习标兵

学生乙：学习努力，基础好，年龄小，——评为学习标兵

所以，"学习努力"与"评为学习标兵"有因果联系

第四章 推　理

公式：

场合	相关因素	被研究现象
（一）	A、B、C	a
（二）	A、D、E	a

所以，A 与 a 之间有因果联系

求同法的特点：① 异中求同；② 结论或然。

应用求同法应注意：① 比较的场合越多，结论越可靠；② 有时表面的相同因素不是真正原因，而是在相异因素中隐藏着真正原因。例如，某人患了感冒和扁桃体炎，服了百服宁和先锋 4 号，病好了；第二次又患了同样的病，服了百服宁和红霉素，病又好了。患者以为主要是百服宁的作用，其实主要是先锋 4 号和红霉素的消炎作用。

2. 求异法（差异法），是对在某场合出现，而在另一场合不出现的现象，通过寻找不同场合中的相异因素，来推断该因素与现象之间具有因果联系的逻辑方法。例如：

麦田甲：施肥、灌溉、田间管理、优良麦种，——高产
麦田乙：施肥、灌溉、田间管理、一般麦种，——未高产
所以，优良麦种与高产之间有因果联系

公式：

场合	相关因素	被研究现象
（一）	A、B、C	a
（二）	B、C	

所以，A 与 a 之间有因果联系

求异法的特点：① 同中求异；② 结论或然。

应用求异法应注意：① 如遇有多种相异因素，要对每一个相异因素进行分析，确定一个有因果联系的相异因素。例如，某学生上课戴眼镜头疼，下课不戴眼镜不头疼，其头痛原因究竟是因为上课还是戴眼镜。可将"下课"改为"上课"（或相反）结果就会发现"戴眼镜"是导致头疼的真正原因。② 求异法虽能寻找出一种原因，但未必是现象的全部原因。

3. 求同求异并用法（契合差异并用法），是对在若干场合出现和在另外若干场合不出现的被研究现象，先分别对两组场合求同，然后再对两组

场合进行比较求异,从而确定某因素与被研究现象之间有因果联系的逻辑方法。例如,有人做了一种证明运动对人体的必要性的实验:把男女老少若干人分为两组,一组人在一间房屋里连续躺20天,另一组人在一间房屋里每天允许做四次运动,每次10分钟,结果前一组的人20天以后疲乏、便秘、食少,起来后头晕、心悸、走不动,甚至晕倒,而另一组人却一如往常。由此,证明运动对人体是必需的。

公式:

场合	相关因素	被研究对象	
(一)	A、B、C	a	
(二)	A、D、E	s	正事例组
(三)	A、C、F	a	
(一)	B、H	—	
(二)	E、N	—	负事例组
(三)	C、O	—	

所以,A 与 a 之间有因果联系

求同求异并用法特点:① 不是两个场合,而是两组场合。出现共同现象的一组叫"正事例组",不出现该现象的一组叫"负事例组"。对这两组事例,分别先求同,后在两组之间求异,并不是对同一组事例,先后相继使用求同和求异。② 两组事例之间,除有 A 与无 A 的区别外,在其他相关因素之间不完全相同或相异,最后结论是或然的。

应用此法应注意:① 两组事例越多,结论可靠性越大;② 对负事例组场合的选择,要与正事例组场合相似,才能提高结论的可靠程度。如试验新药的疗效,两组人群病情越相似,结论越可靠。

4. 共变法,是对不同场合中,发现有一个变化因素与一个相应发生变化的现象之间有因果联系的逻辑方法。例如,把水加热到 50 ℃时,中等热度;100 ℃时,水会沸腾。可以推断,水之所以从中等热度变化到沸腾,其原因是对水加热由 50 ℃到 100 ℃的变化因素。

公式:

场合	相关因素	被研究现象
(一)	A_1、B、C	a_1
(二)	A_2、B、C	a_2

所以,A 与 a 之间有因果关系

共变法的特点:① 是从动态变化中研究事物之间的因果关系;② 结论是或然的。

应用共变法要注意:① 共变因素必须保持唯一。如果还有其他变化因素,结论就会不可靠。② 有的是同向共变,共变量成正比相互递加。如物理学中给—吕萨克第一定律,一定量气体,压力不变,气体的绝对温度与体积成正比。有时是反向共变,共变原因量递加,而结果量递减,如物理学中波义耳定律,一定质量的气体,在温度不变的情况下,如果体积越大,那么压力就越小,而体积越小,则压力越大。③ 有时共变是有限度的,超过一定量,就会使现象消失,甚至出现反向结果。如小麦密植,可以增产,但密植过度,反而会减产。④ 有的共变是双向的、可逆的。如物理的共振现象,音叉振动引起空气振动,同时空气振动加强了音叉振动。有的共变是单向的,不可逆的。如气候异常,引起心血管发病率提高。⑤ 有些共变未必是因果关系。如闪电后有雷鸣,其实都是天空放电产生的现象,只不过光速比声速快而已。

5. 剩余法,是对由复合原因引起复合现象的情况,通过排除已知的因果部分,从而推断其剩余部分之间具有因果关系的逻辑方法。例如,法国著名物理学家居里夫妇为了从含铀的沥青中提炼铀,惊讶地发现有几块样品的放射性比测定的铀的放射性还大,说明这几块样品中,除铀与一部分放射性有因果关系外,剩余部分中,必定还有另外一种尚未发现的放射性元素存在,根据这一推测,居里夫妇经过多年的艰苦工作,终于从沥青中分离出一种新的放射性元素——镭。

公式:

$$
\begin{array}{cc}
\text{复合原因} & \text{复合现象} \\
F(A、B、C) & — f(a、b、c) \\
B、C & \underline{\qquad b、c \qquad} \\
\end{array}
$$
所以,A 与 a 之间有因果关系

公式中的"B、C"与"b、c"之间为已知因果关系的部分,"A"与"a"为剩余的因果关系。

剩余法的特点:① 原因与结果都是复合的;② 结论是或然的。

应用剩余法要注意:① 由于原因与结果都是复合的,所以,剩余部分可能不是唯一的,剩余之中还有剩余。可连续使用剩余法进行推断。如居里夫妇发现"镭"之前,先发现了"钋",然后才发现了镭。② 复合现象中的剩余现象不能与已知原因部分有因果联系,否则,结论不可靠。

四、类比推理

类比推理,也称类比法,是根据两个或两类事物在某些属性上相同,从而推断它们在另一属性上也相同的推理。例如,荷兰科学家惠更斯,在研究光的性质时,将光与声作比较,发现它们之间在许多性质上相同,如直线传播、反射、折射和干扰等,并且已知声的传播有波动状态,由此推断,光的传播也可能有波动状态,从而提出了"光波"这一科学概念。

公式:

```
对象     属性
 A ── a、b、c、d
 B ── a、b、c
─────────────────
所以,B 可能有 d
```

类比推理的特点:① 前提是由两个或两类对象比较构成;② 结论是对前提中某一个或一类对象的可能性推断。

提高结论可靠程度要注意:① 类比对象之间相同的属性越多,结论可靠程度越高。如试验一种新药的疗效,必须用一些高等动物做试验,如用与人相同属性较少的低等动物,则难以说明疗效。② 类比对象的相同属性与类推的属性之间具有必然联系,结论可靠程度高。如我国著名地质学家李四光,把我国松辽平原的地质结构与中亚细亚一带的地质构造作类比,运用地质力学理论,分析了生油条件与地质构造的关系,揭示了二者之间的必然联系,从而推断我国松辽平原也可能蕴藏着石油。大庆油田的开发证明这个推断是正确的。③ 类比推理过程中,如发现有与类推属性不相容的属性,则不能推出可靠结论。如,有人根据地球与月球有许多相似之处,推断月球上有生物存在。但月球上没有水,空气稀薄,不具有生物生存的条件,不能据此推断月球也会有生物存在。

类比推理的应用很广泛,如在破案过程中,常常遇到一个新发案件与一个久未侦破的案件,在作案情节的许多方面都相同或相似,推断可能是同一人作的案,从而使两案一并得到解决。

运用类比推理要注意避免"机械类比"的错误。所谓"机械类比",就是仅根据对象间的表面相似,就推断出结论的错误。例如,某人在清理冻鱼时,刺破了手指,手掌肿胀出现了红斑,医生根据症状诊断为类风湿关

第四章 推 理

节炎。继而手肿得像个面包,疼痛难忍,经住院检查,抽出液体进行细菌培养,结果分离出了海水分枝杆菌,立即对症治疗,才治好了这种病。

类比推理往往是形成科学假说的先导。所谓"假说",就是根据已知事实和科学原理,对事物的未知原因及规律性的假定解释。假说是科学发展的形式。假说的形成,要经过提出假设、作出推测、进行验证三个步骤。被证实的假说则成为科学理论。类比法、归纳法和演绎法,都是假说的基本推理方法。

类比推理对科学发现和技术创新具有重要意义。许多重要的科学发现及创新,都是借助类比法获得的。在现代科学中,类比推理是模拟方法和仿生学的基础,如飞机制造、大型水坝的模拟试验,以及模拟蝙蝠、企鹅、蜻蜓等生物的某种特性,制作出具有新性能的设备和工具等。

➡ 思考与练习

一、什么是推理?它由哪几部分组成?它有哪些种类?

二、什么是直接推理?它的推理方法有哪些?换质法和换位法有何区别?

三、什么是三段论推理?它由哪几部分组成?它有几种"格"?

四、正确进行三段论推理的条件是什么?三段论推理的一般规则有哪些?

五、三段论有哪几种省略式?

六、什么是联言推理?它有几种推理形式?

七、什么是选言推理?它有几种推理形式?有几种正确式?

八、什么是假言推理?它有几种推理形式?有几种正确式?

九、什么是二难推理?如何破斥二难推理?

十、什么是归纳推理?它有哪些种类?完全归纳推理与不完全归纳推理的区别是什么?

十一、什么是类比推理?如何提高类比推理结论的可靠程度?

十二、求因果联系的求同法和求异法,其公式是怎样的?

十三、指出下列推理属于何种直接推理,是否正确,如不正确,说明理由。

1. 因为倒卖文物都不是合法的,所以倒卖文物都是非法的。

2. 因为作案人都有作案时间,所以有作案时间的都是作案人。

3. 有些围棋爱好者不是象棋爱好者,所以,有些象棋爱好者不是围棋爱好者。

4. 因为有些癌症是可以治愈的,所以,有些癌症不是不可以治愈的。

十四、下列三段论推理是否正确,如不正确,指出违反了什么推理规则,犯了什么逻辑错误。

1. 唐诗是一天读不完的,《卖炭翁》是唐诗,所以《卖炭翁》是一天读不完的。

2. 许多水果是南方产的,椰子是水果,所以,椰子是南方产的。

3. 老舍是没上过大学的,而他是著名的作家,所以,著名的作家是没上过大学的。

4. 杀人不是放火,放火不是投毒,所以杀人不是投毒。

5. 有些青年是妇女,有些青年是公司经理,所以,有些公司经理是妇女。

6. 客观规律都是不以人的意志为转移的,价值规律是客观规律,所以,价值规律是不以人的意志为转移的。

十五、下列推理属何种复合判断推理,是否正确,如不正确,说明理由。

1. 小王是青年干部,小王是经济学硕士,所以,小王既是青年干部,又是经济学硕士。

2. 如果持枪杀人,就会有枪,某犯罪嫌疑人有枪,所以,某犯罪嫌疑人是杀人犯。

3. 只有物美价廉的物品,张大妈才会买,这个物品张大妈没有买,所以,这个物品不是物美价廉的物品。

4. 高层建筑出问题的原因或是由于设计不合理,或是建材质量差,或是施工有问题,已发现出问题的原因是建材质量差,所以,出问题原因不是设计不合理,也不是施工有问题。

5. 小高与小陈下象棋,要么小高赢,要么小陈赢,结果小高没赢,所以,小陈一定赢了。

6. 五个年轻人商量国庆节长假去旅游。他们都提出了一些条件如下:

① 如果小赵不去,那么小王也不去。

② 只有小李、小张都去,小刘才去。
③ 如果小刘去,则小赵不去。
④ 小刘明确表态一定去。

请分析:这五个年轻人,谁能去旅游,谁不能去,写出其推理过程。

十六、下列推理属何种推理,是否正确,如不正确,说明理由。

1. 在一起盗窃案中,王某被怀疑为作案人。他申辩说,在案发时间内他正在会议室看电视。办案人员询问了当时在会议室的一小部分看过电视的人,都说没有看到王某,办案人员从而否定了王某的申辩。

2. 法国里昂大学的科学家们对一百多名男子进行调查后,得出一个有趣的结论:留大胡子者易秃顶。道理很简单,大家知道,当身体内体温升高时,热调过程促使血液流向皮肤,以释放多余的热量。可是,浓密的长胡须是一种热绝缘体,它妨碍热量透过皮肤散出。因此,科学家认为,许多男子秃顶,乃是机体为保护大脑免于过热而产生的一种表现。

3. 最近某研究所进行健康普查,普查后,老陈说:"我可能得了心脏病,检查时,心跳过速,头晕、血压偏高。以前情报室的老黄就是心跳过速,头晕、血压偏高,结果是患了心脏病,我这次和他差不多,所以我可能也得了心脏病。"事后老陈又作了全面检查,结果心脏正常。医生认为老陈的症状可能是因失眠和气恼引起。

十七、下列各段应用了哪些求因果联系法,是否正确,如不正确,说明理由。

1. 某学校在高中三年级试验两种高效学习法,比较哪一种方法效果更好。实验安排是在程度好的快班推广第一种高效学习法;在程度差的慢班推广第二种高效学习法。要求经过一段时间后,总结出哪种高效学习法更好。

2. 某人曾发生过三次皮肤过敏现象,第一次是在吃了一些花生米、松花蛋、喝了啤酒之后;第二次是在吃了一些花生米、炸土豆片、喝了竹叶青之后;第三次是吃了一些花生米、牛肉、喝了葡萄酒之后。可见,此人皮肤过敏是由于吃花生米引起的。

3. 生物学家曾用鸡做过一次关于营养的实验。他们用去糠的白米喂一组鸡,而用糙米喂另一组鸡。吃白米的那一组鸡不久就得了一种与人类的脚气病类似的病。他们又用糙米去喂得了这种病的鸡,不久又都痊愈了。于是得出结论:这种病可能与长期吃去糠的白米有关。

逻辑编

4. 有一片松林长得不好,树干高而且细,树叶枯黄。经调查发现,这片松林植株过密,而且由于不适当开发水源造成土壤盐碱度上升。已知树干高细是植株过密造成的,因此可以断定,树叶枯黄可能是由于土壤盐碱度上升引起的。

→ 实例分析题

一、一位老板在花街酒楼请客,一共请了十位,结果到约定时间只来了三位。老板心里着急,于是一边招待这三人入座,一边不断到门口张望,但半天不见人来。老板走到三人面前,自言自语地说:"你看,<u>该来的还不来!</u>"说完不一会儿,三人中有一位坐不住了,站起来不打招呼就走了。老板一看人还没来够就走了一位,更加着急了,就对其余二位说:"你们看,<u>不该走的也走了。</u>"说完一会儿,剩下的两位中又有一位坐不住了,站起来也不打招呼就走了。老板拦也拦不住,干看着来了三位,走了两位,只剩下一位了。老板心急火燎,但又无可奈何地指着已走的两个人,对剩下的唯一一位说:"你看,<u>我又不是说的他们</u>,您一定特别理解我的意思。"说完,老板自以为这一位一定能坐住了。老板刚说完,这剩下的一位连忙起身说:"我理解,我理解!"头也不回地也走了。老板看着一个个离去的背影,直发愣。

请问:老板请客,在人没来齐的情况下,说的几句话,为什么会让已到的客人都坐不住,一个个都不高兴地走了呢?

二、丹麦大作家安徒生一生写了一百六十余篇童话。许多作品脍炙人口,成为传世佳作。但他在个人感情生活上却常感失落。他热爱的女友珍妮,对他始终没有产生爱情。一次,珍妮托安徒生办一件事,安徒生没有办好。他深感内疚,十分抱歉地向女友说:"亲爱的,你不恨我吧?"珍妮马上回答:"不会的,我怎么会恨您呢?要恨,首先得有爱……"安徒生听后,大为震动,意识到他们之间本来就没有真正的爱,感到无比痛苦。安徒生的著名童话《丑小鸭》就是在此时写成的。

请问:安徒生听到女友珍妮的回答后,为什么会意识到他们之间本来就没有真正的爱,而感到无比痛苦?

三、有一段文成公主与松赞干布成婚的佳话:
文成公主当众提出选择丈夫的条件:谁能提出一个能够难倒她的问

题,就嫁给谁。许多人都费尽心思想问题,却很长时间没有人能难倒她。松赞干布经过几天冥思苦想后,他很自信地来到公主面前,对公主说:"请问公主,为了使您成为我的妻子,我应该提什么问题才能难倒您?"公主听后,什么话也没说,就答应了婚事,嫁给了松赞干布。

请分析松赞干布的话为什么是一个能够难倒公主的问题?

第五章　逻辑思维基本规律

第一节　同　一　律

一、同一律的基本内容及要求

同一律是指在同一思维过程中,任何一个思想都与自身同一。或者说,任何一个思想如果反映了某对象,那么它就反映了这个对象。例如,"中学生"这个概念,其内涵是"在中学阶段学习的人",而"大学生"则是"在大学阶段学习的人",分别都有其确定的内涵,即都有其自身的同一性,不能把两个概念相混淆。

同一律的公式:

$$A 是 A$$

"A"表示任何一个思想。"A 是 A"表示任何一个思想与自身等同。

同一律的逻辑要求是保证思维具有确定性。思维在反映对象、认识事物时必须保持确定性。有了这种确定性,才能准确地使用概念和判断,实现人们之间正常的思想交流。

运用同一律要注意:(1)同一律是思维规律,不是客观事物的规律。它只要求思维的确定性,并不要求客观事物永远固定不变。(2)同一律所指的"同一思维过程"是指在同一时间、同一方面的条件下,对同一对象而言。如果在不同的条件下,对象情况发生变化的情况下,同一律则要求在新的条件下,仍要保持思维的确定性。因此,同一律所要求的自身同一,具有相对性。例如,水在标准大气压下不到 100 ℃时为液态,而达到 100 ℃则变为气态。又如,中国在 1949 年以前是"半殖民地半封建社会",而 1949 年以后则是"社会主义社会",等等。

二、违反同一律的逻辑错误

1. 概念方面,如果将两个不同的概念,无意或有意地作为相同概念使用,就会犯"混淆概念"或"偷换概念"的逻辑错误。例如:

① 劳教所对在劳改期间表现好的20名劳教人员,分别给予奖励和表彰。

② 汽车过大桥,按规定,10座位以上应交4元,10座位以下(含10座位)应交2元。小周开一辆12座位的车经过时对收费员说:"我的车乘坐10人以下,应交2元。"

例①混淆了"劳改"、"劳教"两个性质不同的概念;例②小周故意将"10座位以下"偷换为"10人以下"。

2. 判断方面,如果将两个不同的判断,无意或有意地作为同一判断使用,就会犯"转移论题"或"偷换论题"的逻辑错误。例如:

① 在一次安全生产会议上,一位领导说:"时间不多,简单讲几句。今天是安全生产会议,我想讲几个有关的问题:一、关于远期规划;二、关于近期规划;三、关于绿化;四、关于计划生育……最后再讲一下季度工作安排。"

② 一次歌星演唱会后,记者采访一位听众:"你对这位歌星的演唱有何评论?"这位听众回答:"这次演唱会的舞台灯光、美工设计都很好。"

例①会议的话题是"安全生产",这位领导却大谈许多其他话题。这种"离题"、"跑题"的表述,都是违反同一律,犯了"转移话题"的错误。例②这位听众,有意回避对歌星演唱的评论,转移去谈别的话题,这种"王顾左右而言他"的对话,违反了同一律,犯了"偷换论题"的错误。

第二节 矛 盾 律

一、矛盾律的基本内容及要求

矛盾律,也称不矛盾律。矛盾律是指在同一思维过程中,任何一个思想与其相否定的思想,不能同真。或者说,任何一个思想,不能既反映某对象,又不反映某对象。所谓"与其相否定的思想",是指互相矛盾或互相反对的两种思想。矛盾律要求互相矛盾或互相反对的思想,不能同时是真的,其中必有一假。例如,某人被偷了钱,说"某甲偷了我的钱",又说"不是某甲偷了我的钱"。某人违反了矛盾律,因为,"某甲偷钱"与"不是某甲偷钱"是互相矛盾的两个判断,二者不能同真。如果某人说"某甲偷了我的钱",又说"某乙偷了我的钱",某人也违反了矛盾律,因为"某甲偷钱"与"某乙偷钱"是互相反对的两个判断,二者也不能同真。

矛盾律的公式:

　　A 不是非 A

"A"表示任何一个思想。"非 A"表示与"A"互相否定(包括矛盾或反对)的思想。"A 不是非 A"表示"A"与"非 A"不能同时为真。

矛盾律的逻辑要求,是保证思维的无矛盾性,是从反方面要求思维的确定性。只有一贯的、无矛盾的思维表达,才能使思维清晰可理解,更加顺畅地实现思想交流。

运用矛盾律要注意:(1)矛盾律是思维规律,它只要求人们不要陷入思维的"逻辑矛盾",而不排斥客观存在的"现实矛盾"。(2)矛盾律的作用是有条件的。它要求在同一时间、同一方面,对同一事物不能作出两个互相矛盾或反对的判断。如果从不同时间、不同方面,对同一对象作出互相矛盾或反对的判断,并不构成逻辑矛盾。例如,对一个人的评价,有时在某段时间内,或在某一方面,我们说"他表现不好",而在另一段时间内,或在另一方面,我们又说"他表现好",这不违反矛盾律。又如,某人说:"吃水果削皮好,也不好。"如果是从防农药入口和多吸收维生素两个方面说,并不矛盾。

二、违反矛盾律的逻辑错误

1. 概念方面:在同一思维过程中,不能同时用两个互相矛盾的概念指称同一对象,否则就会出现自相矛盾。例如,对有犯罪嫌疑的人,过去常称为"嫌疑犯";而"嫌疑人"与"罪犯"是两个反对关系的概念,不能同指一个对象,现已改用"犯罪嫌疑人",明确指有犯罪嫌疑的人,使法律概念更加准确。日常生活中也有此类概念,如"未婚妻"、"童养媳"等,但已约定俗成,不影响理解和使用。

2. 判断方面:在同一思维过程中,不能同时用两个互相矛盾或反对的判断,表达对同一事物的认识,否则,就会出现"自相矛盾"的逻辑错误。例如:

　　① 我国有世界上没有的万里长城。

　　② 中国园林建筑始于汉唐宫室。

③ 今年有近一亿多台电视机销往全国各地。
④ 于振边烈士在一次突围中身负重伤,子弹打光了。
⑤ 皓月当空,繁星满天。

例①"有"与"没有"相矛盾,属事物存在的自相矛盾;例②"始于汉"与"始于唐"是反对关系,属时间上的自相矛盾;例③"近一亿"与"一亿多"是矛盾的,属数量上的自相矛盾;例④"烈士"怎能"突围"?属人生死状态的自相矛盾;例⑤"皓月"之下,不会有"繁星",作家冰心曾指出,不如用"月朗星稀"更贴切,属对自然现象表述的自相矛盾。

第三节 排 中 律

一、排中律的基本内容及要求

排中律是指在同一思维过程中,任何一个思想与其相矛盾的思想,不能同假,必有一真。或者说,任何一个思想,或者反映某对象,或者不反映某对象,二者必居其一。例如,某人买了一台电视机,说"这台电视机不是彩色的",又说"这台电视机也不是黑白的"。某人违反了排中律,因为"这台电视机是彩色的"与"这台电视机是黑白的"是互相矛盾的两个判断,二者不能都假,其中必有一真。排中律要求在非此即彼的矛盾判断面前,明确表态,断定一真。

排中律的公式:

A 或者非 A

"A"表示任何一个思想。"非 A"表示与"A"为矛盾关系的思想。"A 或非 A"表示"A"真,或"非 A"真,二者不能都假,必有一真。

排中律的逻辑要求,是保证思维的明确性,也是进一步要求思维的确定性。只有明确的思维表达,才能在面对互相矛盾的思想时,观点鲜明,毫不含糊地表明态度,以利于相互理解及思想交流。

运用排中律要注意:(1) 排中律是思维规律,只要求遇到互相矛盾的思想时,必须明确表态,它并不否认客观事物有多种可能或中间状态的存在。因此,对中间有其他可能的互相反对的思想,不能应用排中律。例如,"这次游泳比赛,她既没有获得第一名,也没有获得第二名",这段表述不违反排中律,因为"她获得第一名"与"她获得第二名"为反对关系,

还可能有第三名、第四名等多种可能。(2) 对于尚无定论的情况,或无须定论的情况,不必应用排中律。例如:

① 有人问:"地球以外有没有人?"回答:"既不能肯定有人,也不能肯定没有人。"

② 有人问:"会议休息时能不能打扑克?"回答:"既不提倡,也不反对。"

例①地球以外有没有人尚无定论,回答不明确不违反排中律;例②对无须明确表态的事情,可持两不可的态度。

还有一种不能轻易明确表态的情况。例如,有人问:"你还吸烟吗?"无论你回答"吸"或"不吸",都表明你曾吸烟。这种包含隐含判断("你曾吸烟")的问句,叫作"复杂问语",如果遇到"复杂问语",应分析其中的隐含判断,再决定如何回答。

二、违反排中律的逻辑错误

1. 概念方面:在同一思维过程中,不能对互相矛盾的概念,都加以否定,否则,就会违反排中律。例如,对一位居民,是"本市居民",还是"非本市居民";对一件商品,是"高档商品",还是"非高档商品",都不能持两不可的态度。如果说"他既不是本市居民,也不是非本市居民",或者说"这件商品既不是高档商品,也不是非高档商品",都违反排中律,犯了"两不可"的错误。

2. 判断方面:在同一思维过程中,不能对互相矛盾的判断,都加以否定,否则,就会违反排中律。例如,有人说:"有无鬼神的争论,我不参与,因为,对于'有神论'和'无神论',我都不赞成。"因为"有神论"与"无神论"是互相矛盾的两种观点,对两种观点都加以否定,违反排中律,犯了"两不可"的逻辑错误。

思考与练习

一、什么是同一律?它的公式及要求是什么?违反同一律的错误是什么?

二、什么是矛盾律?它的公式及要求是什么?违反矛盾律的错误是什么?

第五章 逻辑思维基本规律

三、什么是排中律？它的公式及要求是什么？违反排中律的错误是什么？

四、分析下列各段表述违反了什么思维规律，犯了什么逻辑错误。

1. 各国对急救医学的解释，随着急救工作的发展已基本趋向一致：对各种急重症以及威胁生命的意外事故采取紧急医疗措施，称之为急救。

2. 什么是幸福？有的人认为有一个美满的小家庭就是幸福；有的人则认为工作舒适、轻松，就是幸福。我觉得：要想得到幸福，必须奋斗。只有在奋斗中不断提高自己，为社会做出贡献，才会得到幸福。

3. 傍晚，夜色未退，晚霞映红了整个的半边天空。我漫步花园，满眼都是含苞怒放的鲜花。我正翻阅一本近一年多出版的长篇小说，今年元旦之前，我想基本上把它全部读完。

4. 蟹肥季节，适逢柿红之时，有人说蟹不能与柿同食，这并没有科学根据。因为两者所含营养成分大致相同，两者相遇不会产生毒素。但柿子含有大量的单宁酸，与蟹肉一同进入胃肠道时，会刺激肠壁导致肠液分泌减少，消化功能降低。故蟹与柿同食也不好。

实例分析题

一、某图书馆遗失一本《世界名画欣赏》，经了解，当天有四位借阅者，询问的结果是：

甲：我没拿。

乙：是甲拿了。

丙：甲没拿。

丁：是乙拿了。

已知其中只有一人说了真话，请分析书是谁拿的。

二、一个年轻人走进一家食品店，要了两份夹肉面包，问老板："两份夹肉面包多少钱？"答："2元。"年轻人又问："有啤酒吗？"答："有。"问："多少钱一瓶？"答："2元。"年轻人说："我现在很渴，想喝啤酒，用2元的面包换2元的啤酒可以吗？"答："当然可以。"

于是，年轻人要来啤酒，喝完酒起身就走，老板拦住问："您还没付钱呢？"答："我不是用面包换的啤酒吗？"老板赶快说："您的面包也没给钱呀！"年轻人理直气壮地说："我根本没吃你的面包，为什么要付钱？"老板听后,一时不知该怎样回答这个年轻人。

请分析这个年轻人为什么说得似乎蛮有道理,违反了什么思维规律,犯了什么逻辑错误。

三、某法庭在一次审理案件时,四位法官对一罪犯的量刑问题进行讨论:

甲法官说:"对该罪犯既要从重处罚,又要从轻考虑。"

乙法官说:"既不能从重处罚,又不能从轻处罚。"

丙法官说:"该犯是一个不务正业的青年。"

丁法官说:"我看从重和不从重处罚都不好。"

请问:这四位法官各自的话语有没有违反逻辑的基本规律?如有违反,违反了什么规律?犯了什么逻辑错误?

第六章 论 证

第一节 论证的概述

一、什么是论证

论证是根据已知的真实判断,确立某一判断真实性的思维过程。论证的应用极其广泛,科学研究中提出的每一个论点,数学中的每项定理,各级政府部门的政策、决策及规划的制定,实际工作中制定的计划、方案,工程的设计,各种开发项目,以及日常的说理和论辩,都需要论证。

论证,广义理解包括证明和反驳;狭义理解,与证明同义。证明可分为事实证明和逻辑证明。所谓"事实证明",也称"实践证明",是指根据事实或实践所得真实材料,确立某一判断真实性的证明。例如,要证明盐是咸的,尝一尝就知道;要知道桂林的山水是美的,亲眼看一看就能证明;要确认某人是否犯罪,拿出真实的物证、找出人证,即可证明;等等。而"逻辑证明",是根据已知的真实判断,来确立某一判断真实性的证明。例如,要证明"鲸是用肺呼吸的",根据"哺乳动物都是用肺呼吸的"和"鲸是哺乳动物",两个已知的真实判断,用三段论推理方法,即可推证出"鲸是用肺呼吸的"是真判断。

二、论证的组成

论证由论题、论据和论证方式三部分构成。(一)论题是要确立其真实性的判断。如上例中,"鲸鱼是用肺呼吸的"。(二)论据是用来确立论题真实性的已知真实判断,如上例中"哺乳动物都是用肺呼吸的"和"鲸是哺乳动物"。(三)论证方式是用论据来确立论题真实性的推理方式。如上例中所运用的三段论推理方法。

论证不同于推理,但要用推理来完成论证,因此二者关系密切。论题相当于推理的结论,论据相当于推理的前提,论证方式相当于推理形式。如图示:

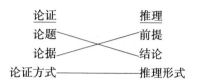

三、论证的种类

根据论证中运用的推理不同,可分为演绎论证、归纳论证和类比论证。演绎论证是运用演绎推理的论证,其被证明的论题必然为真。归纳论证和类比论证,是运用归纳推理和类比推理的论证,其中除完全归纳推理论证的论题为必然真外,其余论证的论题都是或然为真。

根据论证中是否直接证明论题,可分为直接论证和间接论证。直接论证是从论据的真直接推出论题为真的论证;间接论证是通过否定与论题相矛盾的判断或其他相关的判断,来确立论题为真的论证。

第二节 论证的方法

下面主要介绍直接论证中的三段论证法、假言证法、完全归纳证法,以及间接论证中的反证法和选言证法。这些都是常用的论证方法。

一、三段论证法

三段论证法是运用三段论推理的论证方法。
例如:

论题:食盐是化合物(S是P)。
论据:凡是由两种或两种以上物质化合后形成的新物质,都是化合物(M是P),食盐是由两种物质化合后形成的物质(S是M),
结论:食盐是化合物(S是P)。
论证方式:三段论推理。

二、假言证法

假言证法是运用假言推理的论证方法。
例如:

论题:我国必须不断进行科技创新(q)。

论据:如果要建设现代化的社会主义强国,就要不断进行科技创新(如果 p,就 q),

我国要建设现代化的社会主义强国(p),

结论:我国必须不断进行科技创新(q)。

论证方式:充分条件假言推理肯定前件式。

三、完全归纳证法

完全归纳证法是运用完全归纳推理的论证方法。

例如:

论题:所有太阳系的大行星都是沿椭圆轨道绕太阳运行的(所有 S 都是 p)。

论据:经考察确认:水星、金星、地球、火星、木星、土星、天王星、海王星和冥王星都是沿椭圆轨道绕太阳运行的(S_1—S_9 都是 p),

并且确认:这九颗星是太阳系的全部大行星(S_1—S_9 是全部的 S),

结论:所有太阳系的大行星都是沿椭圆轨道绕太阳运行的(所有 S 都是 p)。

论证方式:完全归纳推理。

四、反证法

反证法是通过确定与论题相矛盾判断的虚假,来确定论题为真的间接论证方法。

例如:

论题:我国必须加强法制(p)。

设反论题:我国不必加强法制(非 p)。

论据:如果我国不加强法制,社会就不得安宁(如果非 p,就非 q),

社会必须安宁(q),

结论:我国必须加强法制(p)。

论证方式:充分条件假言推理否定后件式。

五、选言证法

选言证法是通过否定与论题相关的其他判断,来确立论题为真的间接论证方法,也称"排除法"。

例如:

<u>论题</u>:某盗窃案件是内部作案(p)。
<u>论据</u>:某盗窃案件或者是内部作案、或者是外部作案、或者是内外勾结作案(p或q或r),
<u>经查实</u>:既不是外部作案,也不是内外勾结作案(非q且非r),
<u>结论</u>:某盗窃案件是内部作案(p)。
<u>论证方式</u>:选言推理否定肯定式。

第三节 论证规则

一、论题必须清楚、明确

论题是论证的对象,论证的目的就是求得论题的真实性。因此要求论题本身必须是清楚明确的,不能有含混或歧义。由于论题是由概念构成的判断,因而要求其中概念的内涵和外延要明确,判断要有准确恰当的断定。违反此项规则的错误,叫作"论题不明"或"论旨不明"。例如,一篇短论的标题是"共产主义理想是中华民族的精神支柱",共产主义学说只有一百多年的历史,如何能成为已有几千年历史的中华民族的精神支柱,这一论题的断定有失准确。

二、论题必须保持同一

论题在论证过程中应自始至终保持同一,不得任意改变或偷换。如果违反此项规则,就会犯"转移论题"的错误。例如,有人说:"共产党员任何时候都不应将个人利益放在第一位,而应处处发挥党员的模范带头作用。"但在论证过程中,却又说:"比如,在领奖金、享受福利待遇方面,就不应当考虑个人的利益,该放弃的就得放弃。"这就将论题"共产党员不应将个人利益放在第一位"改变为"共产党员不应考虑个人利益",犯了"转移论题"的错误。

第六章　论　证

此外，在论证过程中，还常有扩大或缩小论题的程度或范围的情况，也是违反论题同一的要求，叫作"证明过多"或"证明过少"的错误。例如，有人论证"自学也可成才"，但结论却是"自学必能成才"，犯了"证明过多"的错误。有人论证"鲁迅的杂文是投向敌人的匕首"，而论证过程中，只涉及鲁迅早期几篇杂文，不足以证明论题，犯了"证明过少"的错误。而且论题本身也有失准确，"鲁迅的杂文"概念外延过宽，并非每篇杂文都是投向敌人的。

三、论据必须真实、充分

论据是确立论题的根据，如果论据虚假，就无法推断论题的真实性。违反此项规则的错误，叫做"论据虚假"或"虚假理由"。例如，中世纪有人提出"地球中心说"，其根据是太阳日夜围绕地球转，显然，这个论据是根本错误的，犯了"虚假理由"的错误。又如，某作案嫌疑人否认到过作案现场，以此作为论据，企图论证自己与作案无关。但有人亲眼见到他在现场，而且现场发现了他的指纹，作案嫌疑人的论据则成为"虚假理由"。

论据不但要真实，还要充分全面，否则就会犯"论据不足"或"片面理由"的错误。例如，我国抗日战争时期，有人宣扬"亡国论"，当时，人们用"敌人虽强，但是小国，中国虽弱，但是大国"作为论据来反驳亡国论。虽然论据是真实的，但并不充分，毛泽东在《论持久战》中指出：

> 亡国论者看到敌我强弱对比一个因素，从前就说"抗战必亡"，现在又说"再战必亡"。如果我们仅仅说，敌人虽强，但是小国，中国虽弱，但是大国，是不足以折服他们的。他们可以搬出元朝灭宋、清朝灭明的历史证据，证明小而强的国家能够灭亡大而弱的国家，而且是落后的灭亡进步的。如果我们说，这是古代，不足为据，他们又可以搬出英灭印度的事实，证明小而强的资本主义国家能够灭亡大而弱的落后国家。所以还须提出其他的根据，才能把一切亡国论者的口封住，使他们心服，而使一切从事宣传工作的人们得到充足的论据去说服还不明白和还不坚定的人们，巩固其抗战的信心。①

毛泽东在这段话中，指出反驳"亡国论"的人只看到敌我国家大小不同这一个因素，不足以说服"亡国论"者，因为他们可以从历史上举出一

---

① 《毛泽东选集》第2卷，人民出版社1952年版，第418—419页。

些小国灭大国的例子,驳倒批评"亡国论"者的论据,因此,毛泽东指出"还需提出其他的论据,才能把一切亡国论者的口封住,使他们心服"。从逻辑论证上看,这正表明批评"亡国论"的人犯了"论据不足"或"片面理由"的错误。

四、论据不得使用未经证实的判断

论据要真实可靠,才能论证论题的真实性,但有时引用的论据,尚无法证实其真实性。如果以未经证实的判断作为论据,就会犯"预期理由"的错误。例如,有人提出:"地球上飞来的不明之物是宇宙人发射的探测器,因为现代科学认为,外星球可能存在比人类更高级的宇宙人,他们会向地球发射宇宙飞行器。"但是,外星球存在宇宙人还只是推测,至今未能证实,不能成为真实论据。

五、论据不得依赖论题

论据应当是已被证实的真实判断,而不应依赖论题来证明,否则,就会造成互为论据的"循环论证"的错误。例如,有人说"月光是白色的,因为人感觉月光是白色的;而人所以感觉月光是白色的,因为月光是白色"。

六、由论据必须能推出论题

论题明确,论据真实,还必须能由论据合乎逻辑地推出论题,才能完成一个逻辑证明。如果由论据不能合乎逻辑地推出论题,就会犯"推不出来"的逻辑错误。例如,有人说"他一定是位大夫,因为他穿着白大褂",这段话是一个三段论证法的省略式。论题是"他一定是位大夫",论据是"他穿着白大褂",省略了三段论推理的大前提"凡穿白大褂的都是大夫"或"有些穿白大褂的是大夫"。如果是前者,则前提不真;如果是后者,则违反推理规则,犯了"中项不周"("穿白大褂的"中项在前提中两次不周延)的逻辑错误。从论证过程看,就是犯了"推不出来"的逻辑错误。

第四节 反驳及其方法

一、什么是反驳

反驳是根据已知真实判断确立某一论题虚假或不能成立的思维过

程。反驳与证明同属论证,其区别在于:证明的目的是求真;反驳的目的是驳假。反驳是驳斥谬误的重要手段。例如,有人认为"凡是大科学家都是从小聪明过人",对这一论题,只要举出一两位大科学家小时并不聪明过人,就可以证明"有些大科学家不是从小聪明过人"这一判断为真,并且与对方论题构成互相矛盾的判断,根据矛盾律的要求,二者不能同真,必有一假,从而可推断对方的论题为假,达到了反驳的目的。

由此可见,反驳实际上就是用一个证明去推翻另一个证明,也可说是一种特殊的证明形式,因此,证明的规则也适用于反驳。在论证过程中,反驳与证明是相反相成的。证明是"立论",反驳是"驳论",二者结合运用,可增强议论的论证性和说服力。例如,在抗日战争时期,毛泽东提出的"持久战"观点,除去对这一论点作了充分的论证以外,还对与之相反的"速胜论"和"亡国论"两种错误观点,进行了有力的反驳,从而使"持久战"的观点更具有说服力。

二、反驳的组成

反驳作为一种思维形式,它的组成包括三部分:

1. 被反驳的论题,即被确定为虚假的判断。如上例中"凡大科学家都是从小聪明过人"。

2. 反驳的论据,即用来确定被反驳论题虚假的判断。如上例中"有些大科学家不是从小聪明过人"。

3. 反驳的论证方式,即反驳中运用的推理形式。如上例是运用了直接推理形式(SOP 真→SAP 假),推断出被反驳论题为假。

由此可见,反驳虽然也如同证明一样,有论题、论据和论证方式三个部分,但其论题却是对方的被反驳论题,并且要根据论据运用某种论证方式推断其为假。

被反驳的对象除对方论题外还可以是对方的论据或论证方式,这也是与证明所不同的。

三、反驳的类型

根据反驳的对象不同,可以分为反驳论题、反驳论据和反驳论证方式三种反驳类型。

1. 反驳论题,即根据已知的真判断推断被反驳论题为假。驳倒对方论题是最直接、最有力的反驳。例如,有人说"世界上的天鹅都是白色的",只要举出一只黑天鹅的事实,确立"世界上有天鹅不是白的"判断为真,即可推翻对方的论题。因此,在论辩中,如果能驳倒对方论题,则是最直截了当的有效反驳,可使对方没有任何回旋余地。

2. 反驳论据,即根据已知真判断推断对方论据为假,从而使对方论题不能成立。但必须注意,虽然驳倒了论据,但不等于论题必假,只是丧失了根据而不能成立。例如,有人说"小张是北京人,因为他的户口在北京,而凡是户口在北京的都是北京人",当我们指出其中的论据"凡是户口在北京的都是北京人"是一个虚假的判断时,对方的论题"小张是北京人"丧失了根据而不能成立,但小张是不是北京人,仍是不能肯定的。

3. 反驳论证方式,即指出对方的论据与论题之间没有必然推出的关系,从而确定对方论题不能成立。由于对方证明过程是借助推理来完成的,所以,如果指出其推理不合逻辑,其论题也就不能成立。例如,有人说"小李是位女性,因为小李是幼儿园教师,而大多数幼儿园教师是女性",这一论证过程应用了一个三段论推理,但是,其中的中项"幼儿园教师"在前提中两次都不周延,违反了推理规则,因而其论题不能成立,但小李是不是女性,仍是不能肯定的。

虽然驳倒对方论据或论证方式,不等于驳倒对方论题,但使对方论题丧失根据,不能成立,也能同样达到反驳的目的。

四、反驳的方法

在各种反驳类型中,可运用多种不同的反驳方法。根据反驳方法中运用推理的不同,可分为演绎反驳和归纳反驳;根据反驳中是否直接针对反驳对象,可分为直接反驳和间接反驳。下面介绍几种常用的反驳方法。

1. 直接反驳,是根据事实判断或科学原理的真实性,直接推断出被反驳论题为假,或直接指出其论据或论证方式错误的反驳方法。其使用的论据或是事实判断,或是科学原理,或是推理规则,它们都是已知为真,无须再证明的。例如:

① 有人说"橘子都是有核的",我们只要举出有无核橘子的事实,即"有些橘子不是有核的",就可以推断对方论题是错的。

② 有人对一个平面直角三角形计算的结果是"勾方加股方不等于弦方",我们当即可以根据科学的几何定理,"勾方加股方等于弦

方",推断对方的计算结果是错的。

③ 有人说"陈某是近视眼,因为,凡戴眼镜的人都是近视眼,而陈某是戴眼镜的",我们可以指出其作为论据的"凡戴眼镜的都是近视眼"是不真实的判断,不能据此推断出"陈某是近视眼",其论题不能成立。

④ 有人说"小李是编辑,因为,许多记者都是编辑,而小李是记者",我们可根据三段论推理规则指出其论证方式的推理方法违反了推理规则,中项"记者"在前提中两次不周延,推理无效,其论题不能成立。

例①—④直接反驳的结构式为:

被反驳论题:p(或论据或论证方式)。

用来反驳的论据:证明p假或不能成立的事实判断、科学原理,或推理规则。

结论:非p(或p不能成立)。

反驳的方式:直接反驳。

2. 间接反驳,即不是直接推断对方论题(或论据)为假,或论证方式错误,而是通过证明与被反驳论题(或论据)相矛盾或相反对的论题为真,或假定对方论题(或论据)为真,或假定对方论证方式正确,通过推理来确立被反驳论题(或论据)假或论证方式错误的反驳方法。主要有"独立证明"和"归谬法"两种。

(1) 独立证明,是通过证明与对方论题(或论据)相矛盾或相反对的判断的真实性,根据矛盾律,从而确定对方论题(或论据)为假的反驳方法。例如:

被反驳论题:骑自行车不必遵守交通规则(p)。

设反论题:骑自行车必须遵守交通规则(非p)。

反驳的论据:凡是驾驶车辆在道路上行驶,都必须遵守交通规则,骑自行车是驾驶车辆在道路上行驶,所以,骑自行车必须遵守交通规则(非p真)。

结论:"骑自行车不必遵守交通规则"是错误的(p假)。

反驳方式:运用三段论推理的独立证明。

(2) 归谬法反驳,是通过假定对方论题(或论据)为真,或假定对方论证方式正确,结果推导出谬误,从而确定对方论题(或论据)为假,或论

证方式错误的反驳方法。例如:

① 被反驳论题:我们不必清理网吧(p)。

反驳的论据:如果不清理网吧,那么就会对青少年造成伤害,我们不能让青少年受到伤害,所以,我们必须清理网吧(非 p 真)。

结论:"我们不必清理网吧"是错误的(p 假)。

反驳方式:运用充分条件假言推理否定后件式的归谬法。

② 被反驳论证方式:你是我的反对者,因为,我的反对者是批评我的,而你是批评我的,所以,你是我的反对者。

反驳的论据:如果你的论证是对的,那么下面的论证也应是对的:"你是鹅,因为,鹅是吃白菜的,而你是吃白菜的。"但这个论证显然是荒谬的(违反了三段论推理的规则,中项"吃白菜的"在前提中两次不周延),所以,你的论证是不对的。

结论:对方的论证方式错误。

反驳方式:运用充分条件假言推理否定后件式的归谬法。

第五节 谬 误

逻辑是帮助人们正确进行思维和成功进行交际的思维工具。在逻辑应用中,除要了解各种思维形式的规则、规律外,还应了解在语言表达中容易出现的,影响表述和论证的各种谬误。这也是历来逻辑学家们关注和研究的问题。

谬误可分为形式谬误和非形式谬误两大类。形式谬误是指违反各种逻辑形式规则的谬误,如三段论推理中的"中项不周"等;非形式谬误是除形式谬误以外的一切谬误,如论证中的"虚假理由"等。诡辩则是一种故意违反逻辑,却又貌似合乎逻辑的谬误。下面简单介绍几种常见的谬误。

一、语词歧义

语词歧义:指因词的多义引起的谬误。例如,"我正在上课",其中"上课"既可指"讲课",也可指"听课"。又如,"关于歌德的诗",如果"诗"作"关于"的介词宾语,就是"关于歌德自己写的诗";如果"歌德"作"关于"的介词宾语,则是"内容与歌德有关的诗"。对此种谬误的克服方法,亚里士多德在《辩谬篇》中指出:对于一个歧义的名词或歧义的表述,应该指明"在一种含义上它是这样的,而在另一种含义上它不是这样"。

二、总合谬误

总合谬误:指把个体的属性推论到总体的谬误。例如,"某足球队个个队员的球踢得好,所以整个足球队的球踢得好"。

三、分称谬误

分称谬误:指把总体的属性推论到个体的谬误。例如,"杭州女子长得水灵,所以杭州女子个个都长得水灵"。

四、偶然关联

偶然关联:指把偶然现象当作原因的谬误。例如,"我们别带王宏去野餐,因为几次带他出去,总是下雨"。

五、因果倒置

因果倒置:指将结果误认为原因的谬误。例如,有人说"因为食物腐败才产生了细菌",其实是因为有了细菌食物才会腐败。

六、特例谬误

特例谬误:指将一般情况下的判断无条件地用于各种场合的谬误。例如,有人在看病人时,对病人说"我应当讲真话,医生说这种病很严重,看不好有危险"。

七、同语反诉

同语反诉:指举出他人与自己相同错误而否认指责的谬误。例如,"你不要说我随地吐痰不对,我看见你也往楼道里吐过痰"。

八、稻草人谬误

稻草人谬误:指歪曲对方论点加以攻击的谬误。例如,某人写文章说"北京的塔多建在中轴线的西面",有人写文章反驳说"作者认为北京的塔都建在中轴线的西面,是不对的,中轴线的东面也有塔"。显然,反驳者把对方论点中的"多"改为"都",歪曲了对方的论点。

九、以人为据

以人为据:指根据他人的缺点或身份否定他的话或行为的谬误。例如,"他长得呆头呆脑,还能提出什么好建议"、"别相信他的话,他过去犯过错误"、"瞧你那模样,根本不配穿我卖的衣服"等。

十、诉诸众人

诉诸众人:指把没有的事多次重复诳人相信的谬误。例如,曾子外出,曾子母亲在家纺线,忽然有人来说:"您的儿子在外面杀人了!"曾子母亲不相信,后又有人来说了两次,于是,曾子母亲信以为真,赶快离开了家。其实是与曾子同名的人杀了人。

十一、诉诸情感

诉诸情感:指引发人们同情而相信其论题的谬误。例如,"她平时待人热情,经常帮助他人,她怎么会去偷东西呢"。

十二、诉诸权威

诉诸权威:指引用权威的话,使人相信其论题的谬误。例如,"关于人的起源,某科学家曾说:'人的祖先是海猿。'由此可见,我们都是由海猿演变来的",其实人的祖先是海猿的观点,只是一种假说。

十三、诉诸无知

诉诸无知:指因不能证明某情况存在而推断其相反情况存在的谬误。例如,"没有人能证明哥伦布在发现美洲大陆那天早晨没吃鸡蛋,所以,他那天早晨是吃了鸡蛋","你不能证明我在银行有存款,所以,我在银行没有存款"等。

十四、双重标准

双重标准:指对同一问题用不同标准得出利己结论的诡辩。例如,著名的"半费之讼"故事:古希腊哲学家普洛塔戈拉与向他学习法律的学生爱瓦梯尔签订的学习合同中规定:"入学时付一半学费,学成后第一次出

第六章 论 证

庭胜诉后再付另一半学费。"爱瓦梯尔学成后迟迟未出庭,普洛塔戈拉为了要另一半学费,决定向法院起诉,对学生说:"如果你败诉,就应付我学费;如果你胜诉,按合同规定,你也要付我学费,总之你必须付我学费。"学生针锋相对地说:"如果你败诉,我不付学费;如果你胜诉,按照合同,我也不付学费,总之我不付学费。"这个故事中,师生二人对同一个付学费的问题,都用了"法庭判决"和"双方合同"两个标准,双方都得出了对自己有利的结论。表面上看,似乎各有道理,其实,师生二人都在搞"双重标准"的诡辩。

思考与练习

一、什么是论证?它由哪几部分组成?它与推理有何关系?

二、论证有哪些种类?举出五种常用的论证方法。

三、论证的规则有哪些?违反这些规则的错误是什么?

四、什么是反驳?它由哪几部分组成?它与证明有何关系?

五、反驳有哪些类型和方法?为什么说驳倒了论据不等于驳倒了论题?

六、什么是谬误?常见的谬误有哪些?

七、指出下列证明的论题、论据和论证方式。

1. 喜马拉雅山脉在过去地质年代里曾经是海洋地区。因为地质学已经证明,凡是有水生生物化石的地层,都是地质史上的海洋地区。地质普查探明,喜马拉雅山脉的地层中遍布了珊瑚、苔藓、海藻、鱼龙、海百合等化石。因此可以得知,喜马拉雅山脉在过去的地质年代里曾经被海洋淹没过。

2. 我国必须培养大量具有创新能力的科技人才。如果不培养大量具有创新能力的科技人才,我国就不能适应现代化科学技术高速发展的迫切需要,就不能较快把我国建成现代化的社会主义强国。因此,我国要实现强国目标,就必须培养大量具有创新能力的科技人才。

3. 一个逻辑证明的错误,或者是由于论题方面的原因,或者是由于论据方面的原因,或者是由于论证方式上的原因。这个逻辑证明的错误,既不是由于论题方面的原因,也不是由于论据方面的原因,所以,这个逻辑证明的错误是论证方式上的原因。

八、指出下列证明有何逻辑错误。

1. 名人未出于名门者,委实更多。值得注意的是,如果越是仔细查看一些名人的经历,就越是发现他们的出身并不高贵,其家庭既不是有万贯余财的富户,其先父远祖也不是具备后辈名人所擅长的技艺,以至于可以祖传世袭。因此,我们可以说,所有的名人都是从无名小辈中过来的,从没有生下就注定是名人的先例。

2. 为什么说改革经济体制是当务之急呢?因为经济体制改革是目前最迫切的任务,所以,我们必须把改革经济体制当做当前最迫切的任务。

3. 被告人陈某被指控有杀人罪行,理由是:① 被害人是昨夜在库房值班室被害,而陈某昨夜曾去过库房值班室;② 被告人的外衣上有血迹;③ 曾看到被告家中有匕首,而被害人正是被匕首刺杀的。

九、指出下列反驳的被反驳论题、用来反驳的论据和反驳的论证方式,并指出其反驳方法。

1. 有的同志只顾农业不顾林业,认为林业对发展农业关系不大。这种观点是错误的。我们要知道,林业与农业的关系极为密切。林业问题,实际上也是农业问题。因为森林具有调节气候、涵养水源、保持水土、防风固沙等作用,这些都是确保农业发展的必要条件,怎么能说林业对发展农业关系不大呢?

2. 有人说,鲁迅写出那样多的好作品,是因为他在写作时总是一根接一根地吸烟。如果说写作时一根接一根地吸烟就能写出好作品,那么,为什么我在写作时一根接一根地吸烟,并没有写出一篇好作品呢?

十、指出下列反驳有何逻辑错误。

1. 有人说,利达公司老板高强必有豪华住宅,因为凡是公司老板都很有钱,他们都要购买豪华住宅,高强也不会例外。这种说法不对,因为并不是所有公司老板都会购买豪华住宅,有些老板也只住一般的商品房,所以,高强也不会住豪华住宅的。

2. 有人说,红星超市有些商品质量并不好。事实并非如此,我在红星超市见到的美达服装公司生产的女衬衫,面料、款式都很好,谁见了谁说好。

第六章 论 证

→ 实例分析题

一、1887年,在法国发生了一桩公案:

当时法国政府的一些高级官员违犯国法,私自买卖勋章,营私舞弊。法国总统格列威的女婿威尔逊也是其中的一员。有人向法院告发了他。威尔逊向法院出示了一个证件,这份证件的内容是证明他跟此事无关。人们怀疑这个证件的真实性,但翻来覆去看,看不出有可疑之点。后来,把造证件纸的工厂技师找来,技师拿起证件向光亮处一看,就马上肯定说:证件是假的。他说:"这份证件用的纸张,是我厂1885年的产品,可是签署证件的时间却是1884年。"原来证件纸上有标明年份的水印商标图案。威尔逊的骗局被工厂技师揭穿了。结果,法国内阁和总统格列威也因无法辩解而丢了丑。

请分析这桩公案中的造纸厂技师用什么方法论证了"这个证件是假的"?

二、著名的北宋书画家米芾,善于鉴别书画的真伪。一天,有人拿来一幅唐代大画家戴嵩的《牧牛图》要卖给他。他确认这是真品,却又不肯高价买下。于是,他就谎说要研究一下画的真伪,留下两天再定。米芾善于仿古临摹,几可乱真。当卖画人再来时,他拿出自己的仿画说,这不是真品,不想买了。不料那人只扫一眼,就大叫起来说米芾还的画不是原件真品。因为,戴嵩这幅画上的牛眼睛中还有牧童依稀晃动的身影,而米芾摹画仓促,没有画出这传神之笔。米芾也只好认错道歉。

请分析卖画人运用了什么论证方法,指出米芾还的画不是真品?

三、据某报载:

法庭上,一个关于遗产继承的案件正进行审理。当事人赵某将一份公证书的抄件呈上,斩钉截铁地说:"根据这份公证书,我丈夫张某遗留的房产应全部由我继承。"接着,她念了公证书的一段话:张某于1985年3月7日死亡。他与别人共有房产一所,共十二间。死者生前无遗嘱。根据我国法律规定,死者张某的遗产应由其妻及子女共同继承。

审判长严肃地说:"根据继承法的规定,父母有继承子女遗产的权利。张某之母吴某是张某的法定继承人,将其遗漏,不能不说是公证书的一大失误。"

逻辑编

赵某辩解道:"公证时她在石家庄她女儿家,而且是个地主婆,她无权继承张某的房产。"

"她的继承权不因居住地的暂时变更及其个人成分如何而取消,何况她早已改变了成分。"

"她不和张某一块生活,早已分家单过。"

"这是继承份额的多少问题,不能成为你否认她有继承权的理由。"

赵某无言以对……

请分析审判长用什么逻辑方法驳倒了赵某的无理要求?

语法编

第一章　绪　　论

在逻辑编中,我们说形式逻辑和自然语言的关系密切。这是因为形式逻辑所研究的思维形式是通过自然语言来表达的。一般认为:与概念对应的语言形式是词或词组,与判断对应的语言形式是语句,与推理对应的语言形式是因果复句或句群,与论证对应的语言形式是句群、段落、篇章。词、词组、单句、复句、句群,还有语素,它们都是语法单位;而由它们组合而成的大大小小的语言表达单位,则是思维的成果——思想的语言表达形式。就这而言,语法与逻辑的关系可以说是密不可分的。那么,什么是语法呢?斯大林在《马克思主义与语言学问题》这本小册子中说:"语法规定词的变化规则及用词造句的规则。"这一定义,是从世界各种语言的共同性中概括出来的。其核心思想是:语法是语言的组织规律。

普通语言学认为:语言包括语音、词汇、语法三个基本要素。词汇是建筑材料,语音是物质外壳,语法是组织规律。词汇只有依照语法规律组织起来,通过语音形式表达出来,才能成为人类的思维工具、交际工具,即有声的自然语言。所以,未经组合的词汇,或任意堆砌的词汇,都不成其为语言。而词汇一旦按照一定的语法规律组织在一起,就立刻成为有条理的、可理解的、表达了相对完整意思的句子或句群,直至篇章。通过这些语言表达单位,人们的思想感情,也就得到了清楚、准确的表达。

作为语言的组织规律,语法有两个组成部分:词法和句法。就汉语语法学而言,词法研究词的构成、词的变化和词的分类;句法研究词组、句子和句群的构成、类型和关系,说明这些单位怎样协同起来成为传递信息、交流思想的工具。

作为语言的组织规律,一般认为语法具有抽象性、递归性和民族性:

1. 抽象性。抽象性指语法规律是从大量语法现象里抽象概括出来的。比如,从"教师‖教书。学生‖读书。农民‖种地。工人‖做工"中,我们看到:尽管上述句子表达的具体内容各自不同,但是,它们都是由前后两个部分组成的,不仅结构形式相同,结构关系也相同;因此,可以从中抽象概括出一种句型"主语—谓语"句,即主谓句。这样,当我们说汉语里有一种"主谓句"时,我们指的就是这一没有具体内容的"句型",它作为语言结构的一种"模式",其组成规则是适用于所有具体的主谓句的。所以,斯大林把语法比作"几何学"。

2. 递归性。递归性指语法规则重复出现或交叉使用,从而生成无限多的新词语和无限长的句子。语法结构规则重复出现,比如,汉语的词法中有一条规则:指人的普通名词一般都可以附加"们",表示不定的多数;它的重复出现,会生成无限的"工人们、队员们、战士们、演员们……N们"。语法结构规则交叉使用,比如,把一个动宾词组和一个主谓词组套接在一起,会生成兼语词组;把若干动词性词语连接在一起,会生成连动词组;一个个的联合词组连用,会生成很长很长的复杂联合词组等等。从理论上说,递归性使句子可以无限延长;但是,在实际运用中,句子的长度却难免要受人的说/听能力限度的制约。

语法的递归性与抽象性是密切相关的。抽象性是"从个别到一般",递归性是"从一般到个别"。语法的这两种特性,使人们有可能学会某种语言,并按照这种语言的语法规则造出许许多多、各种各样具体的语言单位来,不管是听过的,还是没有听过的。语法的这两种特性,也使"人机对话"成为可能。

3. 民族性。各种语言的语法,都有一些自身的特点,这就是语法的民族性。民族性是在比较中显露出来的。比如,同印欧语比较,汉语的语素多数是单音节的;汉语的词没有严格意义的形态变化(或"缺乏狭义的形态变化");汉语主谓句中的主语和谓语之间不讲究"一致关系",因此,句子中出现的动词没有"定式"和"不定式"之分;等等。所谓汉语语法的特点,就是在同其他语言的比较中得出的,没有比较也就没有特点。

那么,汉语语法有哪些主要的特点呢?

1. 汉语的词类同句子组成成分之间不存在简单的一一对应的关系。在印欧语里,词类和句子的各种组成成分之间有一种简单的一一对应的关系。比如,英语的一般情况是:名词和主语、宾语对应,动词和谓语对应,形容词和定语对应,副词和状语对应。汉语则不同,汉语的各类实词和各种成分之间的关系是错综复杂的。单就名词、动词、形容词这三大实词而言,它们几乎什么成分都能充当(除名词不能充当补语外)。而且,无论充当什么成分,词性、词形都不发生变化。汉语词类的这种特点就要求人们必须在比词大的组合中去辨析词,而不能孤立地看待词。

2. 组合容易,各级语法单位的构造原则有很大的一致性。这一点表现为:

(1) 各级语言单位只要语义能够搭配、符合语言习惯,就都可以组成更大的单位。语素可以组成词,词可以组成词组,词和词组又都可以组成句子,句子还可以组合成句群。各种单位组合时,由于不受狭义形态的制约,因此灵活简便、不难掌握。

(2) 各级语言单位的组合手段(方式)主要有两种:借助语序组合和借助虚词组合;只不过有的单位两种手段都用,有的仅用其中之一罢了。比如,语素构成词就不借助虚词。

(3) 各级语言单位的结构关系最基本的有五种:主谓、联合、偏正、动宾、述补。像词、词组这两级,都是五种结构关系齐全的;此外,递归性不仅使词组复杂化,而且生成了一些新的结构关系类型。

组合手段和结构关系大致相同这两个特点,使现代汉语各级语法单位在结构上有很大的一致性。因而,在学习中,只要把握了主要组合手段和基本结构类型,就可以对语法的各级单位进行相互比较、借鉴类推:或以简驭繁、化繁为简,或由小而大、析大为小,从而达到得心应手的运用。这种一致性,还使两个处于上下位的语言结构可以相互转化:词、词组只要有了语调,可以转化为句子;句子一旦失去了语调,可以转化为词组或词;复句,特别是多重复句,可以转化为句群;句群在一定条件下也可以转化为复句。因此,可以说,各级语法单位在结构上的一致性,使汉语语法变得简明易懂。学习容易,运用也不难了。

学习和研究语法,都离不开语法单位。汉语有五级语法单位,从小到大是:语素、词、词组、句子、句群。这五级单位的正确运用,直接关系到思想的准确表达和交际的顺利进行。因此,我们把介绍这五级单位的类别及其运用作为本编的重点。

第二章　语素的分类和运用

语素是最小的语音语义结合体,是最小的语法单位。所谓"语音语义结合体",是指任何一个语素,都以一定语音为形式,一定语义为内容。如"人"是一个语素,它的语音形式是"rén",它的语义内容是"能制造工具并使用工具的高等动物"。"人"作为一个语素,是包含语音形式和语义内容两个方面的。而且,这两个方面都是不能再分割的。

语素的语义内容,既包括词汇意义,也包括语法意义。如"人们"这个词是由两个语素构成的。其中第一个语素"人",它的语义内容是"能制造工具并使用工具的高级动物"。这类意义很实在,体现了概念内涵,是词汇意义。"人们"的第二个语素"们",它的语义内容表示不定的多数。这类意义很抽象,是语法意义。还有一些语素,它们的语义内容,既有词汇意义,又有语法意义。如"学员"这个词的第二个语素"员",它的语义内容,一方面指"从事某种工作或学习的人",是比较抽象的词汇意义;另一方面又指"名词的附加成分",这则是很抽象的语法意义了。

语素是比词低一级的语法单位,它不能直接用来造句,它是构成词的材料。一个词,至少由一个语素构成,也可以由两个或多个语素构成。如"足球、足球迷"。多个语素构成的词,词中语素的组合不是一次完成,而是有层次地顺序多次完成的。如"足球迷"是"(足+球)+迷"。组合的层次性是语言结构的本质特征,它贯穿在各级语法单位之中,是组织或分析任何语言结构时不可忽视的重要方面。

第一节　语素的分类

根据不同标准,可以对语素进行多角度的分类。下面,仅从两方面讨论语素的分类:

一、单音节语素、双音节语素和多音节语素

以语音形式为标准,根据音节的数目,语素可以分为:

第二章 语素的分类和运用

(一) 单音节语素

由一个音节表达的语素,叫做单音节语素。单音节语素的构词能力很强,而且在语素中占绝大多数。

1. 多数单音节语素可以独自成词,或可以自由和别的语素构成词。这有两种情况:

(1) 可以独自成词,也可以自由地和别的语素构成合成词。如"人"、"走"、"大"。作为单音节语素,"人"、"走"、"大"可以独自成词,在下列结构中作为一个句法成分独立运用:"一个人"、"快点走"、"个儿大";也可以和别的语素构成合成词:"人民"、"个人"、"走廊"、"行走"、"大家"、"伟大",它们在词中的位置不受限制,是自由的、不定位的。

(2) 不能独自成词,但可以自由地和别的语素构成合成词。如"民"、"伟"、"习"。作为单音节语素,"民"、"伟"、"习"不能独自成词,不能独立充当句法成分;但是,可以和别的语素构成合成词:"民族"、"公民"、"伟人"、"宏伟"、"习气"、"学习",它们在词中的位置也是自由的、不定位的。

2. 有些单音节语素,它们不能独自成词,和别的语素组合时又有出现位置的限制,是不自由的定位语素。常见的有:

(1) 位置固定在前的"前加语素(或称'前缀')"。典型的如"老师"、"阿姨"、"初一"、"第一"中的"老"、"阿"、"初"、"第"。

(2) 位置固定在后的"后加语素(或称"后缀")"。典型的如"棍子"、"活儿"、"苦头"、"学员"、"作者"、"歌手"、"党性"、"绿化"中的"子"、"儿"、"头"、"员"、"者"、"手"、"性"、"化"。"后加语素"的构词能力很强。而且,这类语素有增加的趋势,如"式"、"热"、"界"、"坛"、"人"、"族"、"迷"、"盲"、"星"、"友"、"民"、"爷"、"派"等,都有用作定位的不成词语素的情况。

(二) 双音节语素

由两个音节表达的语素,叫做双音节语素。双音节语素多数是"联绵字","联绵"二字形象地说明这两个字是不能分割的。如:

玲珑 参差 陆离 崎岖 忐忑 鸳鸯 秋千 流连(双声)
窈窕 婆娑 傀儡 汹涌 逍遥 缥缈 蜿蜒 橄榄(叠韵)
憔悴 蝙蝠 牡丹 囹圄 鹧鸪 珊瑚 妯娌 逶迤(非双声叠韵)

123

有一部分双音节语素是音译外来词或者运用叠音、象声的结果。如：

  石榴　罗汉　吉普　坦克　尼龙　拷贝　菩萨　幽默(音译外来词)

  匆匆　孜孜　依依　熊熊　栩栩　靡靡　绵绵　婷婷(叠音)

  哈哈　潺潺　喳喳　咚咚　汩汩　呱呱　哗哗　吁吁(象声)

同单音节语素相比较，双音节语素独自成词的多，是成词语素，和别的语素组合成词的少，它的构词能力较弱。

(三) 多音节语素

由两个以上音节表达的语素，叫做多音节语素。多音节语素多数是三音节的，也有四音节、五音节的。如：

  尼古丁　高尔夫　萨其马　咖啡因　伊妹儿　卡路里　士敏土　麦克风

  阿司匹林　歇斯底里　阿弥陀佛　法西斯蒂　盖世太保　布尔乔亚

  布尔什维克　爱识不难读　烟土披利纯

六音节或更多音节的很少见，如"普罗列塔利亚"。

多音节语素主要是早期音译外来词留下来的，有些音节过多的，已经改为意译或简缩使用，如"爱识不难读"(Esperanto)改意译为"世界语"；"普罗列塔利亚(Proletariat 法语)"改意译为"无产阶级"，或简缩为"普罗"。多音节语素大多独自成词，是成词语素，个别能和后加语素构成合成词，如"布尔什维克化"、"马特洛索夫式"。多音节语素的构词能力最弱。

二、实语素和虚语素

"实"和"虚"这两个概念应该从两方面来理解。一是功能，即它们的组合能力：可否独自成词、可否自由地和别的语素构成合成词；二是语义，即语义是否实在、是否作为所构成词的词义基础而起主体作用。不过，多数人提及虚实这对概念时，大都侧重语义是否实在。

(一) 实语素

按照上面的理解，我们在单音节语素中讨论过的"人、走、大"这一类，它们的功能是可以独自成词，是成词语素，也可以自由地和别的语素构成合成词，是不定位语素。它们的语义实在，是反映了一定概念的词汇意义,是所构成词的词义基础,在所构成词中起主体作用。因此,它们是实语素。我们还讨论过另一类语素"民"、"习"、"伟",它们不是成词语素,但是可以自由地和别的语素构成合成词,是不定位语素。它们的语义也实在,也是所构成词的词义基础。它们在所构成词中和另一语素,如"人民"、"学习"、"伟大"中的"人"、"学"、"大"相互补充,不分主次,共同发挥主体作用。因此,它们也是实语素。

多数实语素,或具有名词性,通常表达人或事物名称一类的意义,主要构成名词;或具有动词性,通常表达动作、行为、发展、变化一类的意义,主要构成动词;或具有形容词性,通常表达形象、性质、状态一类的意义,主要构成形容词。

(二) 虚语素

和实语素比较,虚语素首先是语义不实在。它们一般不表示词汇意义而只表示语法意义。其次,在组合能力上也有不同。二者结合起来看,虚语素大约有这样几类:

1. 不能独自成词的单音节定位语素,如前加语素、后加语素;以及某些"中加"语素,如"看得见"、"看不见","糊里糊涂"中的"得"、"不"、"里"等。

2. 可以独自成词的单音节语素,如"的"、"地"、"得"、"了"、"着"、"过"、"吗"、"呢"、"吧"、"和"、"跟"、"同"、"与"、"嗨"、"喂"、"哟"等。

3. 可以独自成词,也可以自由地和别的语素构成合成词的单音节不定位语素,如"但是"、"不但"、"由于"、"于是"、"以为"、"所以"、"因为"、"原因"中的"但"、"于"、"以"、"因"等等。

语义的实在不实在是相对而言的。如果语义反映的是表示人、事物或现象的概念意义,当然实在;如果反映的是事物之间的关系意义,自然不很实在,甚至很不实在。实在和不实在,这两极不难区分。但是,语言是复杂的社会现象,人们对语义的概括和理解也不可能没有差别,因此,对于某些"不很实在"的语义,比如我们在后加语素中提到的那些新增的"类词缀"("词缀"是与"词根"相对应的语言学术语:词根是构成词的主要成分,词缀则是附加成分)的意义,它们是"实"还是"虚",就很难一刀切。于是,也就有"半实半虚"的说法。解释这种情况,需要引进"模糊性"概念,承认各种语法单位都可能存在"可 A 可 B"或"非 A 非 B"的"中间状态"。

第二节 语素的运用

一、语素、音节、字、词

语素、音节、字、词,这几个术语既有联系又有区别,既相对应又不对应,它们是关系密切又各自独立的四个不同的概念。

语素的口头形式是音节。单音节语素由一个音节表达,双音节语素由两个音节表达,多音节语素由多个音节表达。语素中只有单音节的,才与音节有一对一的对应关系。这时,语素与音节重合,一个语素一个音节。

语素的书面形式是文字。汉字是记录音节的,一个音节一个汉字。因此只有单音节的语素,才与汉字有一对一的对应关系。这时,语素和汉字重合,一个语素一个汉字。

因此,可以说,所有单音节的成词语素,都是语素、音节、字、词一一对应的,在这种情况下,四者完全重合;而在其余情况下,四者并不是一一对应的。比如:"巧克力"是一个语素,三个音节,三个字,一个词;"电脑"是两个语素,两个音节,两个字,一个词。

二、语素构成词的方法

现代汉语的语素多数是成词语素。一个成词语素独自成词,是独立运用的问题。这种由一个语素充当的词,无论音节多少,都是"单纯词"(与之相对应的是至少由两个语素构成的"合成词"),无须借助什么方法组合。因此,构词方法,主要指语素构成合成词时所采用的方法(或"手段")。就现代汉语而论,基本方法有二:复合法和附加法,它们的依据是词的内部结构关系。此外,20世纪80年代以来,词语的简缩形式多起来了。不少多音节词语,或受到经济原则的制约,或出于协调音节的需要,对原有音节作了压缩。比如"人民代表大会→人代会→人大"。压缩形式经过反复使用固定下来,也就当作一个同义词被接受了。所以,不少学者认为,运用简缩方法可以创造新词语,简缩法是一种新兴的构词方法。

(一)复合法

依据构词的方法,合成词可以分为两大类:借助复合法构成的复合词和借助附加法构成的派生词。

实语素和实语素构成的词是复合词。从词内语素的结构关系看,复合词有五种基本类型:

1. 联合式

联合式(或"并列式")复合词是由两个意义相同、相近,相反或者相关的语素复合而成的。两个语素之间有并列关系。如:

纪律 房屋 灵巧 美丽 合并 开拓 形态 理智(相同、相近)

长短 是非 成败 反正 开关 左右 早晚 收发(相反)

领袖 尺寸 手足 再三 国家 骨肉 窗户 狐狸(相关)

2. 偏正式

偏正式复合词的两个语素有修饰、限制和被修饰、被限制的关系。修饰、限制的语素为"偏",被修饰、被限制的语素为"正"。整个词的词义以"正"为主。如:

菊花 电脑 软件 唇膏 录像机 迷你裙("正"是名词性语素)

独奏 春耕 小看 欢呼 面洽 寻呼("正"是动词性语素)

笔直 雪白 龟缩 阴凉 喷香 高明("正"是形容词性语素)

3. 主谓式

主谓式(或"陈述式")复合词的两个语素之间有陈述和被陈述的关系。前面是被陈述部分,后面是陈述部分。整个词的词义是这两个语素意义的融合。如:

眼花 胆寒 面熟 霜降 民主 耳塞 气盛 法定 何首乌 二人转

4. 动宾式

动宾式(或"支配式")复合词的两个语素之间有支配和被支配的关系。前面的语素表示动作或行为,后面的语素表示动作、行为支配或涉及的对象。整个词的词义是两个语素的意义融合后产生的新义。如:

理事 借光 投资 亮相 吃香 叫阵 抬轿子 吹喇叭 开小差 炒鱿鱼

5. 补充式

补充式(或"述补式")复合词的两个语素之间有补充说明的关系。一般是后面的补充说明前面的。如：

  跳高　毁坏　说明　改正　扩大　降低　声明　突破(后面是形容词性语素)

  贯彻　打败　击落　推翻　感动　插入　推动　变成(后面是动词性语素)

  布匹　纸张　诗篇　人口(前面是名词性语素,后面是量词性语素)

(二) 附加法

实语素和虚语素借助附加法构成的词是派生词。按照虚语素在词中出现的位置，可以把派生词分为三类：

1. 前加式。虚语素在前的派生词。如：

  老师　老虎　阿姨　阿哥　初一　初伏　第一　第十(典型前缀)

  可笑　反封建　非党　不法　超音速　无常　泛灵论(类前缀)

2. 后加式。虚语素在后的派生词。如：

  矮子　尖儿　甜头　会员　笔者　作家　歌手　退化　硬性(典型后缀)

  愤然　空调巴士　氧吧　画品　西式　上网热　海洋人　上班族　足球迷　票友　科盲　板爷　网民　乒坛　丑星　艺术界　出国风(类后缀)

3. 中加式。虚语素在中间的派生词。如：

  吃得消　吃不消　洋里洋气　白不呲咧

有些派生词同时有前后两个附加语素，如"泛市场化、反法西斯主义者"。

(三) 简缩法

现代汉语词汇以双音节词居多。双音节化是汉语构词的一个重要特点,也是汉语词汇发展的一个明显趋势。双音节化的重要原因之一是为了区别意义,另一个原因是出于经济简练。在词汇发展过程中,有些单音节词双音节化了;有些多音节词或词组,简缩成双音节或压缩掉一些音节,由此产生了与全称并存的简称,即"简缩词"。

词语简缩的方法,常见的有以下几种:

1. 从全名中取中心成分。如:

    中国人民解放军→解放军
    北京大学研究生院→研究生院

2. 取专名略类名。如:

    复旦大学→复旦
    国安足球队→国安

3. 两个并列的附加成分合用一个中心成分。如:

    教员职员→教职员
    进口出口→进出口

4. 抽取词或词组中最有代表性的成分。如:

    申请举办奥林匹克运动会→申奥
    一个国家,两种制度→一国两制

5. 标数概括。如

    物质文明和精神文明→两个文明
    面向现代化、面向世界、面向未来→三个面向

上述几种简缩方法,最常采用的是4、5。此外,随着改革开放步伐的日益加快,对外交流的迅猛发展,现代汉语再次出现了集中吸收外来词语和语言运用多元化的状况。其中,反映在词语方面,就有直接采用英语的缩略形式,如"WTO"、"CEO"等。

三、防止违反构词法

语素构成词需要借助一定的构词法。此外,还要考虑语序问题、习惯问题。否则,就可能出现偏误。下面是常见的违反构词法的现象:

(一) 生造词语

现代汉语复合词的构成方法有多种,但是,哪些语素可以和哪些语素

组合、组合的次序等,却是约定俗成的。如"大"、"巨"、"伟"是近义语素,但是,作为一般词汇,习惯上只有"伟大"、"巨大",没有"伟巨"、"大巨"、"大伟"、"巨伟"(用作专有名词除外)。当然,复合词语素的选择、次序,往往会经历一个不稳定的过程,有的时间还比较长。但是,一旦定型,就不允许随意变更,否则,就有生造词语的嫌疑。如:

*① 赵忠祥牌大,出来的书也卖得劲暴。

*② 美国天文学家发现并证认海王星上有两个环。

(注:符号"*"表示该例是病句。)

例①、②中的"劲暴"、"证认"都是生造词。类似的实例很常见,如"瞰看"、"意绪"、"儿谣"、"暗冷"、"明爽"等等。生造词产生的原因可能是:(1)马虎大意或意在"标新"。现成的词语如"火暴"、"证实"、"鸟瞰/俯瞰"、"心绪/情绪"、"儿歌/童谣"、"羡慕"、"阴冷"、"清爽"等,或不甚了了,信手拈来,或故意不用,偏要写成别样,仿佛在创造新词。(2)随意把两个复合词或一个词组压缩成为一个词。如"颤抖+瑟缩→抖瑟"、"伟岸+健壮→伟健"、"辉煌灿烂→辉灿"、"游泳技术→泳术"。(3)随意把两个单音节词硬凑成一个"拉郎配"。如"抽+吸→抽吸"、"揍+打→揍打"。(4)随便更换成语中的语素,使成语不合惯例。如:

*③ 说罢,诡秘地对她挤眼弄鼻的。

*④ 忘乎职守,把自己的天职当儿戏。

生造词和新造词怎么区别呢?主要看两条:一是语言交际的需要;二是词义是否明确。

(二)滥用简称

使用简称(简缩词)是为了经济简练,方便表达。因此要考虑范围、对象,遵守普遍性原则。要见词明义,易于理解。特别是见于大众媒体的,更应考虑受众的接受能力。前些年,有人批评《天拖春来早》这个标题中的"天拖"是滥用简称。"天拖"是"天津拖拉机厂"的简缩词,在天津,这是行得通的。可是,登在《人民日报》上,面向全国,就不同了。所以,采用简缩词,普遍性原则不能忽略。是否见词明义,则往往与简缩是否合乎规范有关。下面是不合规范的实例:

*① 糖尿病性心脏病→糖心病

*② 中国国际老年协会博览会→老博会

＊③（西方七国）财政部长→财长
＊④摄影艺术作品展览→影展

(三) 颠倒语序

一个词由哪几个语素组成,一旦选择定了、约定俗成了,不但不允许任意更换语素,而且也不允许任意颠倒次序。这是因为:(1) 汉语的语序是相对固定的,它是表现结构关系的语法手段之一。在构词时,语序的作用是很明显的。语素相同,语序不同,往往结构关系、类型和词汇意义也不同。如"产生→生产"、"和平→平和"、"算盘→盘算"、"奶牛→牛奶"。(2) 任意颠倒语素的次序,也是产生生造词的原因之一。如"道路→路道"、"晶莹→莹晶"。

(四) 任意拆用

一般说来,词是不能拆用的。但是,在语言运用中,也确实经常听到"鞠了一个躬"、"洗了一个冷水澡"的说法。现代汉语中可以这样运用的词不多,而且,可以插入其中的成分也有限。对这部分词,有人称为"离合词",即不拆用时是词,拆用时是词组。由于可以拆用的词不多,因此,在一般情况下,任意拆用复合词,会让人感到别扭。下面是拆用不合适的实例:"试了一次验"、"报了一次告"、"考了一次试"、"汇了一次报"。当然,如果拆用是出于修辞的需要,有特定的语用条件,那又当别论。

→ **思考与练习**

一、什么是语素?

二、根据语音形式,语素可以分为几类?

三、根据语义和构词作用,语素可以分为几类?

四、什么是词?

五、现代汉语复合词的构成方法有哪些?

六、现代汉语派生词的构成方法有哪些?

七、简称有哪些简缩方法? 运用简称应当注意什么问题?

八、如何防止违反构词法的现象和促进用词的规范化?

九、指出下列字中的成词语素、不成词语素、不能单独作语素的字。

虎、狼、羊、鸭、狗、蜻、眉、平、闪、鹊、祝、柿、绩、学、习、素

十、找出下文中的词(成语不找、单纯词不分拆),合成词则注明它的构成方式。

> **语法编**

　　伟大的天文学家哥白尼说:"人的天职在勇于探索真理。"我国人民历来是勇于探索、勇于创造、勇于革命的。我们一定要打破常规,披荆斩棘,开拓我国科学发展的道路。既异想天开,又实事求是,这是科学工作者特有的风格,让我们在无穷的宇宙长河中去探索无穷的真理吧!

十一、指出下面例句中生造的简称。

1. 发动全体同学,开展爱卫运动。
2. 演术较佳的同学被校方组织在一起进行专门培训。

十二、给出下述词语的简称,然后指出它们采用的简缩方法。

1. 北京民族体育运动会
2. 万宝路香烟
3. 代表中国先进生产力的发展要求,代表中国先进文化的前进方向,代表中国最广大人民的根本利益
4. 中国人民志愿军
5. 中学和小学

第三章　词的分类和运用

　　词是比语素高一级的语法单位,是表示一定意义、具有固定的语音形式、可以独立运用的最小的结构单位。

　　作为语音语义的结合体,每一个词,无论是实词还是虚词,在具体结构中,都有相对固定的语音形式和比较明确的语义。实词表示词汇意义,虚词表示语法意义。

　　作为可以独立运用的最小的结构单位,是从组合能力角度来定义词的。从结构功能看,每一个实词都可以独立充当句法成分,每一个虚词都在一定结构中同实词一起显示出它的作用。如在"人民的总理"中,实词"人民"是定语,实词"总理"是中心语,虚词"的"表示它前后的两个实词之间有修饰和被修饰的关系。三个词都是独立运用的,都是这个偏正词组的句法单位。在这个定义里,"可以独立运用",表明了词与语素的区别。"最小"则是与词组比较而言的。词组也是句法单位,但是,词组可以再分割,如"人民的总理"可以一分为三;词是不能再分割的,再分割就是语素了。

　　根据不同标准可以对词进行分类。就语法学而言,以语音形式为标准,分为单音节词、双音节词和多音节词;以内部结构关系为标准,分为单纯词和合成词(包括复合词和派生词);以"功能",即词与词的组合能力为标准,分为实词和虚词。语法学划分词类的目的是指明词的外部结构关系,说明它们的组织规律。因此,多数语法学家赞成根据功能标准划分词类。

　　那么,什么是功能标准呢?具体说就是:

　　第一,先看词能不能充当句法成分。能充当句法成分的是实词,不能充当的是虚词。

　　第二,实词的不同语法功能表现在词和词的组合能力上。哪些词能和哪些词组合,怎样组合,组合后表示什么结构关系,哪些词不能和哪些词组合,从中体现了实词的不同类别。

　　第三,虚词的不同语法功能表现在它和实词或词组的关系上。能和

语法编

哪些实词或词组发生关系,发生什么关系,从中表示出虚词的不同类别。

这样,就可以根据功能标准首先把词区分为实词和虚词两大类。然后,根据实词的组合能力把它们再分为名词、动词、形容词、数词、量词、代词、副词、助动词共八类;根据虚词所表示的关系把它们再分为连词、介词、助词、语气词共四类。叹词不能充当句法成分,但是,可以独立成句,是比较特殊的词类。

第一节 实词的类别和运用

一、名词、动词、形容词

(一) 名词

名词可以再分为三小类:

表示人或事物:学生 网民 理想 法律 电脑 摩托 苹果 挂面

表示处所或时间:北京 机关 工厂 公园 现在 平时 明天 清明

表示方位:分为单纯方位词和合成方位词两小类。单纯的如"上"、"下"、"前"、"后"、"东"、"西"、"南"、"北"、"左"、"右"、"里"、"外"、"中"、"内"、"间"、"旁",合成的如"以上"、"之上"、"旁边"、"外面"、"外头"、"上下"等。

名词有如下语法特点:

1. 能接受数量词组修饰。可计量名词用定量的数量词组修饰,如"一本书"、"两位工人"等;不可计量的名词用不定量的数量词组修饰,如"一些车辆"、"一点希望"等。指人的普通名词,后面可以附加表示不定多数的助词"们",如"孩子们"、"股民们"等。

2. 多数不能接受副词的修饰。"男不男、女不女,不人不鬼"等,是特殊格式,而且一般只能对比着说,不能单说其中的一项。

3. 能用在介词后面,组合成介词词组,如"从上海"、"为人民"等。某些时间名词容易与时间副词混淆。但是,时间副词不能出现在介词后面;因此,能否用在介词后面组成介词词组,是区分二者的有效方法。

4. 一般不能重叠。"人人"、"家家"、"年年"、"户户"有"每一"的意义,与其说是名词重叠,不如说是被借用为量词。

5. 表示人或事物的名词经常做主语和宾语。时间名词、处所名词、方位名词虽然具有名词的特点,但是,它们的特殊性是经常修饰动词。方位名词可以与别的词语组成表示时间或处所的名词或词组,如"屋里"、"长江边"、"春节前后"、"他出国以后"等。

(二) 动词

动词可以再分为六小类:

表示动作行为:读 打 跑 笑 研究 建设 完成 上网 强化 知识化

表示心理活动或主观感受:想 爱 希望 觉得 主张 知道 看见

表示动作始终或发展变化:开始 进行 停止 生长 消失 演变

表示"使令"、"请派"等:让 使 请 劝 鼓励 派遣 委托 批准

表示"判断"、"存在"等:是 有 在 为 像 姓 属于 等于 成为

表示趋向:来 去 上 下 进 出 过 回 开 起 上来 进去

动词有如下语法特点:

1. 能受否定副词修饰,如"不看"、"没来",以此区别于名词。除表示心理活动的动词外,一般不受程度副词修饰,以此区别于形容词。

2. 一般可以重叠。单音节动词的重叠形式是 AA,如"走走、想想",重叠后第二个音节读轻声。双音节动词的重叠形式是 ABAB,如"研究研究"、"调查调查"。一部分动词的重叠形式是 AAB,如"握握手"、"跳跳舞"。有些动词没有重叠形式,如后缀为"化"的派生词以及某些动宾式的不及物动词,如"讨饭"、"落户"、"亮相"、"登陆"等。

3. 常用附加"了"、"着"、"过"、"起来"、"下去",或采用重叠形式来表示动作、行为的状态,简称"态"。"了"是完成态,"着"是进行态,"过"是经历态,"起来"是开始态,"下去"是继续态,重叠形式是尝试态。动词附加"了、着、过"有一定的选择限制,多数三者都可以附加;有些则选择其中的一二,如"停止着"、"打仗着/过"一般不说;有的则不能附加,如"希望了/着/过"一般不说。

4. 多数能带宾语,以此区别于形容词。少数动词不能带宾语,如"动

手"、"休息"、"游行"、"离休"、"游泳"、"吭声"、"咳嗽"以及后缀是"化"的双音节动词等。

5. 经常充当谓语或述语。

(三) 形容词

形容词可以再分为两小类:表示人或事物的性质或形状:大　小　高　低　方　圆　红　白　冷　热　好　坏　新　旧　美丽　平坦　优秀　恶劣　英明　糊涂　伟大　高尚

表示动作或行为的状态:快　慢　流利　熟练　轻松　愉快　焦急　生动　活泼　认真　虚心　细致　迅速　清洁　矫健　敏捷

描摹人、动物或物体发出的声音的象声词,功能与形容词相近,归入形容词。

形容词有以下语法特点:

1. 多数能接受否定副词"不"和程度副词的修饰,如"不好"、"很漂亮"、"十分生动"。非谓形容词不能用"不"否定,如"不超级"、"不首要"一般不说。少数用"非"表示否定,如"非正式"。非谓形容词和"雪白"、"冰凉"、"糊里糊涂"、"红彤彤"等隐含有程度意义的形容词,不受程度副词修饰。

2. 表示人或事物性质或形状的形容词可以修饰名词。表示动作行为状态的形容词可以修饰动词,也可以修饰名词。

3. 一般可以重叠。单音节形容词的重叠形式是AA,如"大大"、"红红",第二个音节不读轻声;双音节形容词的重叠形式是AABB,如"明明白白"、"清清楚楚";而"雪白"、"冰凉"这一类的重叠形式则是ABAB。

4. 有些形容词有特定的内部结构形式。如:ABB 式:白茫茫　绿油油;A 里 AB 式:娇里娇气　冒里冒失;A 不 BC 式:黑不溜秋　白不呲咧。

5. 形容词可以充当各种成分,主要充当谓语和定语。形容词可以充当谓语,因此常和动词合在一起称为"谓词"。但是,有一部分形容词,如"酸性"、"微型"、"超级"、"同步"、"多年生"、"无记名"等,不能直接充当谓语,是"非谓形容词"。随着现代科技的发展,这类词语会越来越多。

(四) 三大实词的运用

名词、动词、形容词,合称三大实词。它们在现代汉语词汇中占绝对多数,而且不断地丰富发展,是开放性的词类。在语言文字活动中,人们与三大实词打交道最多。因此,用"对"、用"好"它们,是极为重要的。运

用三大实词应该注意:

1. 要符合语法功能

三大实词要用得准确妥帖、合乎规范,就必须牢固掌握它们的语法特点。否则,辨认不清词性,就有可能误用。如:

＊① 不管电子通讯技术多么发展,也不能取代书信来往。

＊② 他事事替人着想,处处以身作则,说明了他有很高度的思想觉悟。

＊③ 画家田雨霖义务为学员讲座。

＊④ "黛玉葬花"是《红楼梦》中最精华的篇章。

要防止词性误用,就得学会辨认词性。给词分类,主要依据语法功能。具体区别一个词的词性时,只要抓住能区别开两类词的那一两个特点。这一两个特点仅为此类词所有而为他类词所无,因而能够有效地把两类词区别开来。如名词和谓词的区别,主要看能否接受"不"的否定。名词不能,谓词能,"不"是区别二者的"鉴定字"。同是谓词,动词和形容词又如何区别呢？看能否带宾语。一般情况下,动词能,形容词不能。能否带宾语,是区别动词和形容词的重要的语法特点。但是,并非所有动词都能带宾语。那么,遇到不能带宾语的动词时,又怎么办呢？可以看能否接受"没有"否定；动词能,如"没有游行/落户/逃荒",形容词不能,如"＊没有同样/勤恳/轻快"。表示心理活动的动词和形容词一样,可以接受程度副词的修饰,二者又如何区别呢？可以看在接受"很"的修饰之后能否再带宾语。动词能,如"很担心他的健康",形容词不能,如"＊很激动他的健康"。

各类词都有自己的特点。不仅如此,各类词的小类还会有些特殊的用法要求。如,方位名词一般不单用。单纯方位词只在成语性词组中可以单用,如"东张西望,南来北往"。复合方位词只有一部分能单用,如"以上说的是事情的经过"、"中间站着一个少年"。表示心理活动或主观感受的动词,通常要求带谓词(/非名词)性宾语,有的只能带谓词性宾语,如"希望他来"、"感到/觉得舒服"。表示"使令"、"请派"、"协同"意义的动词,通常组成兼语词组(/句)。这就要求我们不仅要熟悉大类的一般特点,还要了解小类的特殊要求,才能做到用词准确、规范。

2. 要用得准确妥帖

要准确妥帖,除了词类选用得当、词义搭配合理之外,还要注意各类词的各种变化形式和"原形"之间的功能差别和意义差别。词的各种变化形式和它的原形比较,总会有一些细微的差别。如动词的重叠形式有尝试的意思,可以引申出时间短暂的意义。形容词尤其值得注意。如ABB式的。由于BB不同,意思上就有所区别,如"冷飕飕",形容风很冷;"冷丝丝",形容有点儿冷等。而A里AB式的、A不BC式的,则多数含有厌恶、鄙视的感情色彩,如"这人流里流气的"、"这颜色红不棱登的"。对这些词语的细微差别,要善于体会、妥帖选用,让它们各得其所,合情景、合心境,才能有好的表达效果。

词语选用不当,是常见语病之一。如:

*①《克服恐韩症提高训练是关键》

*②明明白白是一个人,又似似乎乎有一个壳。

二、数词、量词

(一) 数词

数词可以再分为两小类:

基数词:表示数目的多少。零　半　一　二　两　十　百　千　万　亿

序数词:表示次序的先后。基数词中除"零、半、两"之外,都能在前面加"第"转化为序数词。

数词有如下语法特点:

1. 计量时不能直接用在名词或动词前,除非是在成语性词语中。

2. 经常与量词组合成数量词组,共同充当某一句法成分。

3. 基数词表达分数、倍数和概数时,都有较为固定的表示方法。分数用"几分之几"或"几分"、"几成"。倍数是在整数后面加"倍"。倍数只表示增加,不表示减少。概数常见的表示方法有:(1) 在数词或数词词组后面加"多"、"来"、"把"或"左右"、"上下"、"以上"、"以下"等;(2) 临近数字连用,如"二三十人",临近数字之间不能有停顿。

4. 数词"二"和"两"的使用范围有一定的分工。

(二) 量词

量词可以再分为两小类:

名量词:用作计量人或事物的单位。尺　斤　公斤　公顷　点　些　个　对

动量词:用作计量动作行为的单位。下 次 趟 回 番

量词有如下语法特点:

1. 经常同数词组合成为数量词组,与指示代词组合成为指量词组。
2. 单音节的可以重叠,重叠后表示"每一个都包括在内"。

(三) 数词和量词的运用

1. 现代汉语中表示数量增加的词有:"增加"、"增长"、"上升"、"提高"、"多"、"大"等;表示数量减少的词有:"减少"、"降低"、"少"、"小"、"低"等。这些词的后面大多可以加"了"、"为"、"到"。加"了"时,表示所增减的部分不包括底数在内;加"为"、"到"时,表示所增减的部分包括底数在内。如:

① 粮食平均亩产增加了100公斤。(不包括底数)

② 从1977年每人平均158元增加到940元。(包括底数的158元)

在表达数字时,要注意二者的区别,才能保证数量的准确无误。

2. 表示概数的词语,有的表示比说出的数字多一些,如"多"、"来"、"以上";有的表示少一些,如"以下";有的表示可多也可少,如"把"、"左右"、"上下"。要注意准确选用。下面是选用不当的例子:"这台随身听百把元以上。""把"和"以上"矛盾,应删其中之一。

3. 量词的丰富多彩是汉语的特点之一。量词的运用有区别语义和同音词的作用,如"给你一把刀→给你一刀"、"三个哥哥→三哥哥"、"一斤莲子→一挂帘子"、"一阵大雨→一条大鱼"。准确选用量词,要注意量词和名词的搭配习惯,如"治多伦一亩沙地,还北京一片蓝天"。量词选用得当,还能增加语言的形象化,如"一轮满月"、"一弯新月"、"一钩残月"。

4. 数量词组修饰名词,位置通常在前面,但是,在下述情况下,最好位置在后:① 被修饰的词语比较复杂,如"大小房间一百多间";② 量词本身比较复杂,如"每天出动飞机30架次";③ 数目比较复杂,如"消耗原材料30吨至60吨不等";④ 记账时。

三、代词

代词可以再分为三小类:

人称代词:你 我 他 你们 我们 他们 咱们 自己 人家

别人

指示代词:这 那 这儿 那儿 这时 那时 这里 那里 各 某

疑问代词:谁 什么 哪 哪儿 哪里 多会儿 多少 几 怎么样

代词有如下语法特点:

1. 一般不受别的词语修饰。人称代词可以带修饰语,如"已打定了主意的她"。

2. 人称代词有单数和不定多数的区别。

3. 代词在结构中充当句法成分时,功能与它所指代的词语相当。

4. 人称代词的主要作用是实指替代,疑问代词的主要作用是提问,指示代词的主要作用是特别指点。凡不起上述作用的用法,都是代词的活用。如:

(1) 虚指。指不确定的人、物、事、时、地、数量、状态等。如:

① 个个你看着我,我看着你,不知说什么好。

② 国际形势怎么样,国内形势怎么样,应该经常讲讲。

(2) 表示反诘或强调。不要求回答的提问,就是反诘。反诘所肯定的答案,又是强调。如:

③ 我怎么能对你说明白呢?

④ 谁不希望生活在碧海蓝天、鱼跃鸟飞的大自然中啊!

(3) 表示概括。代词含有"任何、一切"的意思,常有副词"都"、"也"配合。如:

⑤ 什么都安排停当了。

⑥ 谁都知道,北京申奥成功不是凭空得来的。

(4) 表示列举。一般只用疑问代词"什么"。如:

⑦ 什么功臣,什么劳模,什么先进,他都巴不得算一个。

⑧ 什么"新西兰",什么"孔雀东南飞",他知道奔哪儿,一点也不傻。

(5) 表示增强语势。一般只用人称代词"他"。如:

⑨ 要跳,就跳他一个痛快。
⑩ 不打他个落花流水不罢休。

在语言运用中,人称代词所指代的人是随情况的变化而变化的。因此,使用人称代词,特别是第三人称时,要做到指代明确。一般说,运用代词时,须先出现它所指代的名词性词语,语法学称为"先行词语",然后出现代词。而"先行词语"和代词应该是一一照应的,如果忽略了,就可能犯指代不明的毛病。指代不明,缺"先行词语"的比较少见,常见的是"两个先行词语共一个代词"。如:

*① "四人帮"对革命老干部十分痛恨,因为他们是捍卫毛泽东思想的铜墙铁壁,对他们搞修正主义不利。

*② 王总就坐在李总的对面,他显得有些紧张。

四、副词

副词可以再分为六小类:
表示程度:很 十分 非常 最 太 极 更 更加 比较 稍微 过于
表示情状:亲自 互相 肆意 竭力 陆续 悄悄 赶紧 恍然
表示时间、频率:立刻 正在 马上 曾经 常常 永远 渐渐 忽然 才 便 就 又 再三 顿时 暂且 仍旧 依然 一直 始终
表示范围:都 总 统统 也 仅仅 只 一共 全都 总共
表示然否:的确 必定 不 没 未 别
表示语气:难道 究竟 也许 偏偏 莫非 大概 岂

副词有如下语法特点:

1. 多数副词只修饰动词、形容词,不修饰名词。程度副词主要修饰形容词,也修饰表示心理活动的动词。

2. 多数作状语。语气副词常作句首状语。"极"、"很"可以做补语。

3. 有些副词能起关联作用。有的单用,如"就"、"也"、"都"、"又"、"再";有的成对使用,如"越……越"、"又……又"、"再……再"、"不……不";有的与连词搭配使用,如"只有……才"、"不论……都"。副词作关联词语使用时,在结构中仍充当句法成分,连词不充当成分,这是二者的区别。

五、助动词（或"能愿动词"）

助动词可以再分为三小类：
表示可能：能　能够　会　可以　可能　得
表示意愿：敢　肯　愿意
表示应该：该　应该　应　应当　要
助动词有如下语法特点：

1. 常用来修饰动词,这一点和副词相同。助动词可以做谓语,如"他会英语"、"她很愿意",这一点和副词不同。

2. 不能重叠,不能附加"了"、"着"、"过"。

3. 可以接受"不"修饰,多数可以出现在"X 不 X"格式中,如"不能不"、"不敢不"、"不该不"。这一格式往往比单用增添一点委婉或强调意味。

第二节　虚词的类别和运用

一、连词、介词、助词、语气词

连词、介词、助词、语气词都是可列举的、封闭型的词类；它们数量不多,能量却很大。汉语由于缺乏狭义的形态变化,语法关系主要依靠虚词来表示,如"父亲和母亲(联合)→父亲的母亲(偏正)"、"烤了/着白薯(动宾)→烤的白薯(偏正)"、"天亮了(陈述)→天亮了吗(疑问)"、"被人杀了(被动)→把人杀了(主动)"等,不同的虚词表达了不同的结构关系。因此,虚词是表现句法语义关系的重要语法手段之一。学习和研究汉语,不能不重视虚词的作用。这就要求我们认真把握每一类虚词的语法功能。

（一）连词

连词的语法功能是连接。运用连词要注意如下问题：

1. 不同关系的语言单位要用不同的连词来连接。如联合关系用"和"、"跟"、"同"、"与"、"及"、"以及"、"而"、"而且"、"并"、"或"、"或者"、"不但……而且"、"或者……或者"、"与其……不如",偏正关系用"然而"、"因为……所以"、"虽然……但是"、"如果"、"即使"、"除非"。

2. 不同的连词连接各种语言单位时有一定的分工。有的连接词语,有的连接分句。同是连接词语的,也还有进一步的分工。如连接名词性词语的有"和"、"跟"、"同"、"及"、"以及";连接谓词性词语的有"并"、"并且"、"而"、"而且"、"不但……而且";能连接各类词语的有"与"、"或"、"或者"。而"和"连接谓词时要有一定的条件:(1)两个动词共一个宾语,如"观察和研究大气层";(2)两个动词共一个状语,如"大力支持和帮助";(3)两个形容词共一个中心语,如"同情和关切的眼光";(4)两个形容词共一个修饰语,如"对知识分子的关怀和尊重"。

3. 连词经常配对使用,配对时有一定习惯。有的是连词与连词搭配,如"不但……而且"、"因为……所以";有的是连词与副词搭配,如"只有……才"、"如果……就"。

4. "和"、"跟"、"同"、"与"、"因为"、"为了"后面,如果出现的是名词性词语,如"和他(在一起)"、"因为你(他挨了批评)",它们是介词,"和他"、"因为你"是介词词组,这里涉及词的兼类问题。所谓"兼类"指的是,某词在某一具体环境中有甲类词的语法特点,而在另一具体环境中有乙类词的语法特点,所以,是甲、乙两类的兼类词。据此,"和"、"因为"等是兼属连词和介词的兼类词。现代汉语的词,绝大多数词是有定类的。但是,也有部分词不止有一类词的特点。不仅虚词有,实词也有。实词中常见的,如"三个代表"中的"代表",受数量词组的修饰,是名词;"代表了中国人民的根本利益"中的"代表",附加"了",带宾语,是动词。

(二) 介词

介词可以再分为六小类:

表示处所、方向:从　朝　顺着　沿(着)　到

表示时间:自　自从　当　在　于

表示状态、方式:按照　依照　以　根据　通过

表示原因、目的:由于　因(为)　为(了)

表示对象:对　对于　关于　被　把　给

表示排除:除了　除非

1. 不能单独充当句法成分。不少介词是动词意义虚化后分化而成的,这就有一个如何区分的问题。一般是依据语言环境来区分,如"在基层——在家休息",前一个"在"是动词,后一个"在"是介词。

2. 介词经常出现在名词前面组成介词词组。少数介词也能出现在一些兼有名词特点的动词前面组成介词词组,如"按照历史的发展"、"通

过锻炼"、"为团结着想"等。介词词组主要充当定语和状语。

3. 某些介词能出现在下述结构中。"坐在(了)椅子上"、"爬到(了)山顶上"、"来自北京"、"献给人民"、"走向世界"、"生于1998年"。对上述结构中的介词,一般看作与后面的名词性词语组成介词词组,充当动词的补语。有一种较新的看法则认为:"坐在"等是"介词后置"与动词组成"动补式结构",共同充当谓语或述语,它后面的词语"椅子上"等,是它的宾语。我们比较赞同后一种,即"[(坐+在)+(椅子+上)]"是动宾词组。

4. "对/对于"组成的介词词组。其中介词的宾语(简称"介宾")是动作行为涉及的客体(对象),即句子中动词意念上的宾语。如"对/对于这个问题,我们会认真处理的"。而"对/对于……来说/说来"是一个固定的格式,表示从某人、某事的角度看问题,其中的介宾是动作行为的主体,即句子中动词意念上的主语。如"对/对于中国读者来说/说来,《红楼梦》是十分熟悉的古典名著"。因而,下述用例是一个颠倒了主客的句子:"*海伦凯勒的名字对于我们中国观众十分熟悉。"应改为"海伦凯勒的名字对于我们中国观众来说十分熟悉。/对于海伦凯勒的名字我们中国观众十分熟悉。/我们中国观众十分熟悉海伦凯勒的名字。"这三个句子是同义句,选用哪一句,取决于语言环境与表达需要。

(三) 助词

助词可以再分为两小类:

结构助词:的 地 得

在口语中都念"de",只有书写时才有区别。它们附加在别的词语上,表示特定的语法意义:"的"表示它前面的词语是定语;"地"表示它前面的词语是状语;"得"表示它后面的词语是补语。

动态助词:了 着 过

表示动作行为的状态。运用时要注意两个问题:

(1) 并非所有的动词都可以附加动态助词。一般说来,表示"判断、存在"等意义的动词(除"有"字外)都不能附加动态助词。有些表示心理活动的动词有选择地附加。后一个语素是"得"的动词,有的不能附加,如"觉得"、"值得"、"使得"、"显得";有的只能附加"了",如"获得了"、"取得了"。隐含结束意义的动词一般不能附加"着",如不说"遗失着"、"丢掉着"、"死着"、"断着"、"入党着"、"出现着"、"结婚着"等。

(2)"起来、下去",动词的重叠形式,助动词,时间副词,等等,都能表示动态(或时态)。使用时要瞻前顾后,相互照应,注意避免动态冲突或重复冗余。下面是照应不周的:"我们应该继承和发扬了党的优良传统。"其中"应该"表示"未然","了"表示"完成",二者是矛盾的,应删其中之一。

(四) 语气词

语气词可以再分为四个小类:
表示陈述:的　了。出现在陈述句末尾。
表示疑问:吗　呢　吧　啊。出现在疑问句末尾。
表示祈使:吧　啊。出现在祈使句末尾。
表示感叹:啊。出现在感叹句末尾。
语气词的主要作用是附加在句子的末尾,表示全句的语气。

二、叹词

叹词可以再分为两小类:
表示呼唤应答:喂　唔　嗯
表示强烈感情:嗨　哟　哎呀
叹词在句子中的位置比较灵活,可以出现在句子的前面、中间或后面。叹词不和其他词语组合,也不充当句法成分;但是,叹词可以独立成句。叹词是兼有虚实两类词部分特点的特殊词类。

→ **思考与练习**

一、简述划分汉语词类的功能标准。
二、实词和虚词的主要区别是什么?
三、简要说明三大实词的主要区别。
四、运用三大实词要注意什么?
五、运用数词、量词应该注意什么?
六、代词活用有哪些情况?
七、给下列各词分别归类。
热爱、答案、答应、战争、作战、非常、平常、青年、年轻、坚决
八、改正下列句子中的错误,并说明理由。

➡️ **语法编**

1. 小伙子干活卖力得很,咱车间的所有人没有一个不说他劳动不积极。
2. 该车间由一个月开一炉,变为半个月开一炉,时间缩短一倍。
3. 操场在学校南边,面对着一幢小山。
4. 这个持刀抢劫的特别恶狠狠的罪犯,被警察逮捕了。
5. 我见闻了许多劳模,他们都在自己的岗位上,为国家的现代化建设而忘我的工作着。

第四章　词组的分类和运用

　　词组是比词高一级的语法单位。汉语的句法结构类型,到词组这一级已经基本完备。而由于汉语各级语法单位的构造原则有很大的一致性。因此,掌握了词组的构成、类型、功能,以及组织、运用词组时应该注意的问题,也就掌握了句法的基础。换句话说,只要学会组织和运用词组,扩展开去,组织和运用句子也就不难了。词组这一级单位很重要。
　　那么,什么是词组呢？词组是词和词按照一定方式组合起来,表示一定关系、有特定意义、能自由运用的造句单位。从广义上说,词和词的组合,都可以叫做词组。不过,有的教材把实词和实词的组合叫做"词组",实词和虚词的组合叫做"结构"。还有把"词组"叫做"短语"的。我们统一称为"词组",而"结构"则用于指称大小不一的各种组合。

第一节　词组的构成和类别

一、词组的构成

（一）组合的选择性

　　词和词构成词组不是任意的,而是有一定选择性的。比如,"动词＋名词",能组成动宾词组；"形容词＋名词",能组成偏正词组；"名词＋形容词"能组成主谓词组。这是语法的选择性。仅就语法选择性看,"吃床"、"甜书"、"花种人"似乎是合规则的。但是,它们实际上都是使用汉语的人在一般情况下不会认可的结构。这是因为它们的组成成分语义不搭配,违背了逻辑,也就是缺乏词汇选择性。而"吃饭"、"甜饼"、"人种花",之所以是词组,是因为它们不仅符合语法选择性,而且,也符合词汇选择性,是符合汉语结构规律的语言单位。

（二）组合的方式

　　两个或几个互相具有选择性的词,它们组成词组时,需要借助一定的方式。

1. 借助语序组合

相同的词,借助语序,可以组成不同的结构。如"鸟飞(主谓)——飞鸟(偏正)"、"我看(主谓)——看我(动宾)"。由此可见,语序变更会引起某些变化:

(1) 引起词义变化的,是语义的语序。如"你看我——我看你","你"、"我"语序变更后,语义起了变化,"施事"和"受事"互换了。但是,整个词组的语法关系没变,还是主谓词组。

(2) 只添加了某种附加色彩的,是语用的语序。如"不愿做奴隶的人们起来——起来,不愿做奴隶的人们",语序变更了,谓语提到主语前面,但是结构关系没有变,基本语义没有变,只是语气增强了,语言富有感情色彩了。

(3) 改变了语法关系的,是语法的语序。如"来客人了(动宾)——客人来了(主谓)",语法关系改变了,基本语义不变;"商品生产(偏正)——生产商品(动宾)",语法关系改变了,语义也跟着改变。

上述三种语序变更,只有语法的语序,才能构成不同结构关系的词组,才是一种语法手段。它适用于语法的各级单位,特别是语素组合成为复合词时,主要借助语法语序。

2. 借助虚词组合

语素不能借助虚词构成词,词却经常借助虚词构成词组。不同的虚词表达了不同的语法关系,构成不同的句法结构,因此,虚词是汉语重要的语法手段之一。如"小张和弟弟(联合)——小张的弟弟(偏正)"、"读了书(动宾)——读的书(偏正)"。

二、词组的类别

词组可以按照不同的标准分类:(1) 按照组合的临时性或永久性,可以分为自由词组和固定词组。自由词组是词与词的临时组合,固定词组包括专名、惯用语、成语、歇后语、谚语、格言。(2) 按照组合的结构关系和层次的单一或繁复,可以分为简单词组和复杂词组。只有一个关系、一个层次的,是简单词组;有两个或多个关系、层次的,是复杂词组。如"[(大力+开发)+(西部+地区)]"。一般讲词组的类别,重点是讲自由组合的简单词组的结构类型。因为复杂词组是通过简单词组的连用或套接,层层扩展而成的。掌握了简单词组的类型及其功能,复杂词组的组织和运用也就容易了。

（一）词组的结构类型

按照简单词组的内部结构关系分类，常见的有14类：

1. 偏正词组

由两部分组成，前后两个部分有修饰与被修饰的关系。被修饰的部分为中心语，修饰的部分为修饰语。如：

　　伟大祖国　美丽的花朵　群众的支持　春天的到来　（名词性的，修饰语为"定语"）

　　经常发生　十分高兴　紧张地劳动　万分地可怕　（谓词性的，修饰语为"状语"）

2. 动宾词组

由两部分组成，前后两部分有支配与被支配关系。支配部分一般由动词充当，被支配部分叫做"宾语"。如：

　　讨论问题　来了客人　是博士生　绿化祖国　成为学者　买三斤　浪费三小时　值得肯定　感到陌生　主张改革　批准执行　善于学习　予以表扬

3. 述补词组

由两部分组成，前后部分有补充、说明关系。前面部分叫做述语，由动词或形容词充当；后面部分补充、说明前一部分，叫做补语。如：

　　听清楚　洗干净　走一趟　干得好　睡熟　喝醉　（述语为动词）

　　高兴得太早　低两公分　好得很　顽固极了　（述语是形容词）

4. 主谓词组

由两部分组成，前后两部分有陈述和被陈述、或述题和话题的关系。被陈述或话题部分为主语，陈述或述题部分为谓语。如：

　　大家讨论　意志坚强　王群老实　学习重要　他是学生　北京有个天安门　小李在家　他姓田　老王盼望儿子回家　王教授甘心当人梯　（前一部分是被陈述对象）

　　明天下雨　今天国庆节　湖南发生水灾　他跌断了锁骨　（前

一部分是话题)

5. 联合词组

由两个或多个部分组成,并列的各个部分一般要求词性相同或结构相同。如:

改革开放　街头巷尾　城镇乡村　唱歌跳舞　工业和农业　北京或上海

积极而热情　起草、讨论并通过　又聪明又美丽　从东北到西南

6. 同位词组

由两部分组成,前后两部分迭用,指称相同的人或事物、现象。如:

你们俩　台风森拉克　瓷都景德镇　核电这种绿色环保新能源

7. 连动词组

两个以上的动词连用,互相间没有偏正、动宾、述补、主谓、联合等关系。如:

站在路灯下看书　推门出去
(李冠清)舍身抢救战士荣立一等功

8. 兼语词组

一个动宾词组和一个主谓词组套用,动宾词组中的宾语同时是主谓词组中的主语。如:

让环保远离"作秀"　追认赖宁为烈士
(数码科技)使音像更形象、更逼真

9. 数量词组

由数词和量词组合而成。如:

一双　一本　一遍　两趟

10. 方位词组

一般名词、含义抽象的动词、某些词语,加上方位词,可以组成方位词组。如:

图书馆南面　长江以北　北平解放以后　五讲四美运动中　志

愿者队伍里

11. "的"字词组
"的"附加在词语后面可以组成"的"字词组,有替代名词的作用。如:

　　红的　吃的　走私的　买大碗茶的　受过高等教育的出过国留过洋的

12. 介词词组
介词和它后面的词语组成介词词组。介词后面的词语一般叫做"介宾"。如:

　　在屋里　为了生活　对于我们　关于环保问题　把汽车(买来)　被警察(罚了款)

有些固定格式,可以看作特殊的介词词组。如"从……看来(来说)"、"为……起见"、"从……出发"、"同……一起(一道)"等。

13. "所"字词组
"所"附加在词语前面组成"所"字词组,有替代名词的作用。如:

　　所说　所关心　所耗费　所感兴趣　所见所闻　所最珍惜

14. 比况词组
"似的(地)"、"一般"、"一样"附加在词语后面组成的词组,具有描写性。如:

　　鲜花似的　箭出弦一样　火焰般　铁塔似的　如数家珍似地　丢了魂似的

(二) 词组的功能类型

根据句法功能,词组可以分为三类:

1. 名词性词组。包括名词性偏正词组、由名词性词语组成的联合词组、同位词组、方位词组、"的"字词组、"所"字词组、表示名量的数量词组。名词性词组主要充当主语和宾语,充当其他句法成分时,一般需要借助一定的虚词。

2. 谓词性词组。包括谓词性偏正词组、由非名词性词语组成的联合词组、动宾词组、述补词组、一部分主谓词组、连动词组、兼语词组、表示动量的数量词组。非名词性词组主要充当谓语,充当其他句法成分时,有一定条件。

3. 修饰性词组。包括数量词组、介词词组、比况词组、一部分主谓词组、某些固定格式。修饰性词组主要充当定语和状语,也可有条件地充当别的句法成分。

和词的情况一样,词组也有兼类问题,如数量词组、主谓词组,都兼属两类。

第二节　词组的多义和歧义

多义现象的分析在语言研究中具有重要意义,因为它往往能引导我们发现语言结构上的区别。而在运用中,无论是人际交流还是人机对话,多义现象常会造成歧义,影响表达和理解。因而,也是值得注意和急需解决的问题。

多义现象指词形相同、语序也相同的词组,实际上却包含有不止一个结构关系和语义。如"热爱｜人民的总理"或"热爱人民的｜总理"。

一、多义词组类型举例

多义词组形成的原因有种种。下面列举的,不包括一定语境下产生的"言外之意"。

（一）多义词引起的。如：

① 他走了一个小时。

"走"有"行走"和"离开"两个意思。因此,①可以理解为"他在路上行走了一个小时"或"他离开这里已有一个小时"。

② 我借他一本书。

"借"可以表示"借入",也可以表示"借出"。因此②可以理解为"我借给他一本书"或"我向他借一本书"。

（二）组合次序不同引起的。如：

(1) ① 咬死了｜猎人的狗(动宾)

② 咬死了猎人的｜狗(偏正)

(2) ① 关于｜教学方法问题的讨论(介宾)

② 关于教学方法问题的｜讨论(偏正)
　(3) ① 江苏｜和浙江的部分地区(联合)
　　　② 江苏和浙江的｜部分地区(偏正)
　(4) ① 我们｜三个人一组(同位)
　　　② 我们三个人｜一组(同位)

(三) 结构关系不同引起的。如：

　　学习文件　修订方案　翻译文章　炒栗子　熬白菜　炖鸡块

以上词组既可以是动宾词组，又可以是偏正词组。

(四) 语法意义不同引起的。如：

　　① 这孩子连他妈妈也不认识。
　　② 这个人谁都瞧不起。

例①中的"这孩子"，例②中的"这个人"，都既可以是"施事"，也可以是"受事"。

(五) 轻重音不同引起的。如：

　(1) ① 拿了五块钱出来("出来"读重音时，是连动词组)
　　　② 拿了五块钱出来("出来"读轻音时，是述补词组)
　(2) ① 想起来("起来"读重音时，是动宾词组；"起来"作"起床"意思理解)
　　　② 想起来("起来"读轻音时，是述补词组)

(六) 修饰关系不同引起。如：

　(1) ① [(一个+工人的)+建议]
　　　② [一个+(工人的+建议)]
　(2) ① [(新式+羽绒服的)+扣子]
　　　② [新式+(羽绒服的+扣子)]

二、歧义现象的排除方法

　　通常，多义词组进入一定的语境(上下文或客观环境)之后，由于语境的制约，一般都只表示一种意思。如"咬死了猎人的狗"进入一定的上下文，语义也能单一化："老虎咬死了猎人的狗。疯狗，咬死了猎人的狗，快抓住它!"

可见,对于多义词组来说,句子、句群,甚至篇章,都是制约它的意义选择的有效语境。因此,在语言运用中,多义会自动分化为单一。但是,也不排斥有些多义现象在实际运用中,仍然存在,如"我要学习文件。厂长采纳了一个工人的建议。"在一定语境中仍然存在多义,就是歧义现象。歧义现象影响信息的准确传递,有时还会带来误解或曲解。这就需要寻找产生多义的原因,以便在运用中采取一定措施,消除歧义,使语言表达明白晓畅。常见的消除歧义的方法有:

(一)添加虚词。如:

学习文件→学习了文件→学习的文件

(二)添加修饰语。如:

咬死了猎人的狗→咬死了猎人驯养的狗→一只咬死了猎人的疯狗

(三)变更语序。如:

一个工人的建议→工人的一个建议

咬死了猎人的狗→狗咬死了猎人

(四)利用量词区别。如:

一个工人的建议→一位工人的建议→一项工人的建议

(五)改用别的说法。如:

拿了五块钱出来→拿了五块钱出门来→拿出五块钱来→拿出来五块钱

咬死了猎人的狗→猎人的狗被咬死了→狗把猎人咬死了

第三节 复杂词组和层次分析

词组并不都是一个层次的、简单的,在实际运用中,复杂词组更常见。如:

一、词组复杂化的途径

词组复杂化的途径主要有三:

（三个关系、三个层次）

（一）扩展

词组的组成成分增添修饰语，就是扩展。扩展后的复杂词组，其结构关系同原先的简单词组基本一样。扩展有单项和多项的两种：

1. 单项扩展。如"语文教师→有20年教龄的语文教师→有20年教龄的经验丰富的语文教师→有20年教龄的经验丰富深受学生欢迎的语文教师"。

2. 多项扩展。如"鸟飞→小鸟扑棱一声飞了→林中的小鸟扑棱一声越过树梢飞上天空→松树林中的小鸟扑棱一声越过树梢飞上蓝盈盈的天空"。

（二）延伸

联合词组内部成分增添，就是延伸。延伸有单层次和多层次的两种：

1. 单层次延伸。如"广播、电视、电影"、"北京、天津、南京、上海、杭州"。

2. 多层次延伸。如"广播、电视和报纸、杂志"、"大宗的、小宗的，家生的、野生的，植物的、动物的"。

（三）套接

两个或两个以上简单词组套用或连接在一起可以组成复杂词组，其结构关系往往不同于原先的简单词组。如：

让人＋人高兴→让人高兴（动宾＋主谓→兼语）

请他＋他来＋他作报告→请他来作报告[（动宾＋主谓）＋主谓→兼语连动连接]

（他）上街＋（他）买菜→（他）上街买菜（动宾＋动宾→连动）

（他）踢足球＋（他）踢得满头大汗→（他）踢足球踢得满头大汗（动宾＋述补→动宾述补连接）

与简单词组相比较,复杂词组不仅结构层次和结构关系增多了,而且语义也丰富严密多了。因此,只要赋予它们以成句的条件(一定的语气、动态、时间等等),立即可以转化为句子。语法单位到词组这一级,还只是静态的备用的单位,必须到了句子这一级,才是动态的表达单位。通常,由复杂词组转化为句子的情况最常见,而复杂词组充当句法成分,则是复杂单句形成的主要原因。所以,正确组织和运用词组,就更为重要了。

二、复杂词组的层次分析

词组的结构分析,重点是复杂词组的层次分析。一般采用层次分析法(也叫做"直接成分分析法"或"二分法")。提倡层次分析法的语言学家们认为,作为一个结构系统的语言,它的任何一个单位的组成都是有层次性的。因此,分析语言单位就应该遵循一定的层次,由大到小逐层切分,先分出最大片断,然后再循序切分出越来越小的片断。或者由小到大逐层组合,先找到最小的片断,然后再循序组合出越来越大的片断。如:

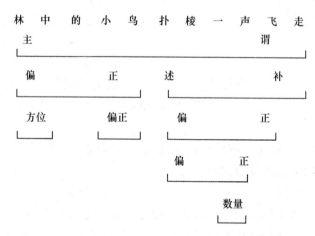

这是由大到小逐层切分的。也可以反过来,由小到大逐层组合。如:

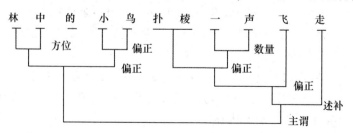

运用层次分析法切分复杂词组要注意：

1. 句法和语义是紧密联系的,因此,要求切分出来的片断不仅语法上是一个句法成分,而且语义上也是合乎逻辑事理的。

2. 虚词除可以同实词或词组组成结构共同充当一个句法成分的,如"的('的'字词组)、所、似的",以及介词之外,一律不作成切分。

3. 每次切分,通常是二分,也可以三分或多分。三分的,如兼语词组,带双宾语的动宾词组。多分的,如三个以上成分组成的联合词组、连动词组等。

4. 动词前有状语,后有宾语或补语,或宾语和补语都有的三合、四合词组,切分时,第一层切分在哪儿,要考虑结构关系的松紧和语义是否合乎逻辑事理。如"扑棱一声‖飞｜走"、"努力｜攻克‖科学堡垒"、"努力｜学‖｜好‖英语"。

思考与练习

一、什么是词组？
二、按照结构关系分类,词组有哪些类型？
三、什么是多义词组？它们是怎么产生的？
四、什么是歧义现象？怎样消除歧义现象？
五、词组复杂化的途径主要有哪些？
六、运用层次分析法切分复杂词组要注意哪些方面？
七、说出下列词组的结构类型。

伟大祖国(　　　)　　　善于学习(　　　)

干得好(　　　)　　　今天下雨(　　　)

理想与现实(　　　)　　　首都北京(　　　)

摔门出去(　　　)　　　让低碳远离"作秀"(　　　)

两把(　　　)　　　黄河以北(　　　)

读过书的(　　　)　　　在教室里(　　　)

所花费(　　　)　　　烈焰般(　　　)

八、把下述并列的两项词语,改为结构相同的词组。

1. 面目清秀,颇有风度。
2. 站在中国,心向世界。

3. 火光映红了石壁,悬崖都被血水染红了。
4. 力量的竞争,比赛机智。

九、运用层次分析法分析下列复杂词组。

1. 打捞起来一条船
2. 我们的前途无限光明
3. 学会全面地看问题

十、把下述多义词组分化为单义。

1. 找到了孩子的父亲
2. 漂亮的姑娘的上衣
3. 几个学校的老师
4. 烧带鱼

第五章　句子的分类和运用(上)

句子是比词高一级的语法单位。它由词或词组构成,能表达相对完整的意思,有特定的统一全句的语调,句末有较长的自然停顿。如:

我国生态环境恶化的问题引起了国家领导人的高度重视。

这是一个由主谓词组构成的句子。它表达了一个相对完整的意思,全句是陈述语气,语调平直而后稍降,句末有较长的停顿,书面上表现为句号"。"。可见,句子是能传递相对完整意思的表达单位。所以,人们交流思想、交换信息,最小的基本单位是句子。

词和词组都可以构成句子,比较常见的是主谓词组和非名词性词组构成的句子。对于一个句子来说,语气语调具有不可或缺的作用。一个词或词组,只要用特定的语气语调说出来,通常就是一个句子。因此,根据有没有特定的语气语调这一条,可以区分句子和非句子。下面的词和词组都有特定的语气语调且都已投入使用,是在交际活动中有所指称的句子:

哎哟!　水!　好!　春天。　什么?　射门!
刮沙尘暴了。　说得好!　2002年。　在四合院里。
香港回归了。　你来吗?　流水汤汤的延河。

在口头上,句子终了的语调由语音的高低升降来表达;在书面上,则用句号、问号、叹号来代表。一般是:陈述句,语调平稳略降,句末用句号"。"代表;疑问句,语调平稳上扬,句末用问号"?"代表;祈使句,语调逐步下降,句末根据语气强弱,分别选用叹号或句号,如"拿走你的钱!(强)拿走你的钱吧。(弱)";感叹句,语调或下降,或上升,或平直,或曲折,甚至于两种语调连用。一个具体的感叹句用什么语调,决定于它所抒发的感情。在书面上则根据不同的语调分别选用句号、叹号,或连用问号和叹号,或重复运用叹号,如:"我赞美白杨树。"(赞叹钦佩)"多么幸福啊!"(信心十足)"什么老革命?军阀作风!"(不满愤慨)"什么?!荒妹大吃一惊。"(惊恐意外)"我的千军万马就要去杀敌!就要去拼命!就要去流

> 语法编

血!!"(激情澎湃)

第一节 句子的类型

句子可以根据不同的标准分类:

一、句类、句型、句式

"句类"、"句型"、"句式",是三个既相关联又相区别的不同概念。按语气类型区分的句子,如陈述句、疑问句、祈使句、感叹句,称为"句类";按结构类型区分的句子,如单句、复句,主谓句、非主谓句以及它们的再分类称为"句型"。"句式"则指某些具有特殊格式的句子,如"把"字句、"被"字句、兼语句、连动句、双宾语句、主谓宾语句、肯定句、否定句、变式句(相对于"常式句"),等等。

一个具体的句子,一般都可以从这三方面进行描写。如:"这些报道或多或少都把网络'妖魔化'了。"这个句子,从"句类"上看,是陈述句;从"句型"上看,是单句·主谓句·动词谓语句;从"句式"上看,是"把"字句。

二、基本句型

基本句型是依据句子结构的状况确定的。遇到一个句子,先看它是单句还是复句。如果是单句,再看它是主谓句还是非主谓句;如果是复句,再看它是一般复句、多重复句还是紧缩句。再往下,如果是主谓句,还要看它是完全句还是省略句;如果是非完全句,还要看它是独词句、无主句还是无谓句。由于单句可以充当复句的分句,因此,确定句型,重点在单句。单句的基本句型是主谓句和非主谓句以及它们的再分类。

(一) 主谓句

主谓句一般包括主语和谓语两个部分。两个部分都出现的,称为完全主谓句;不都出现的,称为不完全主谓句或省略句。完全主谓句根据谓语的性质可以再区分为名词性谓语句、动词性谓语句、形容词性谓语句和主谓谓语句,它们是下位句型,也有人称为"句式"。完全主谓句是句子分析的重点,后面的章节主要讨论完全主谓句。这里则简介省略句。

人们说话或写文章,并非每个句子都要主语、谓语齐备。只要有条

件,常常会省略其中之一或它们的相关成分。如:

焦小玉操起一条毛巾,(她)(用毛巾)擦干汗水和泪水,(她)拿起电话拨号:"(你是)党校吗?我要(/找)方浩同志。"

(注:符号"( )"表示省略部分。)

这里的省略,由于有一定上下文做条件,因而显得经济简练。

省略句中省略的部分,常见的是主语,有时候是谓语,也可以是其他句法成分。省略是有条件的,或一定上下文中承上、蒙下省略,或自述省略"我",或对话中省略重复部分和共享知识。因为,省略是有条件的,省略的成分也比较确定,所以,一般都可以把它们补写出来。只是,一补出来,语言就显得啰唆了。这一点不同于非主谓句。

(二)非主谓句

非主谓句是不能分析出主语、谓语的句子。非主谓句还可以区分为三个小类:

1. 独词句。由一个词构成的句子。如:"信呢?""口令!""哼!""难啊!""老张!"

2. 无主句。从理论上说,主语和谓语是相互对应的一对成分。无主语也就无谓语,反之亦然。但是,大家都已习惯于用"无主句"指称由非名词性词组构成的句子,我们也就随俗了。"无主句"是根本不需要说出或不可能准确补出主语来的句子。如:"漏水了。""振兴中华!""留得青山在,不怕没柴烧。""禁止吸烟。"

3. 无谓句。和无主句相对应,由名词性词组构成的句子就叫做"无谓句"。如:"这么多苹果!""哭泣的骆驼。""多嘴丫头!""一斤白糖。""第二天中午。""林荫道十字路口。"

非主谓句在小说、各种剧作以及电视片的文字说明(解说词、字幕)中使用较多。它们有特定的表达作用。如名词性非主谓句可以感叹抒情、呼唤应答、交代时空、提出要求和经济简练地说明景别(画面)的急速转换。谓词性非主谓句则言简意赅地叙述自然现象、生活情景、阅历体验,或表示命令禁止、存现消失。

第二节 单句的成分及其运用

典型的单句是完全主谓句。对它进行句法分析,可以得到句子成分、

→ 语法编

句法成分。此外,还有特殊成分。

一、句子成分——主语和谓语

处在句子的前半部分,作为被陈述对象或话题,回答"谁"、"什么"等问题的词语,叫做主语;处在句子的后半部分,用来陈述、说明主语或充当述题,回答"怎么样"、"是谁"、"是什么"等问题的词语,叫做谓语。如:

① 老定‖半天没吭声。
② 开车的汽笛‖响了。
③ 北京‖有个亚运村。
④ 老王,‖我刚才还见到过。
(注:符号"‖"表示前面是主语,后面是谓语。)

①、②的主语是被陈述对象,谓语是陈述主语的。③、④的主语是话题,即"句子叙述的起点";谓语是述题。

(一) 什么可以做主语、谓语

1. 主语

名词性词语充当主语是最常见的。
谓词性词语也能充当主语,但有一定条件。如:

① 讨论讨论‖很有必要。(动词)
② 做起来‖很难。(述补词组)
③ 学习理论‖很重要。(动宾词组)
④ 派谁去办交涉‖最好。(兼语词组)
⑤ 根治黄河和开发黄河,‖自古以来就是中国人民的梦想。(联合词组)
⑥ 赴延边为兄弟民族演出‖是我的荣幸。(连动词组)
⑦ 不诚实‖不好。(偏正词组)
⑧ 虚心‖使人进步。(形容词)
⑨ 谁向我们指出‖都行。(主谓词组)
⑩ 你这么乱说一气‖,让人不放心。(主谓词组)

从上述例句中可以看出,谓词性词语做主语时,谓语通常属于下面几种情况:

(1) 表示描写的。一般由形容词性词语充当,如:②、③、④、⑦、⑨。

（2）表示判断的。一般由动词"是"和它的宾语组成的动宾词组充当,如:⑤、⑥。

（3）表示评议的。一般由动词"有"和它的宾语组成的动宾词组充当,也可以是兼语词组,如:⑦、⑧、⑩。

2. 谓语

谓语的组成情况,是区分主谓句下位句型的依据。可以充当谓语的词语如下:

（1）名词性词语做谓语,构成名词谓语句。一般是短句,口语中运用比较多。如:

① 今天‖中秋节。(名词)
② 明天‖晴天。(名词)
③ 王力‖广西博白人。(偏正词组)
④ 那孩子‖圆圆的脸庞。(偏正词组)
⑤ 这个人‖热心肠。(偏正词组)
⑥ 这姑娘‖今年十八了。(数词)
⑦ 五元‖一斤。(数量词组)
⑧ 这些书‖图书馆的。("的"字词组)

名词性词语做谓语是有条件的。名词谓语句,主语常同"人"、"时令"有关,谓语则说明与主语相关的日子、天气、籍贯、领域或某种属性、特征,如①、②、③、④、⑤、⑧。数词做谓语通常是说明年龄、而且必须是两位数的,如⑥。数量词组做谓语时,主语常是数量词组,如⑦。名词性谓语的主要作用是说明或判断主语,如①、②、③、⑥、⑦、⑧;有时也用来描写主语,如④、⑤。

（2）动词性词语做谓语,构成动词谓语句。动词性词语做谓语是无条件的。如:

① 邹麦秋‖提着一盏小灯笼。
② 他们‖又说又笑。
③ 提线木偶戏‖是流行于福建省南部的一种古老剧种。
④ 淡水养鱼‖很有前途。

动词性谓语的作用是叙述,如①;也用来描述、判断或说明主语,如②、③、④。

> 语法编

(3) 形容词性词语做谓语,构成形容词谓语句。除非谓形容词、象声词之外,一般形容词做谓语也是无条件的。指代形容词的代词也可以做谓语。如:

① 农民‖富裕了。
② 村里‖静悄悄的。
③ 四凤‖比我的孩子大。
④ 最近身体‖怎么样?

形容词的生动形式做谓语时,一般后面要加"的",如②。形容词性谓语的作用主要是描写,如①、②;有时也用于叙述,如③。

(4) 主谓词组做谓语,构成主谓谓语句。通常把主谓谓语中的主语叫做"小主语",把谓语叫做"小谓语"。主谓谓语句主要的有三种,它们都有相对应的一般主谓句。

第一种,小谓语是及物动词,但不带宾语;主语是受事,是小谓语意念(或"逻辑")上的宾语。如:

① 这样的事情‖谁肯干。——谁‖肯干这样的事情。
② 冀厂长这种干部‖我们信不过。——我们‖信不过冀厂长这样的干部。

第二种,小主语和小谓语有从属关系。如:

③ 许茂老汉‖脾气古怪。——许茂老汉的脾气‖古怪。
④ 她‖身材苗条。——她的‖身材苗条。

第三种,小谓语带有宾语;全句的主语可以加上介词"关于、对于",或"在……上"组成介词词组。如:

⑤ 这件事‖他很有意见。——关于这件事‖他很有意见。
⑥ 教学管理工作‖他有丰富的经验。——在教学管理工作上‖他有丰富的经验。

主谓谓语句和一般主谓句的对应表明它们是同义句式,可以相互转换,可以根据表达重点或上下文的需要进行选择,使语言交际更加得体。

主谓谓语的主要作用是对主语进行说明、判断或评议。也可以兼有描写,如③④。

(二) 主语和谓语的语义关系

动词谓语句的谓语,它的主要作用是从动作、行为或发展变化过程方面陈述主语。动作、行为,一般总得有发出者、接受者,或系属于某种事物。因此,在主语和谓语动词之间,就会有施事与动作行为、受事与动作行为或系事与动作行为的关系。

1. 施事与动作行为

主语是谓语动词所表示的动作行为的发出者,谓语动词表明主语发出的动作行为。这类句子称为"主动句"。主动句的主语是"施事"。"把"字句中的"处置式",其主语一般是施事,属于主动句。如:

① 梁三喜‖看看我。
② 徐进亭‖从烟盒里抽出一支烟。
③ 中国女排‖把日本女排打败了。

2. 受事与动作行为

主语是谓语动词所表示的动作行为涉及的对象,谓语动词表明主语所接受的动作行为。这类句子称为"被动句"。典型的被动句是"'被'字句"。被动句的主语是"受事"。如:

① 四化的目标‖中央已经确立。
② 全局‖都要被它拖垮了。

3. 系事与动作行为

有些主语是"施事"还是"受事",不好确定。有的教材称为"非施受"主语或"关系主语",我们称为"系事"主语。所谓"系",指某个动作行为系属于某人或某物。如:

① 前面‖来了一个人。
② 房顶‖塌了。
③ 她‖是无锡周公馆梅妈妈的女儿。
④ 她‖有两个妹妹。
⑤ 那时候我‖还在无锡呢。
⑥ 我‖姓鲁。

(三) 主语和谓语的运用

组织主谓句,要注意主语和谓语的合理搭配,做到准确恰当、不缺不

滥。主语和谓语配合不当的情况,常见的有:

1. 主语或谓语残缺

没有一定的语境条件,主语和谓语一般不能任意省略。否则,可能造成残缺的语病。如:

*① 中国人民解放军这个大学校,提高了我们的水平,在革命化的道路上,又迈出了一大步。

*② 庭院破砖碎瓦,杂草丛生。

滥用或误用介词,也能造成主语或谓语的残缺。如:

*③ 通过学习"三个代表"的讲话,使他大大增强了为人民服务的意识。

*④ 有了水肥,有了良种,如果还按照过去宽行大垄的种植方法,增产的潜力也是不大的。

2. 主语或谓语冗余

残缺不好,多余也不好。冗余的主要原因是照应不周,或语言啰唆。如:

*① 有一天,门市部在出售50斤小白米虾时,营业员从中拣掉90多条小河豚鱼,避免了中毒事故的发生。

*② 父亲在穷困的环境中好不容易拉扯养大了他。

3. 主语与谓语搭配不当

任何两个语法单位的组合都要受选择性的制约。通常,语法选择性体现为词性搭配,特别是小类的特殊要求上。而词汇选择性则体现为语义搭配。如果组合的两个单位缺乏选择性,就会出现搭配不当。如:

*① 中国景德镇瓷器将永远受到中外顾客的爱戴和崇敬。

*② 由于栖息地遭到破坏,亚洲象的处境特别严重。

二、句法成分

当我们把一个完全主谓句切分为主语和谓语两个部分之后,如果主语和谓语都是由词组充当的,那么,只要继续切分下去,就会得到述语、宾语、补语、中心语、定语、状语等句法成分。这些是构成词组的成分,是句法分析的成果。

(一) 述语和宾语、补语

当谓语由动宾词组或述补词组充当时,如果对它作进一步切分,就能得到述语和宾语,述语和补语。述语通常由动词和形容词充当。动词后面的词语,可能是宾语,也可能是补语;形容词后面的词语,一般是补语。宾语和补语都处于述语之后,但它们的情况不同。

宾语只能出现在由动词充当的述语之后,接受动词的支配,主要表示动作行为的对象,也可以表示产生动作行为的有关因素;回答"谁"、"什么"、"怎么样"的问题。如:

① 我的日本朋友‖告诉我,樱花一共有三百多种。
② 旷野上,现在‖显得异常寂静。
(注:符号"__"表示述语,"﹏﹏"表示宾语。)

例①的名词性近宾语"我"回答"谁",谓词性远宾语"樱花一共有三百多种"回答"什么"。

例②的谓词性宾语"异常寂静"回答"怎么样"。

补语既可以出现在由动词充当的述语之后,也可以出现在由形容词充当的述语之后。它主要用来补充述语,说明动作行为的结果,动作行为延续的时间、出现的次数,性状的程度以及与述语有关的其他因素,等等;回答"多久"、"怎么样"、"多少"的问题。如:

③ 他‖睡了〈半天〉了。(述语是动词)
④ 大家‖都兴奋得〈睡不着觉〉。(述语是形容词)
⑤ 她‖看了艾艾〈一眼〉。(述语是动词)
(注:符号"〈 〉"表示补语。)

例③的补语"半天"回答"多久"。例④的补语"睡不着觉"回答"怎么样"。例⑤的补语回答"多少"。

1. 什么可以做宾语

宾语出现与否,决定于动词的性质。一般认为,可以带宾语的动词是及物动词(或"他动词"),不能带宾语的是不及物动词(或"自动词")。宾语由什么词语充当,也决定于动词的选择性。现代汉语的动词,多数只带名词性宾语,少数只带谓词性宾语,有些两种宾语都可带;多数动词只带一个宾语,少数动词可以带两个宾语。

(1) 名词性宾语。名词性词语充当宾语是无条件的。

(2) 谓词性宾语。如：

① 我们‖停止前进。（动词）
② 她‖喜欢安静。（形容词）
③ 你‖觉得怎么样？（代词）
④ 小王‖学习开汽车。（动宾词组）
⑤ 她‖感到舒服极了。（述补词组）
⑥ 这时最理想的‖是骑马上天山。（连动词组）
⑦ 他‖在矿山的时候，就听见有人讲述厂长的一些情况。（兼语词组）
⑧ 肖队长‖觉得他的话有点奇怪。（主谓词组）
⑨ 他的建议‖得到支持和响应。（联合词组）
⑩ 他‖知道这件事谁也帮不了他。（主谓词组）

从上述例句中可以看出：有些表示动作行为始终的动词，如①；表示心理活动、主观感受的动词，如②、③、⑨、⑩；表示判断的"是"，如⑥；表示存在的"有"，如⑦。它们既带名词性宾语，也可带谓词性宾语。有些动词则只能带谓词性宾语，如⑤的"感到"、⑧的"觉得"；这类动词还有：

值得　显得　主张　禁止　严加　予以　加以　渴望　希望
甘心　疑心　存心　担心　立志　后悔　肯于　敢于　甘于　勇于
受到　遭受　给以　以为……

(3) 双宾语。少量动词可以带两个宾语，组成"双宾语句"。双宾语中，紧挨着动词的，是"近宾语"，一般指称人；远着点的，是"远宾语"，一般指称事物或现象。这些动词，常见的有：

给　送　赔　输　教　交　还　赚　赢　问　借　欠　告诉
请教　通知……

此外，后一个语素是"给"的动词（或述补词组）做谓语时，有些也常带双宾语。

通常，两个宾语都是名词性的，也有近宾语是名词性而远宾语是谓词性的。

双宾语句的实例如下：

① 伯文‖送我两本书。（均为名词性）

② 刘三姐‖教村里人唱山歌。("近"为名词性,"远"为谓词性)

③ 弹药手‖赶忙又递给他两发炮弹。(均为名词性)

2. 什么可以做补语

做补语的词语,有的不必借助结构助词"得",有的一定要借助"得"。

(1) 不必借助"得"的补语。如:

① 脚步‖不由自主地放〈慢〉了。(形容词)

② 衣服‖洗〈干净〉了。(形容词)

③ 中国人民‖站〈起来〉了。(趋向动词)

④ 这建议‖好〈极〉了。(副词)

⑤ 钟‖敲了〈两下〉。(动量词组)

⑥ 他‖整整躺了〈三天〉。(时量词组)

有些单音节动词,如"完"、"到"、"住"、"懂"、"死"、"见"、"成"、"饱"等,可以直接做补语。如:

⑦ 吃〈饱〉了一家不饥,锁〈住〉门不怕饿〈死〉小板凳。

上述补语,有的前面可以有"得"字,但是,有没有"得",表示的语义不一样。如:

⑧ 你听得〈懂〉?(表示可能)→我听〈懂〉了。(表示结果)

(2) 必须借助"得"的补语。如:

① 衣服‖洗得〈干干净净〉。(形容词重叠形式)

② ‖冷得〈发抖〉。(动词)

③ ‖热得〈很〉。(副词)

④ 工作‖做得〈怎么样〉?(代词)

⑤ 花儿‖开得〈更艳丽〉了。(偏正词组)

⑥ 玉米‖长得〈又高又壮〉。(联合词组)

⑦ 她‖羞得〈想钻地洞〉。(动宾词组)

⑧ ‖走得〈热汗淋漓〉。(主谓词组)

⑨ 事情‖办得〈叫人高兴〉。(兼语词组)

⑩ 他‖痛快得〈高声喊叫起来〉。(述补词组)

3. 述语和宾语、补语的语义关系

(1) 动词和宾语的语义关系。

动宾的语义关系比较复杂。这是因为：一方面，动词不都是表示看得见的动作行为；另一方面，宾语也不都是表示动作行为支配的人或具体事物。因此，在动宾语义关系的分类上，见仁见智，难以统一。这里把种种宾语的细类大致概括在三大类内：

A. 受事宾语。宾语是动作行为的对象或所涉及的事物。如：

① 我们‖赶紧收拾好鱼具。(对象宾语,典型的受事)
② 她‖终于挖了一个土坑。(结果)
③ 盐场‖在深深的山谷中。(处所)
④ 亲友们‖吃一个火锅,三个海碗。(工具)
⑤ 他‖在房屋装修队打短工。(方式)

B. 系事宾语。宾语是动作行为所系属的事物,或者宾语是施事还是受事很难确定,或者宾语是说明或判断主语的。如：

① 油菜花上‖飞着一群蜜蜂。(系事,或"施事宾语")
② 前面‖突然出现一艘军舰。(存现)
③ 这间屋子‖能住六个人。(供给)
④ 我家门前‖有棵老槐树。(存现)
⑤ 我‖也算万元户？(判断)
⑥ 姚大婶‖瞎了一只眼。(遭受)
⑦ 他‖很满意自己有了一个富裕的幸福的家。(原因)
⑧ 他‖到处跑买卖。(目的)
⑨ 题目‖叫做"桌子上的表"。(说明)
⑩ 他们‖也许感到寂寞了。(性状)

C. 数量宾语。宾语表示与动作行为有关的事物的数量。如：

① 这些桥,‖大大小小共有18座。
② 麦子‖亩产805斤。

(2) 述语和补语的语义关系。

补语是补充述语的。它们之间的语义关系大致可以分为如下几类：

A. 结果补语。补充说明动作的结果。如：

① 宿舍‖打扫〈干净〉了。
② 河水‖被晚霞映照得〈有些发红〉。

B. 趋向补语。补充说明动作的方向。如：

① 我们‖就跑了〈进去〉。
② 你‖把它举〈起来〉。

C. 数量补语。补充说明动作、性状发生的次数或持续的时间。如：

① 挂钟‖"当当"地敲了〈八下〉。
② 年轻的光头‖愣了〈一会儿〉。

D. 程度补语。补充说明性状的程度。如：

① 吴吉昌‖兴奋〈极〉了。
② 屋里‖冷得〈让人受不了〉。

E. 比较补语。补充说明不同性状的比较。如：

① 他自己,‖自从到城里来,又长高了〈一寸多〉。
② 这件衣服‖漂亮〈多〉了。

F. 可能补语。补充说明动作行为的可能性。如：

① 我们‖后退〈不得〉。
② 高度白酒‖我喝〈不来〉。

有些补语,实际上不光补充述语,而且还补充说明与述语有关的事物的情态。如：

① 他‖打扫教室,打扫得〈一身汗〉。
② 他‖把衣服熨得〈平平整整〉。

①的补语语义指向主语"他",②的补语语义指向介宾"衣服"。

3. 宾语、补语的运用

宾语、补语的运用,要考虑述语的性质,因此,把握动词小类的特殊要求很重要。运用宾语、补语时,常见的毛病是：

（1）宾语运用不当或残缺冗余。

有些动词不能带宾语。如：

游行　咳嗽　失败　游泳　休息　退休　逃荒　睡觉　打仗

| 发抖 | 结婚 | 结合 | 让步 | 革命 | 自主 | 自给 | 相连 | 相映 | 相遇 |
| 相交 | 交谈 | 合作 | 接生 | 出诊 | 苏醒 | 停火 | 退化 | 自动化…… |

上述动词如果带宾语,就成为病句。如:

*① 1938 年,河水泛滥成灾,全县逃荒三千户人家。

*② 满天繁星,相映万顷灯海。

近来,不及物动词和形容词带宾语的情况很常见,这是古代汉语"使动"用法的复出。

多数动词可以带宾语,但不一定每次都带。不过,如果该带而没有带,结构就不完整,语义也就不清晰。宾语残缺冗余,常常出于照应不周。如:

*① 加上受种种原因的限制不敢对科技人员实行重奖重罚,造成了干得多的不多得,干得差的不淘汰,干多干少都享受同样的待遇。

*② 立在湖南水顺县境内的这座贞节牌坊就是一部悲剧的全部。

还有,可以带宾语的动词,有的要求带名词性宾语,有的要求带谓词性宾语。如果不合要求、搭配错了,也会成为病句。如:

*③ 他们全县推广了马庄村坚持生产责任制。

*④ 她梦想一个出国机会。

有时候是由于语义不能搭配。如:

*⑤ 雌鸟用从四处寻来的食物哺育了幼鸟的生机。

*⑥ 在场的人都明白,一定要加快有色金属事业发展的规模和速度。

(2) 补语运用不当。

补语运用不当,常见的是语义不能搭配。如:

*① 货架上,各种商品陈列得整齐丰满。

*② 在革命转变时期,人们的思想发展得很迅速、很昂扬。

(二) 中心语和定语、状语

当主语、谓语、宾语由偏正词组充当时,如果对它们作进一步的切分,就会得到中心语和定语、中心语和状语。定语、状语都起修饰作用,因而,也合称"修饰语"。不过,二者的修饰对象是不同的。定语主要是主语中心语或宾语中心语的修饰成分,状语则是谓语中心语的修饰成分。此外,名词性偏正词组中的修饰成分也叫做定语,谓词性偏正词组中的修饰成分也叫做状语。有时候,句子前面还有修饰成分,即"句首状语",是修饰整个句子的。

① (砖瓦结构的)房屋‖[很]多。
② 这里‖充满着(浓厚的)艺术气氛。
③ 人‖[就][像腾云驾雾似的]飘过去、飞过去。
④ (热闹的)街区‖车辆川流不息。
⑤ [顿时]面孔‖涨得[像血一样]红。
⑥ [在这一回里],你‖[将]有机会[在石刻艺术的海洋里]畅游一番。
⑦ [东汉三国时代],蜀国皇帝刘备‖出兵伐吴,[失败后]退兵白帝城。

(注:符号"( )"表示定语。"[ ]"表示状语。)

例①的定语"砖瓦结构"修饰主语中心语。这个定语是个名词性偏正词组,其中,定语"砖瓦"修饰中心语"结构"。状语"很"修饰谓语中心语。例②的定语修饰宾语部分,宾语部分是一个偏正词组,其中,定语"艺术"修饰宾语中心语"气氛"。例③两个状语分别修饰由联合词组充当的谓语中心语。例④定语修饰主语中心语。例⑤第一个状语修饰全句,是句首状语。第二个状语是非名词性偏正词组中的修饰成分。例⑥第一个状语是句首状语;第二个状语修饰连动句式的第一个谓语部分"有机会";第三个状语修饰这个连动句式的第二个谓语部分"畅游一番"。例⑦第一个状语是这个复句的句首状语,修饰整个复句;第二个状语也是句首状语,只修饰后一个分句。

1. 什么可以做定语

充当定语的词语,有的必须借助结构助词"的",有的不必。
(1) 带"的"的定语。如:

① (门窗的)纸‖已经烧着。(名词)
② 脸上有着一块(搏斗的)伤痕。(动词)

③ 用(火红的)攀枝,(洁白的)山茶,(金黄的)云槐,(天蓝的)杜鹃,扎成花环。(双音节形容词)

④ 他(/谁)的帽子呢?(人称/疑问代词)

⑤ (从深山里流来的)一泓清泉。(偏正词组)

⑥ (打破"大锅饭"的)政策‖不会变。(动宾词组)

⑦ 用一束束(颜色各异的)野花,扎成一个个(五彩缤纷的)花环。(主谓词组)

⑧ 他‖是(拿助学金上大学的)人。(连动词组)

⑨ 这‖都是(要求我们派人去的)地方。(兼语词组)

⑩ (黄金一般的)油菜花!(比况词组)

某些双音节形容词在口语中常不带"的"直接修饰单音节名词,如"老实人、要紧事、新鲜事、漂亮话"。并且,日益多起来。有些名词做定语,带不带"的"关系不大,如"木头的房子→木头房子"、"窗户的玻璃→窗户玻璃"。有些带不带"的",意思会有差别,如"老爷的脾气"、"法国的朋友"表示"领属",而"老爷脾气"、"法国朋友"则表示"限定"。

有些兼属名词的双音节动词,可以不带"的"直接与名词组合。不过,这种组合通常是多义的,既可看作偏正词组,也可看作动宾词组,如"演出节目"、"统计数字"、"学习材料"、"研究问题"、"广播节目"、"编辑稿件"等。

(2) 不带"的"的定语。如:

① (小)船‖撑在一块(大)石头上。(单音节形容词)

② 这‖是(什么)地方?(疑问代词)

③ 穿过(一丛)垂柳。(数量词组)

④ 历史上‖有(种种)答案。(量词的重叠形式)

⑤ (那/那个)人‖脾气真犟!(指示代词、指量词组)

⑥ 这‖(小山似的)一担柴哟!(比况词组)

单音节形容词做定语时,如果带"的",一般是为了强调修饰语所表示的内容。如:

⑦ 但不知朱将军为何弃官不做,而要寻求(新的)生活道路?

2. 什么可以做状语

充当状语的词语,有的必须借助结构助词"地",有的不必。

第五章　句子的分类和运用(上)

(1) 带"地"的状语。如：

① 那口锅‖被[珍贵地]保留下来。(双音节形容词)
② [详详细细地]读一读。(形容词的重叠形式)
③ 天‖仍然是[阴沉沉地]罩满了乌云。(ABB 式形容词)
④ 树上的枯枝‖[吱喳吱喳地]断落下来。(象声词)
⑤ 道静‖[感激地]望着她。(动词)
⑥ 工厂‖只能[一个一个地]盖。(数量词组的重叠形式)
⑦ 常有理‖[一声接一声地]叫有翼。(主谓词组)
⑧ 代表们‖[充满信心地]说："一定要搞活西部建设工程。"(动宾词组)
⑨ 他‖总是[主动而热情地]帮助下岗人员。(联合词组)
⑩ 张节‖[一把眼泪一把鼻涕地]控诉了邪教对他的毒害。(联合式的比况结构)

(2) 不带"地"的状语。如：

① 我‖[也][一直][在]思索着这个问题。(副词)
② 您‖[快]说吧！(单音节形容词)
③ 我们‖[现在][就]走,[北京]见。(时间名词、副词、处所名词)
④ 黑疙瘩云彩‖[像跑马一样][来回]翻滚着。(动宾词组、动词)
⑤ [怎么][这样]疼呢？(疑问代词、指示代词)
⑥ 他们‖[应该]知道这事[是][一点][也]马虎不得的。(助动词、语气副词、数量词组、副词)
⑦ [把这事]捅出去[上上下下][都][不]好看。(介词词组、合成方位词的重叠形式、副词)
⑧ 你‖[把气象情况][向林书记]汇报一下吧。(介词词组)
⑨ [除现在的特区之外],[可以]考虑[再]开放几个点。(介词词组、助动词、副词)
⑩ 乌鸦‖[箭也似地]飞去了。(比况词组)

3. 中心语和定语、状语的语义关系

(1) 定语和中心语的语义关系。

> 语法编

定语修饰中心语所能表示的语义较多,我们概括为四大类:

A. 领属性定语。表示领有或从属关系,一般由名词和代词充当。如:

① 那个小胖墩就是(你的)川川。
② 这里是(兵团留守处的)幼儿园吗?

B. 限制性定语。举出某种属性或特征来对中心语加以分类或限定,有区别作用。如:

③ 一是(社会主义公有制)经济占主体,一是(共同)富裕。
④ 那真是(好)样的,(硬)汉子!
⑤ (桌子上的)(空)酒瓶里插着一束(朝鲜山野常见的)金红色的(野)百合花。
⑥ (榆木)床也就可以了。

C. 描写性定语。描写中心语的形状、数量等,使中心语所表示的人、事物、现象具体化、形象化。如:

⑦ (一个)(穿白绸衫子的)(衔长烟袋的)中年胖女人。
⑧ 那(拳头模样的)桠枝顶都已经簇生着(小手指儿那么大的)(嫩)(绿)叶。

D. 同一性定语。表示定语和中心语所指相同。如:

⑨ ("全民'推普'周"的)活动要继续开展下去。
⑩ ("把一切献给党"的)口号变成了实际行动。

(2) 状语与中心语的语义关系。

状语修饰中心语所表示的语义,也是多方面的,列举如下:

① 〔从唐朝经五代到北宋时期〕,〔这二三百年间〕,西湖‖〔曾〕〔几次〕淤塞干涸。(时间、数量)
② 我们‖冒着酷热〔在亚热带高山密林中〕穿行。(处所)
③ 梁三喜额角上的青筋‖〔一鼓一跳地〕蠕动着。(情态)
④ 他‖〔用手巾〕擦拭着小金脸上的泥垢和汗渍。(工具或方式)
⑤ 梁三喜的决定‖〔无疑〕〔是〕〔十分〕正确的。(肯定、程度)

⑥ 我‖〔把书〕〔全〕买来了。(对象、范围)

⑦ 〔是的〕,〔当看惯了战友流血时〕,血〔不能〕动人了!(肯定、时间、否定)

⑧ 他‖〔能〕去做的事,我这个当指导员的〔也〕〔应〕照着去做。(可能、同样、应该)

⑨ 你‖少说〔也〕〔比我〕小七八岁呢。(让步、比较)

⑩ 主峰上的敌人‖居高临下,〔又〕〔一次〕〔向我们〕实施炮击。(重复、数量、对象)

4. 定语、状语的运用

正确运用定语或状语,可以使中心语所表达的内容准确、鲜明、生动。从逻辑上说,则是对概念的限制。因此,准确地运用它们对于得体的语言表达来说,十分重要。

定、状语要运用得妥帖、恰当,须认真推敲。否则,就用不好,甚至会闹笑话。修饰语运用不当的情况是常见语病之一。如:

*① 走进阅览室,最触目的感觉是所有的人都那样专心致志。

*② 不为别的,就为她那么津津乐道地听她讲述有关光辉的一切。

*③ 神农、黄帝、尧、舜都是夏朝以前传说中的古代帝王。

*④ 有些花都开了。

三、特殊成分

复说成分和插说成分合称为特殊成分。它们不同于句子成分和句法成分的地方是:既附丽于句子,又不是句子所由的组成成分。

(一)复说成分及其作用

两个词或词组指称同一事物,一个在句子中,作为句子的组成成分,一个出现在句子外(句首或句尾),不做句子成分。这样两个词或词组就有复说关系。

1. 称代式复说。一个词或词组在句子外,是复说成分,句子中和它相应的是一个代词,用来称代句子外的词或词组,是被复说成分。这就是称代式复说。称代式复说中的复说成分同句子中的其他成分之间有语音停顿,书面上常用逗号或破折号表示。如:

① 中国共产党——这‖是多么亲切、多么伟大的名字啊!
② 我们‖常常想念他——敬爱的周总理。

(注:符号"="表示主语或主语中心语,名词性偏正词组的中心语。符号"。"表示复说成分。)

2. 总分式复说。复说成分是总说,被复说成分是分说。这就是总分式复说。总分式复说中,复说成分常由名词性词组充当,在句子中同其他成分之间有语音停顿,书面上通常用逗号表示;被复说成分常是数量词组或其他名词性词语,它们在句子里通常做主语。如:

① 这篮花儿一半‖是红的,一半‖是白的。
② 这些议论,有的‖是对李干表示支持,有的‖是对报纸表示不满。

复说的作用主要是使句子条理清楚。此外,由于被复说成分和复说成分指称相同,因此,也就强调了所指称对象。如:

A. 她们‖是延河上开过荒,或者在白区组织和参加过反对帝国主义和国民党反动派的示威游行,或者参加过土改和"四清"运动的一些年过半百的女同志。

B. 一些年过半百的女同志,她们有的‖在延河滩上开过荒,有的‖在白区组织和参加过反对帝国主义和国民党反动派的示威游行,有的‖参加过土改和"四清"运动。

A 不用复说,宾语中心语"女同志"之前有一个很长的复杂定语,显得臃肿拖沓,句法关系不容易看清楚,说、听起来也颇吃力。B 运用复说,把一个复杂的长单句化为三个分句组成的并列复句,句法结构简化了、有条理了,语义关系明朗,语义重心也得到了反复强调。并且,由于增加了句子中的停顿,读起来节奏舒缓,语气也活泼了。

(二) 插说成分及其作用

句子中有些词语,它们不同别的成分发生句法关系,位置灵活。这些词语就是插说。插说的有无,对句子结构的完整与否,没有什么影响。但是,一个句子只要有了插说,总会增添点新的意义,因此,为了更准确细致地表达意思,插说又不是可有可无的了。在结构上,插说是独立成分,因此,常用停顿把它同句子的组成成分隔开。停顿可长可短,书面上分别运用逗号、破折号或括号。如:

① 你这麦子‖打二等,依我说就打足了。

② 老冯‖想起来了:"噢,噢,你要找电杆!——哎呀,咱们村里可没这种东西呀。"

③ 我们‖必须向一切内行的人们(不管什么人)学习经济工作。

(注:符号"⌒⌒"表示插说成分。)

插说的作用在于给句子增添某种意义,如:表示应答、招呼或感叹如②,表示提醒、强调或范围;表示推测、估计或消息来源如①,表示心情、态度或语气,表示总括、补充或按注如③,从而使语义更为细致准确。

四、简单单句例析

分析句子,要逐层进行。首先是分出语调(句末语气词)和特殊成分,这些一般不作句法分析。然后,根据句子内部结构关系,从大到小切分出句子成分、句法成分。如果有必要,还可以把充当成分的词组加以切分,一直分析到词为止。从句子到词的切分,都属于句法分析的范围;如果把词再加以切分,得到的是语素,那就进入词法分析的平面了。语法分析应该包括句法和词法两个平面,不过,人们看重的是句法分析。

句法分析的目的不同,要求也就不一样。通常要求:(1) 切分出句子成分和句法成分,归纳出句型;(2) 切分出句子成分、句法成分,指出它们是由什么词语充当的。下面就(1)项的要求,用符号法分析若干例句:

① 我‖得到(省代表团副团长——也是省科委副主任杨戈同志的)(热情)支持。

主谓句中的动词性谓语句之一:动宾谓语句

② 瓷都景德镇,它‖[以悠久的历史和精英的艺术],赢得了(人们的)赞美。

主谓句中的动词性谓语句之一:动宾谓语句

③ 我们‖心情十分舒畅。

主谓句中的主谓谓语句。

④ (这张)桌子‖三条腿。

主谓句中的名词谓语句。

语法编

⑤ 大伙‖乐得〈嘴都合不上〉了。

主谓句中的形容词性谓语句之一：述补谓语句。

思考与练习

一、词或词组都可以构成句子，那么，能否说它们就是句子呢？
二、现代汉语的基本句型有哪些？
三、省略句和非主谓句有什么不同？省略有什么条件？
四、什么是主语、谓语？哪些词语可以充当主语、谓语？
五、名词性词语充当谓语有什么条件？
六、主谓谓语句的主要类型有哪几种？
七、什么是宾语、补语？哪些词语可以充当宾语、补语？
八、述语和宾语、述语和补语有哪些语义关系？
九、什么是定语、状语？哪些词语可以充当定语、状语？
十、中心语和定语、中心语和状语有哪些语义关系？
十一、复说成分有什么作用？
十二、插说成分有什么作用？
十三、下述词语，哪些是句子？哪些不是？

1. 致富？
2. 丰收在望
3. 炒了一大盘油黄嫩软的鸡蛋
4. 给。

十四、分析下述句子的主语和谓语，指出它们是由什么词语充当的。

1. 提高整个中华民族的科学文化水平，是亿万人民群众的切身事业。

2. 现状和习惯往往束缚人的头脑。

3. 一年三百六十五天。

4. 康熙皇帝对当时西方传教士所带来的一切欧洲学术，几乎都发生兴趣。

5. 当年红军二方面军长征渡金沙江时总指挥贺龙写的一封信已经在云南丽江纳西族自治县发现。

6. 越王勾践独自坐在石室里。

7. 用历史著作《三国志》去对比文学著作《三国演义》，未尝不是有益的事。

8. 几乎大多数历史事件和历史人物，史学界的评价还莫衷一是。

十五、把下面的句子改为主谓谓语句。

1. 这种野鸭子,我一次能擒获二三十只。

2. 我,你还信不过吗?

3. 关于川菜的刀功特技,《锦城成都》这本书里有介绍。

4. 我买了两套马年的纪念邮票。

十六、指出下面句子的宾语和补语。

1. 他的话说到我的心坎里了。

2. 树上掉下一个苹果来。

3. 我找到了他的同学。

4. 这时已经是下午三点多钟了。

5. 一条船可以坐五十人。

十七、指出下面句子的定语、状语是用什么词语充当的。

1. 妈妈拿来一件崭新的白色丝绸衬衫。

2. 我们的国家进入了新的历史时期。

3. 这是一把刚买来的塑料玩具枪。

4. 法律保护公民的合法收入、储蓄、房屋等所有权。

十八、指出下面句子里的特殊成分,说明它们的作用。

1. 谁是我们最可爱的人呢? 我们的部队,我们的战士,我感觉他们是我们最可爱的人。

2. 大乔和小乔,一个是通讯员,一个是司号员。

十九、用符号法分析下面的句子。

1. 天气是好。

2. 他是长高了。

3. 村里来了个送信的。

二十、修改下面的病句,并说明理由。

1. 小张高高兴兴地离开了柜台,有人告诉她帮她选布料的那个人是郝建秀,心情很激动。

2. 这场风波是怎么引起的呢? 因为热工队在黑板报上批评了食堂,食堂工作人员认为是"整人"、"有意刁难",于是生了气。

3. 我们采取了哪些措施才能保证粮食不断增长?

4. 今天百万市民公益劳动。

5. 调查组把调查的情况,向省、市有关领导部门作了汇报,引起了重视。

第六章 句子的分类和运用(下)

第一节 常见的特殊句式及其运用

一、连动句和兼语句

(一) 连动句

连动词组充当谓语的句子,就是连动句。连动句谓语中心语的几个动词有一定的语义联系,据此,可以把连动句再分为几个小类:

1. 几个动词表示连续发生的几个动作,这几个动作之间有先后关系。如:

① 中国科学家‖〔今天〕启程赴北极进行科学考察。

2. 几个动词之间有方式或手段和目的的关系。如:

② 我‖去买瓶酒来庆祝庆祝。

3. 几个动词之间有原因或条件和结果的关系。如:

③ 李立‖有事〔不能〕出席会议。

4. 两个动词从正反两面共同说明、相互补充。如:

④ 朴贞淑‖〔也〕拉着郭祥〔不〕放。

5. 前一个动词表示可能或必要,后一个动词表示相应的行为。如:

⑤ 我师‖〔完全〕有能力担负守卫海岛的任务。

连动句的动词在两个以上时,动词之间的语义关系往往不是单一的。如:

贵宾们‖乘飞机离开北京去西安参观访问。
　　　　 1　　 2　　　 3　　　 4

萝卜‖切成细丝凉拌着吃。
　　　 1　　 2　　 3

例⑥的1和2、3之间有方式和目的的关系;1、2、3、4之间有动作先后的关系;2和3、3和4之间有方式和目的的关系。例⑦1、2、3之间有动作先后的关系,1、2和3之间有方式和目的的关系。

(二) 兼语句

兼语词组充当谓语的句子,就是兼语句。现代汉语里,能组成兼语词组的第一个述语的动词是有一定限制的。这些动词通常表示"使令、请派、认定、协助、陪同"等意义,因此,能触发它的宾语产生相应的动作行为,并成为第二个述语隐含的主语。所以,才有"兼语词组是由动宾词组和主谓词组套接而成的"的说法。动词"有(没有)"能够引进动作行为的发出者,因此,也能组成兼语句。下面举些实例:

① 我‖邀请王芳〔到我的屋里〕坐坐。

② 法律援助‖让/使每一个人〔都〕〔能〕〔平等地〕站在法律面前。

③ 大家‖选举他担任(温泉屯的)党支部书记。

④ 工人们‖〔亲切地〕叫(这位)(仓库)保管员是/为红管家。

⑤ 你‖陪我〔到厂里〕去转转。

⑥ 梅子‖领着(几个)(调皮的)丫头〔在偷偷地〕"听窗"。

⑦ 我国‖有(四条)铁路〔正在〕进行(电气化)建设。

⑧ 有人协助李半黎举办(个人)(书法)展览。

(注:符号"⌒"表示兼语。)

有些兼语句可以出现不止一个兼语。如:

⑨ 几天后,总理‖〔又〕派同志送我回上海。

有时候兼语句和连动句加接在一起。如:

⑩ 她‖〔又〕吩咐(坤宁宫)(管事)太监〔明日一早〕派人骑马去(西郊)玉泉山取(新鲜)泉水。

二、"把"字句

"把"字句是动词性谓语句中有特点的句式之一。通常,把谓语动词

语法编

前出现有"把"字组成的介词词组的句子都叫做"把"字句。其实,从表达功能上看,"把"字句有不少类型,而且各有各的用法。最常见的有三种:

（一）表示"处置"的"把"字句

这类"把"字句表示谓语动词对某人或某物的"处置",而"把"的宾语就是这一被处置的对象。它有相对固定的基本格式,即"甲把乙怎么样"。"甲"一般是施事,"乙"是受事,并且多数是定指的。"定指"的意思是"说听双方都确实知道某词语的指称对象就是'某一个'"。这类"把"字句,一般有相应的非"把"字句。组织这类"把"字句有两点要求:

1. 谓语中心语必须是能带受事宾语、具有"处置"能力的动词。如"他把花瓶打破了。⟷他打破了花瓶。"谓语动词"打"对受事"花瓶"有处置的能力,因此,尽管"花瓶"被介词"把"提到"打"字前面,一起组成介词词组,共同充当状语;但是,"打"对"花瓶"的处置不变,也就是说,"花瓶"在语义上依旧是"打"的支配对象,即受事。不过,对比上述两个句子,可以感到用不用"把",在强调表达重点上,还是有所不同的:用"把"字的句子,有强调补语,即处置的"结果"的作用。下面再举两例:

① 我们把侵略者打败了。⟷我们打败了侵略者。
② 铁锁把我家的桑树砍倒了。⟷铁锁砍倒了我家的桑树。
（注:符号"⟷"表示前后两个句子是同义句,可以相互转换。）

有些"把"字句,如"她把房间打扫得干干净净",句中的谓语中心语"打扫"对"房间"也有处置能力,在语义上也能支配它。但是,这类"把"字句和上述"把"字句不同。这类"把"字句的补语不允许用宾语把它和述语(即"谓语中心语")隔开,因此,就必须用"把"将宾语"房间"提前。这就是说,组织"她把房间打扫得干干净净"这一宾语和补语同现的句子时,非用"把"字句不可。因此,这个"把"字句是没有相应的不用"把"字的同义句式的。所以,并不是所有表示"处置"的"把"字句都能转换为非"把"字句。可见,当谓语中心语前后的成分比较多、比较复杂时,人们常会选用"把"字句,让各种成分得到合适的位置,使语言表达清晰明了。

2. 谓语动词不能是"光杆"的。这就是说"把"字句的谓语动词前后必须有别的成分。如果没有别的成分,那么,它必须或者是重叠形式,或者带有动态助词,或者是述补式、联合式的复合词。如:

① 厂长把决定一宣布,全厂震动了。

② 他把一大盘饺子吃得一干二净。
③ 你把眼泪擦擦!
④ 你把介绍信拿着。
⑤ 工人们必须在第一批行人到来之前把下水道修通。
⑥ 它含着微笑,开始把春天的景色描绘。

组织处置式"把"字句时,如果违反了上述两条要求,就可能出现病句。如:

*⑦ 作品把专业户的业绩得到了比较好的表现。
*⑧ 他竭力把自己革命化一番。
*⑨ 他狠狠地把那人打。
*⑩ 他把父母的殷切期望不放在心上。

(二) 表示"致使"的"把"字句

从基本结构看,这类"把"字句和表示处置的没有什么不同。但是,从语义表达上看,这类句子中,"把"的宾语不是谓语中心语处置的对象,不是它的受事。这类"把"字句,谓语中心语不必是有处置能力的,它通常可以带"施事"或"系事"宾语。整个句子表达的是施事或系事所不愿发生或没有想到会发生的情况,因此,叫做"致使式"。如:

① 比赛正紧张,偏把主力队员伤了。
② 天太热,把条大胖头鱼臭了。

(三) 表示"成为"的"把"字句

这类"把"字句表达谓语动词把某人或某物认定为另一个人或另一种事物,或者使某人或某物变换为另一个人或另一种事物。这类"把"字句也有相对固定的格式,即"甲把乙当作丙"。"甲"可以是施事,但更常见的是系事;"乙"可以是受事,但更常见的也是系事;丙一般是系事。这类"把"字句的特点有:(1)"把"的宾语不一定是受事;(2)谓语动词通常是"当作"、"当成"、"作为"、"比作"、"称作"这类非动作动词,或者是"动词+为/成/作"组合成的述补词组;(3)谓语中心语带有宾语。如:

① 他们把农贸市场当作观察农村经济状况的窗口。
② 人们把这里的长江又称作荆江。
③ 新加坡把单锦万代兰确定为国花。

④ 正是人造卫星把地球变成了马歇尔·麦克卢汉所说的全球村。

⑤ 陆一夫把自己伪装成救火英雄。

组织这类"把"字句要注意,句中的"乙"和"丙"应当同一性质、同一范畴,或者有某种相似点,可以构成比喻。否则,也可能出现病句。如:

＊⑥ 我们要把打假当成整顿市场的战场。

＊⑦ 他把写文章看成命根子。

三、"被"字句

现代汉语要特别强调被动语态时,就会用"被"字句来表达。"被"字句是典型的被动句,也是动词谓语句中有特点的句式之一。"被"字句的类型不少,这里,介绍和"把"字句对应的、也有相对固定格式的常见的两种:

（一）乙被甲怎么样

"乙被甲怎么样"主要表达"乙"的被动遭遇。这正好同"把"字句的"甲把乙怎么样"构成一组同义句,二者可以互换。如"侵略者被我们打败了。⟷我们把侵略者打败了"。这种被动和主动的互换,为语言交际提供了准确达意和表达多样化的条件。

"乙被甲怎么样"中的"被"可以用"为/被……所"代替,格式为"乙为/被甲所怎么样"。有时候,"甲"可以不出现,"被"直接用在谓语动词前,格式为"乙被怎么样"。在口语中,"被"常用"叫/让/给"代替。如:

① 我像一只小鸟似的被爸爸妈妈关在笼子里。

② 许多应该下放到企业的权力,至今仍为/被这方面那方面所截留。

③ 在穿过中虎跳时,我再次被打出船体。

④ 他叫火车抛在了寂静的月台上。

⑤ 朱同心让仇人打伤了腿。

⑥ 他给人家当众撵了出去。

组织这类"被"字句时,要注意几个问题:(1) 谓语中心语必须是在语义上能支配主语的动词;(2) 主语表示的是定指的人或事物;(3) "被"所组成的介词词组应尽量靠近相关的动词,尤其不应用副词或助动词把它们隔开;(4)在"为/被……所"格式中,谓语中心语后面一般不能有其他词语;(5)除了"为/被……所"格式外,"被"字句的谓语动词不能是"光杆"的;(6)要防止滥用"被"字。违反了上述要求,就可能出现语病。如:

　　*⑦ 这种小草是不被人注目的。
　　*⑧ 被当选为村支书的老赵来了。
　　*⑨ 许多教师被改行下海。

"被"字句可以和"把"字句同时用在一个句子里,以便保持陈述对象的一致。如:

　　⑩ 那只蜻蜓被淘气的孩子把翅膀给剪去了。

(二) 乙被甲当作丙

和主动句的"甲把乙当作丙"对应,被动句中就有"乙被甲当作丙"。如:

　　① 早在1980年,张达伍就被《解放军报》誉为"海上老防救"。
　　② 几十名打工妹被厂主当作小偷强行搜身。

四、"是"字句

由"是"字组成的动宾词组充当谓语的句子,叫做"是"字句。此外,包含有"是的"的句子,也叫做"是"字句。其实,它们就内部结构关系看,是有差别的。

(一) 表示"等同"的"是"字句

作为主谓句的一种下位句型,"是"字句和其他动词谓语句的不同在于:它的宾语在语义上和主语的关系密切,是用来判断和说明主语的。因此,这里所说的"等同"指:由"是"维系着的主语和宾语之间有同一关系。这类"是"字句,主语和宾语可以互换。如:

　　① 北京是中华人民共和国的首都。←→中华人民共和国的首都是北京。
　　② 他们的主要任务是报道好香港回归的庆祝活动。←→报道好香港回归的庆祝活动是他们的主要任务。

（二）表示"归类"的"是"字句

这类"是"字句的宾语说明主语的身份归属，或对主语进行分类。这类句子的主语和宾语不能互换。如：

③ 阿里是足球明显。⟵⟶ *足球明星是阿里。
④ 他是我们班的。⟵⟶ *我们班的是他。

（三）表示"存在"的"是"字句

这类"是"字句可以归入"存现"句,是存现句中谓语动词由"是"字充当的句子。这类"是"字句可以同表示"存现"的"有"字句互换。如"桌上是书。⟵⟶桌上有书"。

（四）表示"强调"的"是"字句

这类"是"字句包括两种情况,要注意区分：

1. "是"字后面出现的是谓词性词语。如：

① 我们‖〔是〕得提提意见了。
② 总理的工作‖〔是〕多么繁忙啊！

上述句子中的"是"字,不是表示判断的动词,而是表示"强调、肯定"的副词,它相当于语气副词"确实、实在"。如果把"是"字删去,句子结构并不受影响,只是强调的语气消失了。这类"是"字前,一般不能出现否定副词"不"。

2. "是"字后面出现的是"谓词性词语＋的"的"的"字词组。如：

③ 他‖是教数学的。
A. 他‖〔是〕教数学的。
（注：符号"·"表示"的"是语气词）
B. 他‖是教数学的。

例③可以有 A、B 两种分析,是多义句,只有在上下文中才能得到区分。如：

问：他是不是教数学的？
答：A. 他是不教数学的,他教语文。
 B. 他是教数学的(老师),不是教语文的。

按照 A 的理解,这个"是"是表示"强调"的副词。它出现在哪里,哪里紧跟其后的词语就是被强调的语义焦点。如："他是昨天去北京开会的。(昨天)→是他昨天去北京开会的。(他)→他昨天是去北京开会的。(去北京)→他昨天去北京是开会的。(开会)"按照 B 的理解,这个"是"是表示"归类"的动词,它的前面可以用副词"不"加以否定。

五、单句结构混乱的现象

单句结构混乱的常见现象是杂糅。杂糅指把两种不同的说法、格式或两个应该分开说的句子硬凑在一起,造成结构纠缠的语病。杂糅有几种情况:

(一) 两说并存

同一个意思,说法可以不止一种。下笔或开口的时候,又想这样说,又想那样说,最后是把两种说法都用上,成了一个杂糅的句子。这是思路不清晰的反映。如:

*① 这个经验值得文教工作者所重视。

*② 由于敌特分子的破坏,县城被部队围攻了 56 天,火车站被围攻了 63 天,都没能攻下。

例①"值得重视"是从主观上对主语作出评价,"为……所重视"是从客观上对主语进行叙述,两种表达方式,角度不一样,不能凑在一起,只能选择中之一。例②共有三个分句。第一和第二分句的主语是受事,第三分句主语没有出现,但从语义上看,应该是前两个分句中的施事"部队"。这里是硬把一个"被动句"和"主动句"杂糅在一起,造成前两个分句和后一个分句的陈述对象不一致。宜改成"由于敌特分子的破坏,部队围攻县城 56 天,围攻火车站 63 天,都没能攻下"。让全句的陈述对象和角度一致起来。

(二) 两式杂用

现代汉语中有许多习惯性的搭配,天长日久,约定俗成某种格式。在造句时,如果把两种格式任意杂糅,就会出现句子结构混乱。如:

*③ 他对武则天采取的一系列政治措施极端不满,打着扶太子李旦中兴唐室为幌子,在扬州起兵。

*④ 一个好的领导班子关键在于革命化、年轻化、知识化、专业化起决定作用。

例③是"打着……幌子 + 以……为幌子"→ *"打着……为幌子"的

杂用,应选择其中之一。例④是"关键在于……+决定作用"→*"关键在于……起决定作用"的杂用,应选择其中之一。类似的杂用,常见的还有:

"对……上+在……上"→*"对……上"
"由……+在……下"→*"由……下"
"除……之外+在……之后"→*"除……之后"
"是出于……+是由……决定的"→*"是出于……决定的"

(三) 两句捏合

应该分开说的两句话,硬捏成一句话,表面上看好像是兼语式,其实不是。这是结构纠缠造成语义不明确的杂糅。如:

*⑤ 我们参观了南京长江大桥是非常雄伟壮观的。
*⑥ 据说,李夫人画南窗竹影,就是后来水墨画的起源于她。

例⑤的"参观",例⑥的"是"都不具备组成兼语式的功能。因此,这种套接是不合规律和习惯的,还是把两句话分开来说或只选择其中之一为好。

第二节　复句的类型及其运用

复句是由两个(含)以上意义密切联系、结构互不包含的分句组成的。一个复句有一个统一全句的语调,句末有较大的停顿,书面上用句号、叹号或问号表示。组成复句的分句之间有较小的停顿,书面上用逗号或分号表示。上述说明,可以概括为四:(1) 意义上密切联系;(2) 结构上互不包含;(3) 语气上句调统一;(4) 分句间有小停顿。下面,举例作对比分析:

① 没有共产党,就没有新中国。
② 中国人民懂得:没有共产党,就没有新中国。

例①是由两个分句组成的复句,分句之间有条件关系,用"就"关联,意义上密切联系;两个分句各自独立,结构上互不包含;分句之间有小停顿,全句语调统一。例②是一个单句。在这个单句中,"没有共产党,就没有新中国"这个复句形式,降格为小句,充当谓语动词"懂得"的非名词性宾语,在结构上被包含在谓语之中了。因此,它也就不再是复句,而是单句的一个成分了。

主谓句、非主谓句都可以降格充当组成复句的分句。复句里的几个分句如果主语相同,主语可以省略也可以不省略;如果主语不同,就不能任意省略。

分句组合为复句的语法手段有二:一是借助语序,或称"意合法";一是借助关联词语,称为"关联法"。多数复句采用"关联法",因此,关联词语对于复句来说很重要。关联词语是用在复句里表示分句之间意义关系的词语。它包括:

连词:不但……而且、或者……或者、与其……不如、因为……所以、虽然……但是、如果、即使、除非,等等。

部分副词:也、又、便、就、更、还、才、越、既然、竟然、宁可,等等。

其他词语:接着、同时、好、以便、一方面……一方面、一边……一边,等等。

关联词语的重要作用表现为:不同的关联词语能使相同的词语产生不同的关系,从而表达不同的意思。如:

大人不吃,给小孩吃。
① 大人即使不吃,也给小孩吃。(让步)
② 因为大人不吃,所以给小孩吃。(说明因果)
③ 既然大人不吃,就给小孩吃。(推论因果)
④ 如果大人不吃,就给小孩吃。(假设条件)
⑤ 除非大人不吃,才给小孩吃。(唯一条件)
⑥ 大人不吃了,于是给小孩吃。(连贯)
⑦ 虽然大人不吃,但是给小孩吃。(转折)
⑧ 大人不吃,好给小孩吃。(目的)
⑨ 宁可大人不吃,也要给小孩吃。(选择已定)
⑩ 只有大人不吃,才能给小孩吃。(指定条件)

可见,关联词语的运用是组成各类复句的重要手段,也是辨别各类复句的主要形式标志。

关联词语可以连接词成为词组,组合句子成为句群,组合句子、句群成为段落,组合段落成为篇章。因此,学习和运用关联词语有助于提高组织和分析复杂的语言单位的能力。

一、复句的类型

(一) 联合复句

两个以上的分句平等连接、不分主次的复句。联合复句常见的有五种：

1. 并列关系

几个分句分别说明或描写几件事情、几种情况或者同一事物的几个方面。常用的关系词语有：也、又、既……又(也)、一方面……(另)一方面、一边……一边、不是……而是，等等；也可以采用"意合法"。如：

① 看起来小秦是个性格很开朗的人，也是个热情的人。
② 它既不需要谁来施肥，也不需要谁来浇灌。
③ 荆江两岸，一面是"八百里"的洞庭湖区，一面是辽阔的江汉平原。
④ 我们望着敬爱的总司令，心里感到无限的温暖和幸福。

2. 连贯关系

几个分句一个连着一个地说出连续发生的动作或事件。这类复句通常靠分句的排列次序来组合；有时也在后一分句里用"又"、"便"、"然后"、"接着"、"于是"等来关联；有时还采用"顶真"辞格来表达。如：

① 霍大道推门走进会议室，大家站起来。
② 大家先是有点惊讶，接着就热烈地鼓起掌来。
③ 他跳下马，把缰绳扔给一个战士，便向屋内奔去。
④ 有翼的床头仿佛靠着个谷仓，仓前有几口缸，缸上有几口箱，箱上面有几只筐。

连贯复句不同于并列复句：并列复句的几个分句平行并列，没有先后之分；连贯复句的几个分句连贯排列，有先后之分。

3. 递进关系

后面的分句比前面的分句有更进一层的意思。常用的关联词语有："不但(不仅、不光、不只)……而且(并且)"、"还"、"更"、"何况"、"甚至"、"尚且……何况"、"进而"，等等。意思的递进，可以从肯定的方面，也可以从否定的方面。如：

① 社会主义精神文明对物质文明的建设不但起巨大的推动作

用,而且保证它们正确的发展方向。(从肯定方面递进)

②集中,不仅不会破坏民主,反而是保障民主所必需的。(从否定方面递进)

③他写一篇学术论文尚且不费力,何况是一篇小评论呢?

例①②,都是陈述语气的递进复句。例③则是反诘语气的递进复句,有人称为"递退",即先说大的、难的、不行的,再说小的、容易的、行的,用前面的情况来衬托、突出后面的情况。

进一层的意思有程度的不同。有一般的递进,如①至③。有最大限度的递进。如:

④他不但喜欢英语,而且下苦功夫学习,甚至于只用英语会话写作。

递进复句也可以运用顶真辞格来组织。如:

⑤道家由自然来看人,人法地,地法天,天法道,道法自然,自然是最高的生命力和创造力。

4. 选择关系

几个分句分别说出几样事情并表示要在其中选择一样。选择复句可以再分为:

(1) 选择未定。指说话者在几样事情中还没有选定哪一样。常用的关联词有:"不是……就是"、"是……还是"、"或者……或者"、"要么……要么",等等。如:

① 那些石料,不是九块,就是十八块。(二者择一,排斥第三种可能)

② 是狂言,是梦呓,还是雄心壮志?(数者择一,不排斥第三种可能)

(2) 选择已定。指说话者在几样事情中已选择停当。常用的关联词语有:"与其……不如"、"宁可(宁肯、宁愿)……决不(也不)"。如:

③ 与其碌碌无为地混过这一生,不如壮烈地死去!("取""舍"两方面都说)

④ 宁可少活20年,拼命也要拿下大油田。(只说"取""舍"的方面隐含)

5. 分合关系

几个分句,一个总括地提出问题或情况,另一个或几个加以分述、解释、引申。分合复句还可以再分为:

(1) 总分关系。几个分句,一个总说,几个分说。句子中一般有数量词组、"的"字词组或某些表示整体和部分之间关系的词语。这种复句通常是二重的。如:

① 我想从两个角度来考察这个问题,(一) ｜ 一个是政治角度,(二) ‖ 一个是经济角度。(三)

② 人们手忙脚乱,(一) ｜ 有的忙着找雨具,(二) ‖ 有的忙着找避雨的地方。(三)

(注:这里采用"划线法"分析。分句间的竖线表示切分的层次,"｜"为第一重,"‖"为第二重,余类推。分句末尾的数字序号"(一)、(二)"等,表示分句的次序和数量。)

(2) 解证关系。一个分句提出情况,一个分句加以解释、证明、引申。如:

③ 大家给他起了个外号,叫"铁疙瘩"。

④ 我有一个哥哥,他在北京读研究生。

(二) 偏正复句

偏正复句由偏句和正句组成,正句是全句的主要意思所在,偏句从各方面去说明、限制正句。偏句和正句之间有各种不同的关系,常见的有五种:

1. 因果关系

偏句说明原因,正句表明结果。因果复句可以再分为:

(1) 说明因果。就既定事实来说明因果关系。常用的关联词语有:"因为……所以"、"由于"、"因而"、"以致"、"因此",等等。如:

① 因为他们两个是经介绍才来参加的,所以人们看着他们并不奇怪。

② 歌声拖得很长很长,因此能听得很远很远。

(2) 推论因果。就一定的根据来推论出因果关系。常用的关联词语有:"既然……就"、"可见",等。如:

③你既然知道自己错了,就改了吧!

④连基本公式都弄错了,可见没有好好学习。

因果复句也可以采用"意合法"组织。如:

⑤我初来乍到,一切都很生疏。

上述因果复句都是先因后果的。也有先果后因的,通常使用成对的关联词语"之所以……是因为"来组织。如:

⑥人之所以为人,是因为人具有其他动物所不具备的多种能力。

2. 转折关系

偏句先说一方面的情况,正句不是顺着偏句的意思说下去,而是转到和偏句意思相反或对立的方面。根据意思相反的程度,再分为两小类:

(1)重转。两个分句的意思有明显对立。通常使用成对的关联词语:"虽然(尽管)……但是(可、却)"。如:

①虽然盐湖的生活是很艰苦的,但是,战士们有自己的乐趣。

②尽管素不相识、互不见面,却能娓娓诉说、细细道来。

(2)轻转。两个分句的意思虽不一致,但并不对立,或并不着重强调不一致。一般在正句里运用关联词语,常用的有:"但是"、"只是"、"可是"、"然而"、"却"、"不料",等。如:

③西双版纳的气候四季如春,然而春天仍然是最好的季节。

④春天随便栽了几棵杨柳,不料竟都活了。

转折复句也可以采用"意合法"组织。如:

⑤他年纪不大,办事很老练。

3. 条件关系

偏句提出条件,正句表示具备条件后产生的结果。可以再分为三小类:

(1)假设条件。偏句提出假设条件,正句说明在这个条件下可能产生的结果。常在偏句使用"如果"、"假如"、"倘若"、"若是"、"要是"等关联词语,在正句使用"那么"、"就"、"便"等关联词语前后呼应。如:

> 语法编

①如果它们不能适应生产力发展的要求,那么,就必然会发生变革。

②若是大家都不跟"风"跑,这"风"也就刮不成势了。

有一种假设条件的复句,它的两个分句说的是实际存在的两种事物,把二者拿来对照,如果承认偏句所说的事实,就得承认正句所说的事实。如:

③如果说长江是人体的主动脉的话,那么,这南广河充其量也只是一根小小的毛细血管了。

(2) 特定条件。偏句提出条件,正句说明具备这个条件后必然产生的结果。常用的关联词语有:"只要……才"、"只要……就"、"除非……才(不)",等。如:

④只有健康长寿,才能安度晚年。(指定唯一条件)

⑤除非是到了春天,你才能看到这遍山的杜鹃花。(推断唯一条件)

⑥只要农业上去了,其他事情就比较好办了。(提出一定条件)

(3) "无条件"条件。偏句排除一切条件,正句说明在任何条件下都会发生这样的结果。常用的关联词语有:"无论(不论、不管、任凭)……都(也、总、还)"。如:

⑦无论张腊月和她的队员们怎样苦苦劝留,说什么也留不住。

⑧不管牵涉到谁,都要按党纪、国法查处。

4. 让步关系

偏句退让一步,承认某种尚未实现或尚未证实的事实,正句提出与偏句让步假设的前提完全相反的结果。两个分句所叙述的,都是尚未证实的事实。常用的关联词语有:"即使(就算、就是、纵然、尽管、哪怕)……也(还、总、仍然)"。如:

①一个成年人,即使一点工作也不做,一天也要消耗一千四百大卡的能量。

②就是到了我们的国家非常发达的时候,也要保持和发扬艰苦奋斗的精神。

第六章 句子的分类和运用(下)

关联词语"尽管"表示让步关系时,与"也"配对使用;表示转折关系时,与"却"配对使用。如:

③ 尽管天寒地冻,我们也要把这条国道铺好。(让步)

④ 尽管在角膜前面只放一个目标,但通过角膜却可以看到许许多多个像。(转折)

5. 目的关系

偏句表示目的,正句说明为要达到这一目的所采取的行动和措施。目的复句,经常是正句在前,偏句在后。常用的关联词语有:好、以便、用以、以、以免、免得、省得、借以、以利于、正是为了、就是为了、为的是,等等。如:

① 你们离间我们齐楚两国的邦交,好让秦国来奴役我们。

② 跑了好,省得家贼再引进外鬼来。

③ 我们吸收外资,为的是发展地区经济。

④ 必须调动一切积极因素,以利于实现四个现代化。

关联词语用"为了、为着"的目的复句,则是偏句在前,正句在后的。如:

⑤ 为了健全民主集中制,必须加强党的纪律。

⑥ 为着适应我国进入WTO,各行各业都必须进行相应的改革。

(三) 紧缩复句

有些复句,分句之间的停顿取消了,一些词语省略了,两个分句的谓语又连接在一起,形式上像单句。这就是紧缩复句。它可以再分为两小类:

1. 主语不同

构成紧缩复句的两个分句各有主语,但是,已经取消了停顿,黏合在一起了。如:

① 闺女大了咱管不了。

② 你为难我更为难。

2. 主语相同

整个复句只有一个主语,但是谓语之间没有语音停顿。这类有一些固定的格式。如:

③ 蜡烛不点不亮。(不……不)
④ 他非去不行。(非……不)
⑤ 树影再长也离不开树根。(再……也)
⑥ 他不想看也得看。(不……也)
⑦ 我一进门就看出来了。(一……就)
⑧ 生姜越老越辣。(越……越)

(四) 多重复句

复句可以紧缩,也可以扩展。扩展有两种情况:

1. 分句增多,关系延长,但是层次和关系都不增加,这种扩展不会构成多重复句。如:

① 国家要独立,(一)│民族要解放,(二)│人民要革命,(三)│社会要进步。(四)

例①有四个分句,关系延长了,但是层次和关系都只有一个,仍然是个一重的复句。

2. 分句增多,层次和关系也增多了,这种扩展就导致了多重复句的诞生。如:

② 大陆不派人驻台,(一)│不仅军队不去,(二)‖行政人员也不去。(三)

例②有三个分句,有两个层次,两个关系,是一个二重的解证复句。

可见,扩展是复句复杂化的途径,结果是句子长了,多重复句也产生了。

二、复句的分析和运用

根据层次和关系的数量,多重复句有:二重、三重、四重……

(一) 多重复句例析

1. 二重复句。有两个层次和关系的复句。如:

① 立下大志,(一)‖(条件)才会有一股傻劲,(二)│(递进)有了傻劲,(三)‖(条件)才能实现大志。(四)

② 特区是窗口,(一)‖(并列)是技术的窗口,(二)‖(并列)管理的窗口,(三)‖(并列)知识的窗口,(四)│(递进)也是对外政策

第六章 句子的分类和运用(下)

的窗口。(五)

(注:竖线后括号里的文字指明复句的语义关系。)

2. 三重复句。有三个层次和关系的复句。如:

③ 为了实现二十年的奋斗目标,(一)∥(目的)在战略部署上要分两步走:(二)∭(分合)前十年主要是打好基础、积蓄力量、创造条件,(三)‖‖(并列)后十年要进入一个新的经济振兴时期。(四)

④ 好姻缘是要靠珍惜之心来保护的,(一)∥(解证)珍惜便是缘,(二)‖‖(连贯)缘在珍惜中,(三)∣(并列)珍惜之心亡则缘尽。(四)

3. 四重以上复句。有四个层次和关系的,是四重复句。复句到了四重,就不是很常见了,这是因为层次太多,关系就不易清晰,同时,句子太长也不利于读写听说。因此,如果不是特殊需要,一个复杂的思想,与其用四重以上的复句表达,不如用由一群语义相互联系的句子组成的句群来表达。下面仅举四重复句的例子:

⑤ 在社会主义制度下,生产力和生产关系虽然有矛盾,(一)∭(转折)但这种矛盾不是对抗性的,(二)‖‖(因果)党和人民可以自觉地调节这种矛盾,(三)∥(目的)以保证生产力迅速向前发展,(四)∣(因果)从而创造出比资本主义更高的劳动生产率和物质文明。(五)

⑥ 即使刮大风,(一)∭(并列)下大雨,(二)‖‖(因果)场地泥泞,(三)‖‖(因果)行走困难,(四)∣(让步)足球赛也按期举行,(五)∥(并列)绝不推迟。(六)

分析多重复句主要抓住两条:一是综观全局,逐层剖析;一是抓住关联词语,参考语义关系。这两条要结合起来。综观全局,就是细心阅读,了解意思,找出分句和分句的层次来。逐层剖析,就是由整体到部分,一分为二,顺序切分,直到不能再分为止。抓住关联词语,参考语义关系,则是说分析多重复句的语义关系主要看关联词语,没有关联词语时,可以参考分句在一定语言环境中所能表示的意义,然后用能加进什么关联词语来验证。

分析复句的具体步骤有三:首先是综观全局,确定分句数量;其次是逐层剖析,寻找直接组成分句,即第一重的所在;最后是顺序划分层次,逐一标明分句关系。

(二) 复句的运用

组织好复句是说好话语、写好文章的一个条件。组织好复句要注意两条:一是分句间的意思要合乎逻辑,联系紧密,脉络清楚;二是关联词语的使用要准确得当,不缺不滥。这样组织起来的复句,才能关系清楚,表意明确。如:

① 由于暴雨灾害,全局8月份生产任务减产50%。

② 虽经暴雨灾害,全局8月份生产任务仍然达到50%。

上述两个复句叙述的是同一个事实,但是二者所传递的信息并不完全相同。例①用说明因果的复句,传递的是理性的信息,是非常客观的报道。例②用转折复句,在传递理性信息的同时,隐含了全局同志的抗灾精神和努力所得,带有明显的肯定的感情色彩,间接地传递了"50%生产任务的完成来之不易"的增殖信息。比较起来,当然是②更胜一筹了。

但是,在语言运用中,复句组织不好的现象还是很常见。通常容易犯的毛病有:

1. 先后无序。客观事物的发展都有一定的程序。语言是反映客观现实的,先说什么,后说什么,就不是任意的。在复句中,与次序先后有关系的,是连贯复句、递进复句;即使是并列复句,也有习惯上的先后问题。因此,稍有忽略,就可能犯先后无序的毛病。如:

*① 随着春天的到来,草色转绿了,迎春花开了,大地复苏了。

*② 其中的道理连大人都懂了,何况小孩呢?

*③ 鲸不但是古往今来地球上最大的动物,而且也是海上巨兽。

*④ 我们一方面要防止极端民主化,一方面要确实扩大党内民主生活。

2. 因果失当。组织因果复句,应该做到因果相应;否则,就可能犯以下的毛病:

(1) 强加因果。把没有因果关系的两件事情硬扯在一起。如:

*① 我重视了文化学习,所以忽视了体育锻炼。

*② 这个女学员因为穿一件漂亮而合身的上衣,显得有些消瘦。

（2）颠倒因果。两件事情之间确有因果关系，但是，表达时却错把原因当结果，或错把结果当了原因。如：

＊③ 这个工厂，由于生产搞上去了，因此，各项政策也落实了。
＊④ 群众的积极性还没有充分发挥，因此，规章制度还不合理。

3. 条件不符。指条件复句的两个分句之间关系不一致。这也有几种情况：

（1）强加条件。就是把没有条件关系的两个分句硬扯在一起。如：

＊① 没有阳光，没有空气，人就会窒息。
＊② 那座水库如果粗略地参观一遍，就得两天。

（2）错用条件。条件关系有情况和分寸的不同，把握不好，也会造成条件不符。如：

＊③ 如果分析什么文章，只有掌握了这种方法，才能迎刃而解。
＊④ 只有每天坚持做早操，才能增进健康，减少疾病。

4. 关系不明。由于漏用乱用关联词语而造成语义关系不明。

（1）漏用。如：

＊① 我们送去，他们来取。
＊② 如果说，开发利用长江的水利资源是一场规模宏大的战役，葛洲坝的兴建只能是一场不大不小的火力侦察。

（2）乱用常见的是"张冠李戴"和"乱点鸳鸯"。前者指这种语义关系却错用了那种关联词语，后者指把不能配对使用的关联词语硬绑在一起。如：

＊③ 我们承认落后，并且不甘心落后。
＊④ 如果它的思想不健康，才能列入坏文章一类。

▶ 思考与练习

一、连动句有哪些主要类型？
二、能组成兼语句的动词有什么要求？
三、组织"把"字句应该注意什么？

四、组织"被"字句应该注意什么？

五、"是"字句有哪些主要类型？

六、句子结构混乱有哪几种情况？

七、复句有哪些特征？

八、联合复句有哪些类型？请各举一例。

九、偏正复句有哪些类型？请各举一例。

十、紧缩复句有哪些类型？请各举一例。

十一、什么是多重复句？如何分析多重复句？

十二、指出下列句子，哪些是连动句，哪些是兼语句？

1. 妈妈领着村里的妇女绣花鞋。
2. 他们的事迹使我们受到了一次全心全意为读者服务的教育。
3. 我们希望"西部开发工程"有更大的进展。
4. 我有话对你说。
5. 你还是让他去韩国打工？
6. 你让让她，她小。

十三、修改下列句子，并说明理由。

1. 不仅这样，他们还把小岛建成花园一样美丽。
2. 考试场设在一间古色古香的大厅里举行。
3. 革新技术以后，不但加快了生产速度，提高了产品的质量。
4. 如果分析什么文章，只有掌握了这种方法，才能迎刃而解。
5. 目前正值北戴河的黄金季节。全国游客纷至沓来，这种盛况为"黑市"生意提供了机会。

十四、指出下列复句的类型。

1. 老人家为人和善，邻居们都喜欢他。
2. 天气暖和起来了，蜘蛛又出来在檐前做网。
3. 行李太多，每个人都要拿一些。
4. 所有人可以同时通过一条线路打电话而互不干扰，听得清清楚楚。
5. 我们不怕死，因为我们有牺牲精神。

十五、用划线法分析下列多重复句。

1. 因为我们是为人民服务的，所以，我们如果有缺点，就不怕别人批评指正。

2. 三味书屋后面也有一个园,虽然小,但在那里也可以爬上花坛去折腊梅花,在地上或桂花树上寻蝉蜕。

3. 想有乔木,想看好花,一定要有好土。没有好土,便没有好花,所以土实在较花木还重要。

十六、修改下列句子,并说明理由。

1. 乌鸦一贯喜欢扎堆,尤其是冬季的傍晚。扎堆势众不仅是为了占窝,也是为了取暖。

2. 白天辨别方向比较容易,黑夜辨别方向,除指北针外,还可以利用北极星。

3. 去年国庆节期间之所以消费火爆,很重的一个原因就是加薪,再加上正值建国五十周年大庆、中秋佳节,所以人们花钱的积极性很高。

第七章　句群的分类和运用

　　人们说话,要发出一连串的语音,形成一连串的连贯话语;人们写作,要写出一连串的句子,组成一段段文辞。口头上的话语和书面上的文辞,通常就称为语流。任何语流,无论长短,都是可以被人们的听觉器官或视觉器官所感知、所理解的。语流的这种可感知性和可理解性,说明语言不是混沌一片的,而是可以切分为若干大小不同的单位的。如果一个语流片断是一篇文章,那么,它至少可以切分为:章节 > 片段(次篇章) > 段落 > 句群 > 句子 > 词组(短语) > 词 > 语素。

　　在习惯上,语法学研究的语流单位,最大的到句子为止,而文章学研究的语流单位,最小的到段落为止,句群处于被遗忘的角落。然而,在语言运用中,句群一头联系着句法,一头联系着章法,是从句法过渡到章法的桥梁,是在语言运用中具有特殊重要性的语言单位。因此,要提高读写听说的能力,不能忽视句群的学习和运用。

　　那么,什么是句群呢？句群是在语义上有逻辑联系,在语法上有密切关系,在结构上衔接连贯的一群句子的组合;是介于句子和段落之间的语言单位,或者说是大于句子、小于段落的语言单位。在语言运用中,句群是相对独立的"语义·句法"单位,它经常以一定的语言手段为组合标志,可以从语流中切分出来。如:

　　　　有人说,三峡像一幅展不尽的山水画卷。(一)‖也有人说,三峡是一条丰富多彩的长廊。(二)｜依我们看,三峡倒更像一部辉煌的交响乐。(三)‖它由"瞿塘雄、巫峡秀、西陵险"这三个具有各自不同旋律、节奏的乐章组成。(四)

　　　　(注:句群的分析方法,类比复句的划线法。)

　　这是一个二重的转折句群,由四个句子组成。句子(一)、(二)和(三)、(四)之间是第一重,运用插说词语"依我们看"和副词"倒"关联组合,共同表达了三峡"雄、秀、险"的特点。这个句群的前一部分,(一)和(二)之间是并列关系,它们称为"分句群",是整个句群的直接组成成分之一。从句群这个角度说,它们不必再切分,是最小的分句群。这两个句子也采用了一定的组合手段:一是运用插说词语"有人说"、"也有人说",一是运用比喻辞格。这个句群的后一个直接组成成分,(三)和(四)之间是解证关系,具体说明了以"交响乐"为喻的内涵。两个句子用指代词语"它"紧密衔接。而就整个句群看,四个句子都运用了比喻,因而可以说是一个运用比喻辞格组合的二重句群。

第一节 句群的分类

和其他语言单位一样,句群也可以根据不同标准加以分类。常见的是功能标准和结构标准。根据句群在段落篇章中的表达作用来分类,是功能分类,称为句群的功能类型。一般分为主体句群、过渡句群和插入句群。"主体句群"是构成段落篇章必不可少的语言单位,文章的内容,如刻画人物、叙述事件、描写场景、说明事物、开展论述、抒发感情等,主要靠它来表达。因此,相应地,它也就可以再分为若干小类:记述句群、描写句群、说明句群、议论句群和抒情句群等。"过渡句群"则在段落篇章中连接句群、段落,起承上启下的作用。文章内容从这一层意思转入另一层意思,常常依靠它来协调。"插入句群"是对文章内容的某一方面所作的注释、补充、引申或说明。它在篇章中处于游离状态,一般不与上下句、段混杂,具有独立性。

根据句群中句子和句子之间的结构关系来分类,是结构分类,称为句群的结构类型。我们主要介绍这一分类。就目前的研究成果看,句群的结构类型大体和复句相当,这就再次证明了现代汉语各级语法单位在构造原则上有一致性;因此,可以类比复句来命名句群的结构类型,并且通过对二者异同的比较来学习和运用句群。

一、并列句群

组成句群的句子之间有并列关系。常用的关联词语有:同时、与此同时、同样、另外、此外、除此以外、还有、相反(地)、恰恰相反、也、在另一方面、一方面……一方面、一般地说……特殊地说、不在于……是在于,等等。也可以采用意合法或序数词语组合。如:

① 所谓问题的中心,不在于党内有无不同的思想意识,有无意见上的分歧,这是一定有的。(一) | 问题的中心,是在于如何解决

党内的矛盾,如何解决这种分歧,如何克服党内各种不正确的、非无产阶级的思想意识。(二)

② 长江的差错永远湮没不了长江的功绩。(一)│长江的灾害亦已经随着东流的江水而成为历史。(二)

例①运用关联词语"不在于……是在于"组合,两个句子从同一事物的不同方面进行阐述,通过对举比较,强调了问题的中心所在。例②运用语序组合,也可以说是运用重复关键性词语"长江"来衔接。两个句子平行并列、相互补充,评价了长江的过去。

二、连贯句群

组成句群的句子之间有连贯关系。多数采用意合法;也用关联组合,常用的关联词语有:就、又、便、于是、接着、紧接着、紧跟着、然后、至于、下面、上面……下面、首先……其次……最后、先说……再说,等等。此外,还可以运用时间词语、处所词语、某些修辞格(如顶真格)等来组合。如:

① 刘胡兰用愤怒和鄙视的眼光对着敌人。(一)│接着,她昂然走向刑场。

② 瓯塑的原料取自本地的观音土,用桐油和原料调合成油泥。(二)│然后,由艺人们在木版、瓷盘或其他材料上制作出一幅幅精美的瓯塑作品。(二)

例①两个句子运用"接着"组合,共同表达了刘胡兰的大义凛然和威武不屈。例②运用"然后"组合,说明了瓯塑的制作过程。

三、递进句群

组成句群的句子之间有递进关系。一般是后面的句子对前面的句子有所补充或在意思上更进一层。递进句群可以采用意合法,但更多的是关联组合,常用的关联词语有:而、而且、并、并且、也、还、更、甚至、甚至于、甚而至于、何况、况且,等等。如:

① 自己因为一向看到的菱角都是两个角的,就以为天下的菱角都是两个角的。(一)│而且连人们早已调查出来的菱角的各种状态都不知道。(二)

② 老话说:"十年树木"。(三)│要是在各个地区建设山区的

第七章 句群的分类和运用

同志都立定这个志向,十年以后,还怕山区不花果满山、生活富裕吗?(二)

例①运用"而且"组合,(二)补充说明思维的定势和知识的贫乏。例②运用意合法,也可以说运用重复关键性词语"十年"组合。(二)进一层指出,坚持就会有收获的道理。

四、选择句群

组成句群的句子之间有选择关系。选择句群较常运用成对的关联词语,常用的有:或者……或者、要么……要么、是……还是,等等;有时也只用一个关联词语,如:或者、要不、其中、特别是、尤其是,等等。如:

① 梅花是冬天最后唯一仅存的花朵?(一)|还是春天最早开放的花枝?(二)

② 庙内现存石碑130余件,木刻字画150余幅。(一)|其中,有汉隶张表碑、颜真卿的书信稿、黄庭坚的《幽兰赋》、苏东坡的《赤壁赋》、郑板桥的竹画等。(二)

例①运用"是……还是"组合,两个句子各提出一个问题供选择,是选择未定的句群。例②运用"其中"组合,是特选的句群。(一)介绍庙内存有的石碑、字画的总数;(二)从中特地选出最著名的几种,提醒读者或听众注意。

五、总分句群

组成句群的句子之间有总分关系。几个句子,有的表示总提,通常含有表示总提的数量词组、指量词组(指示代词常用"这"),或者使用如下词语:总之、总而言之、归根结底等;有的表示分说,通常含有表示分说的数量词组,或者使用如下词语:首先……其次……再其次,有时也运用重复关键性词语的手段来组合。如:

① 从严密的综合科学体系讲,最基础的是两门学问。(一)|一门物理,是研究物质运动基本规律的学问。(二)‖一门数学,是指导我们推理、演算的学问。(三)

② 他们是全国人大常委会中唯一的一对夫妇。(一)|薛暮桥是我国著名的经济学家,他的经济理论对于指导新中国的建设和经

济体制的改革起到过重要的作用。(二)‖罗琼则是一位妇女活动家和理论家。(三)

例①是一个二重的总分句群,三个句子运用表示总提的数量词组"两门"和表示分说的数量词组"一门"组合,共同说明了科学的最基础学问有哪些。例②也是二重总分句群,采用意合法组合,总说(一)中用"数量+名"结构"一对夫妇"表示总提,分说的(二)、(三)中,分别介绍丈夫"薛暮桥"和妻子"罗琼"。例①、②都是"总"前"分"后排列的,即"总·分"式的,是总分句群最常见的一个小类。其他的,还有"分·总"、"总·分·总"式的。

六、解证句群

组成句群的句子之间有解证关系。其中,有的句子提出某种看法、道理、事实、现象,有的句子则对所提出的种种问题加以解释、说明、补充、引申。经常用来组合的特定词语有:像、例如、比如、比如说、举例说、据说、这、这就是说、也就是说、换句话说、用(同志们)的话来说、那就是、那就是说、所谓、意思是说、可以说、当然,等等,这些词语通常用在解释、说明、补充、引申的句子的句首。此外,也运用意合或某些修辞格。如:

① 大家都知道,泰山上有一个快活三里。(一)︱意思是在艰苦的攀登中,忽然有长达三里的山路,平平整整,走上去异常容易,也就异常快活,让爬山者疲惫的身体顿时轻松下来,因此名为"快活三里"。(二)

② 修陵的民工达70万人。(一)︱当时秦朝全国总人口约2000多万人,壮丁也不过700万人。(二)‖也就是说10个壮丁中就有1个被征去替秦始皇修坟,这对老百姓是多么沉重的负担呀!(三)

例①运用"意思是"和重复关键词语"快活三里"组合,共同说明了命名的依据。例②是二重解证句群。(一)和(二)、(三)之间是第一重,运用意合法组合,共同揭示了修秦始皇陵带给"老百姓的沉重负担"。(二)和(三)是第二重,是解证分句群,运用"也就是说"和换算辞格组合。

七、因果句群

组成句群的句子之间有因果关系。常用的关联词语有:因为、因此、

第七章 句群的分类和运用

正因为如此、所以、由于、其结果、看样子、由此看来,等等。成对使用的有:为什么……是因为(/原来是/原因是)。如:

① 场院屋的门大开着,屋里弥漫着一股火药味儿,遍地被践踏乱了的干草,草上还有星星点点的几滴鲜血和几颗亮晶晶的手枪弹壳。(一)│看样子,老赵是在突然被袭击时作过短暂的抵抗后才受伤被捕的。(二)

② 愈是远古的时代,人类的活动愈是受自然条件的限制。(一)│││特别是那些还没有定居下来的骑马的游牧民族,更要依靠自然的恩赐,他们要自然供给他们丰富的水草。(二)││阴山南麓的沃野,正是内蒙西部水草最肥美的地方。(三)│正因为如此,任何游牧民族只要进入内蒙西部,就必须占据这个沃野。(四)

例①运用"看样子"组合,(一)列举事实,(二)根据事实进行推断,提出可能的结果。例②是一个三重的因果句群。(一)、(二)、(三)和(四)之间是第一重,运用"正因为如此"组合,表示依据前因可以推出的结果,表达了游牧民族占据阴山南麓的必然性。(一)、(二)和(三)之间是第二重。这是个二重的连贯分句群,句子(一)、(二)提出远古的人类,其活动要受大自然条件的限制,而游牧民族尤其需要丰富的水草,(三)紧接着说阴山南麓正是具备这样条件的地方。三个句子运用重复关键词语"自然条件"和"水草"衔接。(一)和(二)之间有特选关系,是一个最小的选择分句群,两个句子运用"特别是"组合。(一)提出远古人类的生存要靠自然的恩赐,(二)从中选出更有代表性的游牧民族来作论据,从而增强了论证的说服力。

八、目的句群

组成句群的句子之间有目的关系。常用的关联词语有:为此、为达此目的、为了这个目的、免得、为的是什么……为的、目的是为了……是为了,等等。如:

① 时至今日,一切空话都不必说了,还是做件切实的工作,借以立功赎罪为好。(一)│免得逃难,免得再受蒋介石死党的气,免得被人们所唾弃。(二)

② 我们大家辛辛苦苦为的是什么?(一)│就为的一个心愿:要

把死的变成活的;把臭的变成香的;把丑的变成美的;把痛苦变成欢乐;把生活变成座大花园。(二)

例①运用"免得"组合,(一)提出应该做的事情,(二)说明这样做之后可以避免的后果,也就是可以达到的目的。例②运用成对的关联词语"为的是什么……为的"组合,(一)提出为实现"心愿"所做的努力,(二)说明所想实现的"心愿",也就是目的。

九、条件句群

组成句群的句子之间有条件关系。常用来组合的词语有:指示代词"这"、"这样",关联词语和"这样"的组合如只有这样、只要这样、除非这样、才、就、不管等。如:

① 无论准确也好,鲜明、生动也好,就语言方面讲,字眼总要用得恰如其分。(一)|这样,表现的概念才会准确,也才能使人感到鲜明。(二)

② 我们必须发展批评和自我批评,正确地进行党内斗争,来反对党内一切坏的现象,克服党内的分歧。(一)|只有这样,才能使党巩固、发展和向前。(二)

例①运用"这样"组合,(一)提出必要条件,(二)说明实现了这个条件后的结果。例②运用"只有这样"组合,(一)提出唯一条件,(二)说明实现了这个条件后的结果。两个例子都是条件在前,结果在后的条件句群。

十、转折句群

组成句群的句子之间有转折关系。常用的关联词语有:可、可是、但、但是、然而、幸而、可惜、不过、只是、不料、其实等。如:

① 如今,这些白杨树已经有碗口粗了。(一)|可是,为全村赢得这些荣誉的人却受到这样的折磨。(二)

② 铜瓦在日照下闪耀着金色的光芒,所以,后人就把这里叫做金顶。(一)|可惜,在1890年和后来的"十年动乱"期间,这里遭了几场大火,于是,人们再也看不到金顶的光辉璀璨。(二)

例①运用"可是"组合,(一)说白杨树已经茁壮成长,(二)反转过来说赢得这些荣誉的人却在遭受迫害。例②运用"可惜"组合,(一)描写金顶的辉煌璀璨,(二)反转过来说这样的景色已经看不到了。

拿上述介绍与复句相比较,我们看到,它们有许多相似之处。因此,某些多重复句可以转换为句群,某些简单一些的句群也可以转换为复句,只要在标点和语调上稍加更动。不过,毕竟二者是不同的语法单位,因此,在组合手段上,它们还有差别。具体说来有如下几点:

1. 句群较少运用成对搭配的关联词语。

某些成对搭配用于复句的关联词语,如:因为……所以、虽然……但是、不但……而且、如果……那么,等;它们用来组合句群时,通常是拆开来单用其中之一。一般单用因为、所以、但是、而且、那么。

2. 组合句群的单用的关联词语,一般不出现在始发句里。

这种情况与所使用的关联词语有关。从所掌握的材料看,用来组合句群的关联词语,常是那些在正常语序下出现在复句的后一个分句里的连词。也有少数是出现在前面的分句里的,如:因为、虽然、不管。此外,还有某些具有承上启下功能的副词,如:同时、其实、原来、当然、却、又、也、还,等等。这些副词,不管表示什么意义,都有引进下文的语法功能,因此,通常出现在后续句里。

3. 某些复句常用的关联词语不用来组合句群。

这些词语有:与其……不如、宁可……也不、不是……而是、之所以……是因为。此外,出现在复句的前一分句里又不能单用的连词,一般也不用来组合句群。

4. 某些词语主要用于组合句群,起关联作用。

这些词语有:这样、如果这样、只有这样、只要这样、除非这样、正因为这样、除非如此、尽管如此、为的是、其结果、上面……下面、首先……其次……最后、先说……再说、一般地说……特殊地说、这就是说……而不是说、换句话说、比方说、由此可见、总之、恰恰相反、除此而外、与此同时、不料、可惜、其实不然、不在于……是在于、为什么……原来、为什么……是因为,等等。

第二节 句群的切分

句群的切分包括两个方面:内部结构切分和外部结构切分。

语法编

一、句群的内部结构切分

内部结构切分指组成句群的几个句子之间的层次和关系分析,重点是多重句群的分析。前一节里,已经接触到二重、三重句群的分析。这里,再补充一个用例:

请看:由于茶叶发源于中国,全世界关于"茶"这个词儿的发音,都和普通话的 cha 或潮汕厦门话的 tea 近似。(一)|||(总分)从海路接受了茶的,就把它称呼为 tea,从北方陆路接受了茶的,就把它称呼为 cha。(二)||(并列)全世界对于咖啡和可可的称呼,也和它原来的产地——非洲、美洲人们的称谓相近。(三)||(并列)再举一个有趣的例子:由于全世界各地所种的荔枝、龙眼、黄皮(中国南方的一种果子),都是从中国引进去的,世界各个国家的文字中,称呼这几种果子的名词,都和中国南方的口音差不多。(四)|(解证)从这样的事例,也可以见到:外来词的借用,是世界各族语言发展的共同规律。(五)

这是由五个句子组成的三重解证句群。第一重在(一)、(二)、(三)、(四)和(五)之间,运用"这样的事例"组合。前面的分句群提出三个实例,后面的句子就实例作出结论:"外来词的借用,是世界各族语言发展的共同规律。"第二重在(一)、(二)、(三)和(四)之间,是并列分句群,三个并列部分各自讲了一个实例。第三重在(一)和(二)之间,是最小的总分分句群,(二)总说全世界关于"茶"的读音都受汉语的影响,(二)分说海路的影响读为 tea,陆路的影响读为 cha。

四重(含)以上的句群并不常见。因为,从语言运用角度说,人们一般倾向于把句群组织或切分得小一些。下面谈外部结构切分,会触及四重句群,这里不再专门举例。

二、句群的外部结构切分

外部结构切分指一段连贯话语如何切分为若干句群。句群是组成段落的材料。当段落只由一个句群充当时,句群与段落重合。有时候,为了强调某一内容,句群的几个句子分段书写,这时,句群大于段落。当段落由若干句群(还有句子)充当时,就出现如何分析的问题,这也就是句群的外部结构切分。这种切分,可以帮助理解段落的内容,看看作者的思路

第七章　句群的分类和运用

是怎样一步步发展过来的,是用什么样的语言形式表达出来的。在此基础上,再去概括段落大意,也就容易了。下面分析一个段落:

　　1. 模糊数学以客观的模糊性为研究对象,它的基础是模糊集合论。(一)│2. 集合原是德国数学家康托尔在19世纪末提出来的概念。(二)例如,太阳系是所有行星的集合,车厢是所有乘客的集合,一张报纸是全部字组成的集合,等等。(三)│3. 经典集合论对事物只作明确的划分。(四)然而事实上,一个事物是否属于某个集合,并非只有"是"或"非"两种答案,常有模棱两可的情况。(五)例如,对"老年人"和"高个子"这类集合的界限就很难作明确的划分。(六)五十岁的人,可以算老年,也可以不算老年。(七)这就是说,在现实世界中,集合的边缘往往是模糊的。(八)│4. 在人们的思维或语言中,这样的模糊概念比比皆是。(九)如胖、高、重、浓、响、明亮、暖和、粉红、漂亮等,都是没有绝对的标准。(十)│5. 经典数学就无法进行描述,而模糊数学却能对这些模糊集合进行定量分析。(十一)因此,模糊集合更加符合现实世界的实际情况,更带有普遍性。(十二)│6. 可以这样说,数学从模糊到精确,又发展到模糊,是螺旋式的上升,标志着我们认识世界的能力提高到了一个新的高度。(十三)

这个自然段有13个句子,介绍模糊数学的研究对象、基础理论,提出数学从模糊到精确,又发展到模糊"标志着我们认识世界的能力提高到了一个新的高度"的观点。这个段落可以切分为六:1、2、3、4、5、6。在这个段落中,1(一)是段落的始发句,也是中心句,它提出中心话题。2、3、4、5是围绕1展开论述的支撑句群;它们所包括的句子,都是1的后续句。6(十三)是段落的终止句,它是1、2、3、4、5所论述的内容的概括升华,揭示了模糊数学、模糊集合论诞生的深远意义。2是个插入句群,补充说明"集合"这个重要概念的提出和它的内涵。这个句群由(二)和(三)两个句子组成,运用"例如"组合,是说明式解证句群。3由(四)、(五)、(六)、(七)、(八)五个句子组成,是四重解证句群,提出现实世界中,集合的边缘往往是模糊的,并举实例作了有力的论证。在3中,(四)、(五)、(六)、(七)和(八)之间是第一重,运用"这就是说"组合。第二重在(四)和(五)、(六)、(六)之间,运用"然而"组合,是一个转折分句群。(四)说经典数学的定势,(五)、(六)、(七)反转来谈模糊数学、模糊集合论的突破

→ 语法编

第三重在(五)和(六)、(七)之间,运用"例如"组合,是例证式解证分句群。(六)和(七)是第四重,是连贯分句群,后一个句子紧接着前一个句子对"老年"作具体说明。3 的内部结构切分简图如下:

(四) ‖ (五) ‖‖ (六) ‖‖‖ (七) | (八)
　　转折　　　解证　　　连贯　　　解证

4 是由(九)和(十)组成的解证句群,运用"如"组合,提出语言和思维中也存在着模糊现象,把问题的论述从数学引向相关学科,暗示了模糊现象的普遍性。5 是由(十一)和(十二)组成的因果句群,运用"因此"组合,提出结论:模糊集合更符合客观实际、更带普遍性。那么,中心句 1 和支撑句群 2、3、4、5 以及终止句 6 之间,是怎样衔接的呢? 主要是运用重复关键性词语"经典集合、模糊集合、经典数学、模糊数学"等,从而使六个部分紧紧围绕一个总话题展开。

从上述分析中可以看出:把这个自然段切分为六个部分的依据,除了考虑中心句/句群、终止句/句群之外,还参考了词语组合手段(各种组合手段都既是切分也是组合句群的重要依据)。也考虑了这个自然段属于科技语体,因而,又尽可能照顾论点、论据的界限。

第三节　句群的运用

从表达角度看,无论说话还是写作,要做到有条有理、通畅明了,关键是组织好句群。那么,怎样才能组织好一个句群呢?

一、上下句子要连贯

组成句群的几个句子,要衔接连贯。而叙述角度不一,句子次序不当,接应词语残缺,话题转换过快,都会造成不衔接不连贯。如:

　　*① (豹子的吼声继续传来,突然从远处传来几声枪响)排长上。
　　丁勇:怎么回事?
　　排长:我们到处点了火,豹子转移到七连去了,这是七连打豹子呢?
　　*② 4 月下旬,黑龙江大学俄语系举行学术报告会。(一)全系

师生和哈尔滨师范学院俄语系,辽宁大学外语系以及在我校俄语系进修的九所兄弟院校的俄语教师参加了报告讨论会。(二)

*③ 为什么道教这一"国产"宗教,没能像佛教这一外来宗教那样在中国形成巨大影响,取得独尊的统治地位呢?(一)不过,虔诚的道士们却为后世的冶炼学和医学提供了不少宝贵的经验。(二)

*④ 能不能团结跟自己意见不同的人,包括反对过自己反对错了的人,这是能不能团结大多数人一道工作的一个重要方面。(一)我们的同志都是从四面八方汇集拢来的。(二)由于各人工作经历、认识水平不同,在一些问题上有不同意见是常有的事。(三)有些同志不懂党内团结的辩证法,不能正确对待不同意见。(四)

例①丁勇问的是为什么打枪,排长应该先回答"这是七连打豹子呢",问答才能紧密衔接,上下文意也才连贯。现在这样安排语序,不能说是一个组织得好的问答句群。例②的(一)说黑龙江大学怎样,是用第三人称口气来叙述的。(二)中却突然跑出来个"我校",变成用第一人称叙述了。这样一来,"我校"到底指哪所学校,就有歧义了。例③的(一)问为什么道教没能够取得"独尊"的地位。(二)不是回答所问,而是转变了话题,谈道士们对后世的贡献。这样,前后句子就脱节了。例④四个句子各自独立时都文通字顺,但是,组合为句群时,却觉得不通畅。原因是(一)、(二)、(三)和(四)之间残缺了表示转折的关联词语"可是"。

二、前后语意须照应

组成句群的若干句子,在意思上应相互关联,是一个"逻辑统一体"。如果互不关联、各自为政,甚至前后大相径庭、自相矛盾,那就不好了。前面的用例②、③、④都有语意照应不周的毛病。再如:

*⑤ 你在这新的长征路上将如何前进呢?(一)是退却,是踌躇,还是勇往直前?(二)

例⑤(一)只提出"前进"一面,(二)却提出"不前进"和"前进"正反两个方面;这样一来,"反"的方面就缺照应了。在现代汉语中,有些正反一身的"两面词",如"是/能/可/当否"一类,在运用中,稍有疏忽,也容易犯缺照应的毛病,要引起注意。

三、推理论证合逻辑

一般说来,可以用一个句子来表达对事物的判断,也可以用句群从几个方面对事物进行判断;而推理和论证则要运用句群。在运用推理进行论证的过程中,提出论点和论据展开论证,都用句群来表达。这就要求我们在组织这类句群时,要特别注意句子之间的逻辑联系:看看其中的概念和判断是否准确恰当,看看推理的前提和结论是否有必然联系,看看论证过程是否有误。如果忽略了这些,也会出毛病。如:

*⑥ 按照规定,教师晋升职称要完成一定的教学工作量,但是,按北大目前的情况是教学任务难以安排。(一)以化学系为例,全系有100门课,教师有200人,平均两人一门课,教师的积极性发挥不出来,学校的管理部门也难以考核,提职工作遇到很大困难。(二)

例⑥(一)提出的论点是"教学任务难以安排",(二)提出的论据却只能证明"僧多粥少,一定的教学工作量难以达到"。这个论证逻辑性不强。

四、遣词造句合语境

修辞原则之一是合语境,句群是修辞活动,即语言运用的起码语境。语言运用是否恰当、得体,准确、鲜明、生动,都可以在句群中得到检验。因此,句群自身也应运用语境来验证;否则,也会出毛病。如:

*⑦ 山泉迈着轻盈的步子,带着融化了的积雪,带着早春山花的花瓣。(一)它从山顶泻下,把浪花飞溅。(二)

例⑦的两个句子各自独立时,遣词造句都没有问题,组合为句群就不行了;能一"泻"而下、"浪花飞溅"的水流,大约不会是迈着"轻盈步子"的山泉吧。

除了上述几方面,要组织好句群,还要善于恰当运用各种组合手段,使句子之间的结构关系和逻辑联系显得明朗起来。

思考与练习

一、简述句群的特征。
二、句群的结构类型有哪些?请各举一例。

三、组织好一个句群应该注意什么？

四、切分下述句群的内部结构。

1. 我没地方去！这是我的家，也是我的坟墓！况且，刀放脖子上的时候，我要是躲开，就太无勇了吧！

2. 不论是作家与否，都可以有幽默感。所谓幽默感就是看出事物的可笑之处，而用可笑的话来解释它，或用幽默的办法解决问题。比如说，一个小孩见到一个生人，长着很大的鼻子，小孩子是不会客气的，马上叫出来："大鼻子！"假若这位生人没有幽默感呢，也许就会不高兴，而孩子的父母也许感到难为情。假若他有幽默感呢，他会笑着对小孩说："就叫鼻子叔叔吧！"这不就一笑而解决了问题么？

3. 老李这才明白她，确是好看！不算美；好看。浑身上下没有一处不调匀，不轻巧。小小的身量，像是名手刻成的，肩头，腿肚，全是圆圆的。挺着小肉鼻梁，项与肩的曲线自然、舒适、圆美。长长的脸，两只大眼睛，两道很长很齐的秀眉，剪着发，脑后也扎了两个小辫——比李太太的那两个轻俏着一个多世纪！穿着件半大的淡蓝皮袍，自如，合适，露着手腕。一些活泼，独立，俊秀的力量透在衣裳外边，把四周的空气也似乎给感染得活泼舒服了，像围着一个石刻杰作的那点空气。不算美；只是这点精神力量使她可爱。

修辞编

第一章 修辞概说

第一节 修辞的含义

汉语"修辞"这个词语,最早见于《周易·乾·文言》的"修辞立其诚,所以居业也"一语中。在这句话里,"修辞"是"修理文教"的意思(唐·孔颖达注:"辞谓文教,诚谓诚实也;外则修理文教,内则立其诚实,内外相成,则有功业可居,故云居业也。")与人的修业有关,不是今天"修辞"这个词的意思。在现代汉语里,"修辞"这个词从字面讲,可理解为"修饰言辞",再广义一点又可理解为"调整言辞"。

修辞,狭义上就指语文字修辞;广义上包括文章的谋篇布局,遣词造句的全过程,同时也包含语文字修辞。

一、修辞活动

也叫修辞行为。人们只要说话写文章,就离不开修辞,而这种修辞活动或修辞行为,就是在一个特定的条件下,为了取得最好的表达效果,根据自己所要表达的思想内容,对词语的选用、句子的锤炼、特定修辞方式的运用,以及篇章结构和语体风格等语言手段的一个选择过程。这里的特定条件指的是在不同的场合、时间、环境下,对不同对象的讲话内容、讲话的形式等。同一个意思,可以运用不同的语言形式来表达,但是在特定的环境下,总有一种语言形式是最能反映说话人的思想感情的,表达的效果也是最好的,换句话说就是在同一种意思的不同表达方式中,选择其中效果最佳的。为了取得这种最佳的效果,就需要对语辞进行适当的调整和修饰,推敲词语和句子,斟酌篇章等等。比如,自古以来就流传的关于唐代诗人贾岛的"推敲"的故事,就是告诉我们要斟酌用词,反复琢磨。再比如有这样一段话:

要问白洋淀有多少苇地,不知道;每年出多少苇子,也不知道。只晓得每年芦花飘飞苇叶黄的时候,全淀的芦苇收割了,垛起垛来,在白洋淀周围的广场上,就成了一条苇子的长城。女人们在场里院里编着席。下一年六月里,淀水涨满,有无数的船只运输银白雪亮的席子出口。不久,各地的城市村庄就全有了花纹又密又精致的席子用了。大家争着买:"好席子,白洋淀!"

(孙犁《荷花淀》)

从这一段关于白洋淀苇地和苇席的生动形象、清新别致的描写中,我们可以看到不同的表达方式所产生的效果。如果孙犁先生在此不用提出问题的方式去引起他人的注意,不用比喻等形象化的手段来描绘,而只是平铺直叙地使用一大堆数字直白地来说明白洋淀苇地的庞大。苇子的众多和苇席质量的过硬,其表达效果肯定不如现在给人的印象深刻。

二、修辞规律和汉语修辞特征

所谓修辞规律就是运用恰当的表达手段以提高语言表达效果的规则和方法。就像语法是指语言结构的规律一样,修辞指的是客观地存在于修辞活动之中的一种规律。修辞活动是频繁、多变的,可是提高表达效果的方法、规律却相对少得多,它并不以是否被人们发现和掌握为转移,是客观存在的东西。

修辞与一个民族的文化传统有密切的关系。受汉民族文化传统的影响,汉语修辞中大量用"比",用得既多且广;汉语修辞以整齐、对称为主,以参差错落为辅;汉语修辞有虚写和实写之分,在语言表达中有意识地运用虚实观点,取得某种效果,这是汉语修辞的又一个特点。汉语修辞古今一贯的主导思想是要为表达内容服务。

汉语的语素以单音节为主,词以单音节和双音节为主,而汉语又是非形态语言,没有词形变化的约束。这两个特点,决定汉语修辞具有以下特征:

1. 语言单位组合灵便。

2. 非常容易组合成音节数目相同而结构上平行的语句,通常称为对偶。并且很容易押韵。大量运用整齐押韵的语言结构是汉语修辞的特色之一。

3. 汉语里陆续出现并且积累了数量可观的四字成语,这些成语中绝大部分富于显著的修辞效果。

4. 运用汉字的特点还产生了若干特殊的修辞技法,如回文、顶针、谐音双关等。

第一章 修辞概说

三、修辞学

所谓修辞学就是研究运用恰当的表达手段,为适应特定的语境,以提高语言表达效果的规律的科学。它是一门研究语言的综合运用的科学,是人们对客观存在的修辞规律的认识和描述,带有一定的主观色彩。说它是一门综合的科学,是因为它是从运用语言的各种手段方面,总结用词造句和各种表现的方式方法,以及篇章的修饰和调整的方法,找出它们的运用规则,以提高语言的表达效果。实际上,平时所说的"要学点修辞",所指的就是修辞学。

第二节 为什么要学习修辞

学习修辞是为了提高语言的表达效果,使语言的表现形式和思想内容很好地统一起来,充分地发挥语言的表情达意的作用。古人云:"言之无文,行而不远。"(《左传·襄公二十五年》)讲求的就是语言的艺术性。不仅如此,还可以使我们能够辨识各种修辞现象,了解修辞运用的规则,提高分析语言表现技巧的能力,能够注意准确地、生动地、有效地去运用语言。长此以往,可以逐步提高我们自己的语言表达能力。在实际修辞活动中,有许多失败或成功的例子可供我们借鉴。如:

[原文]周总理那十分熟悉的面影立即跃入了我的眼帘。

[修改]周总理那慈祥的面容立即跃入了我的眼帘。

(《一件珍贵的衬衫》)

[原文]中的"熟悉"是一个中性词,不带有感情色彩,用于句中,只是一般的叙述;[修改]后换成了"慈祥",不仅刻画出了周总理和蔼慈祥的神态,也表现出作者对周总理无限崇敬和爱戴的思想感情。通过对比,可以使我们清楚地看到好的修辞使形象更加鲜明生动,并引起读者丰富的联想,从而增强语言的感染力量。由此可见,掌握一定的修辞技巧,可以有效地提高语言的表达效果。

另外,学习修辞还可以帮助我们正确理解他人文章中所表达的深意,提高我们的阅读欣赏水平。如:

曲曲折折的荷塘上面,弥望的是田田的叶子。叶子出水很高,像

修辞编

亭亭的舞女的裙,层层的叶子中间,零星地点缀着些白花,有袅娜地开着的,有羞涩地打着朵儿的;正如一粒粒的明珠,又如碧天里的星星。微风过处,送来缕缕清香,仿佛远处高楼上渺茫的歌声似的。

(朱自清《荷塘月色》)

在这段描写中,可以说是句句有修辞,处处有修辞。不仅使用了许多叠音词:"曲曲折折"、"田田"、"亭亭"、"层层"、"粒粒"、"缕缕"等等;选用了很多描绘性的修饰语:"袅娜"、"羞涩"、"碧天"、"渺茫"等等;同时还采用了很多的比喻:"像亭亭的舞女的裙"、"如一粒粒的明珠"、"如碧天里的星星"、"仿佛远处高楼上渺茫的歌声似的"。如果我们不学习有关修辞的知识,在阅读和分析这些作品时,就很难把握和理解作品中所含有的丰富思想内容。可以说,只有认识到了修辞在其中的作用,才能真正读懂作品。

总的来说,修辞既不像有些人认为的那样高深莫测,也不像有些人所说的那样是咬文嚼字、文字游戏或雕虫小技,而是人们交际过程中不可或缺的东西。

第三节 修辞和语法、逻辑的关系

修辞是对语言各方面的综合运用的研究。因此,人们说话写文章的时候,词句是否运用得确切、清楚、明白、生动,篇章结构是否有条理,这些都是修辞所面对的事情。

语法是研究语言的结构规律。因此,人们说话写文章的时候,遣词造句是否符合语言的结构规律,是语法所面对的事情。

逻辑是研究正确思维的方法和规律的。因此,人们说出来的或写出来的内容是否符合逻辑规则及规律,是逻辑所面对的事情。

修辞、语法、逻辑是三门不同性质的学科,各有自己要完成的任务。正像某些人所说的那样:修辞管的是"好不好",语法管的是"通不通",逻辑则管的是"对不对",这三门学科性质不同,任务不同,但这三者在实际语言表达中却是一体的。一个完善的表达,必然是逻辑、语法、修辞俱佳的表达。许多修辞方法表面上看,似乎不合逻辑,不合事理,但在结合特定语境,对深层语义进行分析时,总能找到其表达的依据,有其内在的合理性。鲁迅曾说:"燕山雪花大如席,是夸张,但燕山究竟有雪花,就含着一

第一章 修辞概说

点诚实在里面,使我们立刻知道燕山原来有这么冷。如果说'广州雪花大如席',那可就变成笑话了。"(《鲁迅全集》第6卷,第237页)这说明,修辞不是毫无根据的任意行为,而是在合情合理的基础上,特定语境下对语言效果的艺术加工。再看下面的例子:

风雷动,旌旗奋,是人寰。三十八年过去,弹指一挥间。可上九天揽月,可下五洋捉鳖,谈笑凯歌还。世上无难事,只要肯登攀。

(毛泽东《水调歌头——重上井冈山》)

这里"弹指一挥间",将38年的时光,说成了转瞬间的事,这是一种夸张的用法,表面上看,似乎是不合逻辑。但从深层语义上分析,它真实地反映了时光易逝,突出了革命形势发展的迅猛;"可上九天揽月,可下五洋捉鳖"也是夸张,却很真实生动地道出了中国人民有着无限的创造力这一本质特点,同时,也准确抒发了革命领袖对人民力量的充分信赖与热烈赞美的感情。刘勰在《文心雕龙》中说:"壮辞可得喻其真。"夸张的目的就是为了突出事物的本质,强调事物的真实面貌。

值得注意的是,有些中性词,在特定的语境中,因受语境的制约,也会显示出浓厚的感情色彩。如:

我们对着高山喊:
周总理——
山谷回音:"他刚离去,他刚离去。"

"离去"是中性行为动词,单独存在不带任何感情色彩。但在上例中却产生了极其丰富的感情意义。人民的好总理不幸逝世,举国上下,悲痛万分,人民心理上不愿意接受这个残酷的事实,因此作者没用"逝世"、"去世"之类的词,而用了中性词"离去"。因为"离去"总还会回来的。总理,他永远活在人民心里,亿万人民对周总理的留恋、怀念、哀悼和无限爱戴的深厚情谊,全都寄寓在"离去"这个动词中。因此,在这里,"离去"一词比任何一个词都更具有感情色彩。事实上,在言语活动中,中性词受语境制约而产生感情色彩是很普遍的,但这种感情色彩离开具体语境便立即消失。

虽然,修辞、语法和逻辑各不相同,但他们又是紧密联系在一起的。无论是谁,都要以语言作为表现的工具;如果不是出于某种表达的特殊需要,语法不合,逻辑不通,就谈不上修辞,所以,修辞要受到语法和逻辑的

> 修辞编

制约。

从以上的叙述中我们可以看到,在学习修辞的过程中,必须注意修辞和语法、逻辑的关系。只有这样,才能正确地认识和分析复杂的语言现象,才能更进一步提高人们语言表达的质量和效果;才能使人类的语言更加丰富和完善。

> **思考与练习**

一、如何看待修辞是"咬文嚼字",是一种"文字游戏"的观点?

二、修辞作为一种活动,它的含义是什么?

第二章 词语的选用

句子是由词语组成的,而文章又是由句子组成的,所以也可以说,文章是由一串串的词语构成的,可见词语的重要性。词语运用得准确不准确,直接影响到句子,甚至是文章的表达效果。我们要提高语言的表达效果,就必须要在积累大量词语的前提下,精确地掌握词语的含义。大量地掌握词语,丰富自己的词汇,是词语选用的物质基础。

汉语的词汇是丰富的,要想把一个道理讲透彻,把一个故事叙述得生动活泼,并不是什么词语都可以使用的。只有根据特定的语境,根据表情达意的需要,对不同的词语进行比较,选择出最恰当、最生动的词语,把它们组织到句子中,才能收到最佳的表达效果,这就是词语的选用。词语选用是修辞的基础,也是一个复杂的问题。刘勰的《文心雕龙·章句》中说:"夫人之立言,因字而生句,积句而成章,积章而成篇。篇之彪炳,章无疵也;章之明靡,句无玷也;句之清英,字不妄也。"就是说,一篇文章的完成,从字词的推敲、句子的组织,到结构成篇,其间每一个环节都很重要,而且是互相联系的有机整体。显而易见,字词是其间最基础的一环,是文章能否写好的根本保证。所以,我国古代就有"百炼为字,千炼成句"的说法。如王安石的"春风又绿江南岸"中"绿"字的一字之改,这种在词语选择上的琢磨,长久以来一直为人们所推崇。事实证明,只有将词语选用好,道理才能论述得缜密周严,事物才能反映得准确恰当,情节才能引人入胜,人物才能栩栩如生,思想感情也才能表达得淋漓尽致。

第一节 从口语中选用

这里所说的口语,应该还包括谚语、方言、行业语等,恰当地选用它们,可以收到更好的表达效果。书面语里的词语大都是从人民群众的口语中吸取的,所以说,口语是书面语的基础。这些词语都是经过了人民群众长期使用并锤炼过的,所以,它们丰富多彩、生动活泼,极富表现力。恰当地选用,会收到很好的修辞效果。

> 修辞编

文学作品中就常常运用口语。如：

赵太爷、钱太爷大受居民的尊敬,除有钱之外,就因为都是文童的爹爹——

(鲁迅《阿Q正传》)

这里的"大"字,含义极为丰富,既有"很"、"非常"的意思,也有"格外"的意思。作者运用了这个字除了表现出当地百姓对赵太爷和钱太爷的态度外,还含有作者自身对他们的嘲讽。

方言的恰当选用,同样会收到好的修辞效果。如：

没有这个时间。而且我这个人是个土包子,没有文化,我不太喜欢讲自己的事情。当然我革命了几十年也干了些事,但还谈不上自己有什么了不起。我们现在要做的事情是要逐步把工作交给年富力强的人。

这是1980年11月15日邓小平会见《基督教科学箴言报》总编辑厄尔·费尔时,针对对方询问是否写回忆录时所答。邓小平所选用的"土包子"这个方言词语,在这种环境下使双方的谈话显得更加自然,内容更加生动。

谚语同样如此,恰当地选用,也会增强修辞效果。如：

俗语说"忠厚是无用的别名",也许太刻薄一点罢,但仔细想来,却也觉得并非唆人作恶之谈,乃是归纳于许多苦楚的经历之后的警句。

(鲁迅《论"费厄泼赖"应该缓行》)

这里鲁迅先生选用谚语"忠厚是无用的别名",其目的是为了更好地说明如果对敌人讲忠厚,则是对革命的不负责,不仅无益,反而有害这样一个道理。这个谚语的选用,言简意赅,发人深省,具有极好的修辞效果。

第二节 从文言词语中选用

有许多文言词语都带有庄重严肃的色彩,至今仍旧富有很强的生命力。我们在运用它们的时候,如果恰当地进行选用,可以收到极好的修辞效果。如：

阿 Q 这时在未庄人眼睛里的地位，虽不敢说超过赵太爷，但谓之差不多，大约也就没有什么语病的了。

(鲁迅《阿 Q 正传》)

"谓之差不多"，这种文言白话的故意杂糅，其目的是为了增添一种幽默的味道，加大了对未庄百姓愚昧落后的思想予以讽刺的意味，也使修辞效果得到了加强。

第三节　从声音中选用

词语的声音如果配合得当，说来顺口，听来悦耳，记忆容易，就会产生一种音乐美，而且会使语言显得鲜明、生动，从而取得好的修辞效果。词语声音的协调主要体现在以下几个方面：

一、音节要整齐、和谐、匀称

虽然我们现在不必像古人写诗作文那样，讲究对称句法，但却一定要注意音节的配合，如若音节整齐，节奏匀称，不仅可以给人以匀称美的语音感受，还可以增强文章的节奏感和气势。如：

我们含泪伫立橘子洲头，漫步湘江峭岸；回清水塘，登岳麓山；徘徊板仓小径，依恋韶山故园——万千思绪，随山移水转。

(毛岸青、邵华《我们爱韶山的红杜鹃》)

这段散文就非常注意对称词语的选用。古代汉语单音节词占优势，现代汉语双音节词占优势，而古代汉语中的许多单音节词在现代汉语中又变成了双音节词，这种单双音节词同义并存的现象为我们更好地搭配音节提供了基础。单对单，双对双，或单对双等搭配，可以使句子长短划一，节奏匀称。上文除了"回清水塘，登岳麓山"为一三搭配外，基本都是二二搭配。由于搭配得当，不仅使句子显示出和谐美，也使意思得到了加强，使读者的印象更为深刻。当然，我们也不能为了音节的对称，而不顾一切地强求一律，否则会使句子生硬、不自然，反而会破坏修辞效果。

二、声调要讲求平仄相间，抑扬顿挫

平仄两大类声调有规律地交替对应使用，就产生了声调的变化。恰

> 修辞编

当地运用,就会使语言显得抑扬顿挫,悦耳动听。如:

> 自古逢秋悲寂寥,我言秋日胜春朝,晴空一鹤排云上,便引诗情到碧霄。
>
> (刘禹锡《秋歌》)

这首五律诗是按照仄仄平平平仄仄,仄平平仄仄平平,平平仄仄平平仄,仄仄平平仄仄平的规律来排列的,抑扬顿挫,起伏荡漾。

> 落霞(平)与孤鹜(仄)齐飞(平),
> 秋水(仄)共长天(平)一色(仄)。
> 渔舟(平)唱晚(仄),
> 响穷(平)彭蠡(仄)之滨(平);
> 雁阵(仄)惊寒(平),
> 声断(仄)衡阳(平)之浦(仄)。
>
> (王勃《滕王阁序》)

以上共两联,取自骈文。前一联是一平一仄一平,一仄一平一仄。后一联是一平一仄,一平一仄一平;一仄一平,一仄一平一仄。虽然骈文音节不像律诗那样严格,但一联中末两个节拍要讲究,两联中的节拍也要讲究。而且,唐朝的骈文在句中平仄的调配更为严格。这篇骈文的这一段就是联联之间的平仄是相反的,使人读来有一种音节合拍,节奏鲜明的感觉。

三、韵脚要和谐自然,朗朗上口

声音美同押韵有着紧密的关联。本身音节的合理调配就有节奏感,如果韵脚再安排得当,就会使文章的乐感更加强烈。不仅更富感染力,还给人一种艺术的享受。如:

> 风雷动,旌旗奋,是人寰。三十八年过去,弹指一挥间。可上九天揽月,可下五洋捉鳖,谈笑凯歌还。世上无难事,只要肯登攀。
>
> (毛泽东《水调歌头·重上井冈山》)

这首诗最后一句中的"登攀"一词,它的规范用法应该是"攀登",在这里,作者为了韵的统一、和谐,有意改变了它的词素序位,这样就和前面的"寰"、"间"、"还"等作为韵脚的词语相押,给人以和谐悦耳的感受。

再比如,我们所熟知的《长江之歌》,有这样几句:

你从雪山走来,春潮是你的风采;你向东海奔去,惊涛是你的气概。……

你从远古走来,巨浪荡涤着尘埃;你向未来奔去,涛声回荡在天外。……

它的韵脚分别是"来"、"采"、"概"、"埃"、"外",使歌词形成了跌宕起伏的韵味,同时,又配合着"从雪山""向东海";"从远古""向未来"的时空交织的意境,从而抒发出对长江的热爱之情。借用臧克家的话说:

押韵确是加强节奏的一种手段,有如鼓点,它可以使音调更加响亮,增加读者听觉上的美感。……同一韵脚的诗句,可以比较紧密地结合在一起,从形式到内容可以得到统一与和谐。

(《精炼·大体整齐·押韵》)

四、叠音要生动、形象

恰当地运用叠音词语,可以极大地增强语言的表现力,使词语的意义更加突出,对事物的描绘更加生动、形象,具有声情并茂的修辞效果。如:

阿Q也脱下破夹袄来,翻检了一回,不知道因为新洗呢还是因为粗心,许多工夫,只捉到三四个。他看那王胡,却是一个又一个,两个又三个,只是放在嘴里毕毕剥剥的响。

(鲁迅《阿Q正传》)

这一段是描述阿Q捉虱子的情景。"毕毕剥剥"这个象声叠音词的运用,使读者仿佛看到王胡不停地咬虱子咬得毕毕剥剥响的情景,以及阿Q当时的神态。

再请看以下两幅苏州网师园楹联:

紫紫红红　处处　莺莺燕燕,
朝朝暮暮　年年　雨雨风风。
风风雨雨　暖暖寒寒　处处　寻寻觅觅,
莺莺燕燕　花花叶叶　卿卿　暮暮朝朝。

以上两联完全是由叠音组成,情境与韵味相互生发,读起来是饶有情趣。

→ 修辞编

第四节　从意义中选用

意义是词语的灵魂。意义的锤炼是一项复杂的活动,他同一个人对客观事物观察、认识的深度,艺术联想、想象的丰富程度,都有着密切的关系。选用词语必先考虑意义,因此,从意义上选用词语可从以下几个方面来考虑。

一、要把握住词语的意义差别

在语言的运用过程中,可供人们选择、比较的词语大量是同义词。有的同义词意义大体相同,但仍有微小的差别。即使是意义完全相同,但是在一定的语言环境中,为了某种修辞的需要,实际运用起来未必相同,像"生日"和"诞辰","明天是我的生日"不能说成是"明天是我的诞辰"。因此,把握细小的差别至关重要,只有这样,才能准确、清晰地表达出人们对客观事物的各种不同的思想感情,使文章活泼起来,从而更具表现力。如:

孔乙己一到店,所有喝酒的人便都看着他笑,有的叫道:"孔乙己,你脸上又添上新伤疤了!"他不回答,对柜里说:"温两碗酒,要一碟茴香豆。"便排出九文大钱。……我温了酒,端出去,放在门槛上,他从破衣袋里摸出四文大钱,放在我手里,见他满手是泥,原来他便用这手走来的。

(鲁迅《孔乙己》)

作者用"摸出"和"排出"来写孔乙己买酒的动作,对这两个词的选择,主要是针对人物的性格、经历、特点作出的。选用"排出",是生动地描绘出孔乙己生活窘迫、穷酸潦倒的状况,"排"字又使人感到九文钱上似乎还留有孔乙己的体温,表现出他非常渴望喝酒,但又非常舍不得这九文钱的微妙心理状态,这比"拿出"、"付出"等词语要生动,形象得多。至于"摸出"则又进一步描绘出孔乙己生活的窘迫,虽然没有几文钱,但还是"摸出"几文钱,表现出他想多摸出几文钱的心理,使一个穷酸潦倒的秀才形象活灵活现地展现在读者面前。

老栓慌忙摸出洋钱,抖抖地想交给他,却又不敢去接他的东西。

第二章 词语的选用

那人便焦急起来,嚷道:"怕什么?怎的不拿!"老栓还踌躇着;黑的人便抢过灯笼,一把扯下纸罩,裹了馒头,塞与老栓;一手抓过洋钱,捏一捏,转身去了。嘴里哼着说,"这老东西……"

(鲁迅《药》)

在这一段的描写中,选用了许多意义相近的词语来刻画刽子手和老栓这两个人物。特别是写那卖人血馒头的刽子手的神态十分传神,"抢"、"扯"、"裹"、"塞"、"抓"、"捏"、"哼"等几个词语的选用,是经过反复锤炼的。既准确又性格化地写出了刽子手的凶狠、残暴、贪婪的特征,使读者似乎看到了刽子手凶神恶煞的骇人神态和动作。如果写成:

那人便焦急起来,说道:"怕什么?怎的不拿!"老栓还踌躇着;黑的人便拿(取)过灯笼,一把取(拿)下纸罩,包了馒头,交与老栓;一手拿(取)过洋钱,数(看)一数(看),转身走了。嘴里低声(小声)说:"这老东西……"

虽然语法上没有什么问题,但从修辞角度来说,比前面的描述就差之千里了。从词语的准确性、丰富性、性格化上,两者的区别很大,而这种区别,正是体现在修辞上。

另外,对老栓这个人物的描写也是如此,选用"摸"、"交"、"接"等词语,则极为细致地描述了忠厚老实、胆小怕事的老栓,在拿人血馒头时紧张、害怕的心情。如果换成"拿"或"取",既表现不出这个人物的性格特征,也失去了语言的生动性。

以下几例都是学生在作文时由于没有掌握词语的特点和表达的需要而用错了词:

1. 他们把女朋友的照片拿出来,相互传阅。
2. 穷凶极恶的歹徒用明晃晃的尖刀,指向肃穆的人群。
3. 我刚到村口,先听到一片人声,鬼哭狼嚎地从村里滚过来,转眼就有无数的村民从烟火中涌出来。

第一个句子中的"传阅",只适用于看文字资料,用来陈述看照片旧欠妥当,改为"传看"才准确;第二个句子中的"肃穆"是"严肃而恭敬"之意,而面对歹徒刀刃的人群,哪里会有此种感情和心态。改为"静穆"较为妥帖;第三个句子中的"鬼哭狼嚎",是个贬义词,用在被同情的受害的村民身上,则与要表达的感情色彩相违背,改为不带褒贬的"连哭带叫"

较为适当。

二、要注意词语的色彩配合

词语的色彩是指词语的修辞色彩,在交流过程中,为适应特定的语言环境和交际对象的要求,人们使用的词语本身就含有表达特定的情态和气氛的独特格调,这也就是词语的修辞色彩。刻画人物,应该选用色彩鲜明的词语。如果词语的色彩选用不当,配合不好,对揭示人物的性格,所要抒发的情感会产生极大的影响,造成感情上的抵触和气氛上的相悖。反之,就会起到增强文章表达效果的作用。

有些词语除了表达一定的意义外,还能同时表达一种感情态度,褒义词和贬义词就是如此,我们也可以叫它词语的褒贬色彩。选用这一类词语要特别注意与所要表达的思想感情协调一致。如:

> 我向来是不惮以最坏的恶意来推测中国人的。但这回却很有几点出于我的意外。一是当局者竟会这样地凶残,一是流言家竟至如此之下劣,一是中国的女性临难竟能如是之从容。

(鲁迅《记念刘和珍君》)

这里作者对词语的意义选用就是充分考虑到了感情色彩。对"当局者"、"流言家"使用了"凶残"、"下劣"等贬义词,揭露了反动当局及那些御用文人的丑恶本质,抒发了作者对其极端憎恶的情感;而对刘和珍君等中国女性则使用了"从容"这个色彩鲜明的褒义词,充分表达了作者赞颂的情感。用三个色彩不同的褒贬词语表现出作者的爱憎。

词语的感情色彩并非一成不变,随着社会的发展,词语的感情色彩也会发生变化。褒义变成贬义,贬义变成褒义,有些中性词也可能转化为贬义。有时候,由于表达的特殊要求,需要我们说一些反话,使词语的感情色彩发生变化,以增强表达效果。如:

> (故意地)你现在真是一天比一天会说话,——(讽刺地)怪不得你这么聪明了。

(曹禺《日出》)

这是《日出》第二幕中,陈白露讽刺挖苦顾八奶奶的故作多情、俗不可耐。所用的就是"反话",但是却让说话很不得体且十分愚蠢的顾八奶奶欢喜得很,感到飘飘然。虽然使用了褒义词,但却是增强了嘲讽的语气,又不至于撕破脸皮,双方各得其所。

再比如:

> 如果说进到天山这里还像是秋天,那么再往里走就像是春天了。山色逐渐柔嫩,山形也逐渐变得柔和,很有一伸手就可以触摸到凝脂似的感觉。这里溪流缓慢,萦绕着每一个山脚,在轻轻荡漾着的溪流的两岸,满是高过马头的野花,红、黄、蓝、白、紫,五彩缤纷,像织不完的织锦那么绵延,像天边的彩霞那么耀眼,像高空的长虹那么绚烂。……马走在花海中,显得格外矫健,人浮在花海上,显得格外精神。在马上你用不着离鞍,只要伸手就可以满怀捧到你最心爱的大鲜花。
>
> (碧野《天山景物记》)

这里的"柔嫩"、"柔和"、"凝脂"、"缓慢"、"萦绕"、"荡漾"、"野花"、"五彩缤纷"、"织锦"、"绵延"、"彩霞"、"绚烂"、"花海"、"精神"等等用语无一例外都是为了突出"是春天了"这一中心。

所以,准确地掌握词语的感情色彩的变化,对于正确使用语言来表达思想是非常必要的。

三、要注意词类活用

有些词语的性质在一定的语言环境里会发生变化,因此,我们在具体运用的过程中,利用词语的这些特点,临时改变它们的用法或词性,也就是有意识地突破词语运用的某些规范性要求,对这些词语进行灵活变通的运用,从而提高语言的表达效果。比如,把名词作动词或形容词,把形容词作名词等,表面上看,这样选用词语是一种词性的误用,似乎不合理,但在修辞中,为了适应特定的表达需要,临时加以改变,却能收到意想不到的特殊的修辞效果,所以说,这种改变又是合理的。如:

> 可是"友邦人士"一惊诧,我们的国府就怕了,"长此以往,国将不国了",——只有几个学生上几篇"呈文",党国倒愈像一个国,可以博得"友邦人士"的夸奖,永远"国"下去一样。
>
> (鲁迅《"友邦惊诧"论》)

鲁迅先生在这里将"国"的名词词性临时用作了动词,仔细品味,确实是意味深长,它深刻地揭露了国民党反动当局的卑鄙行径——残暴地镇压和诬陷爱国学生,用以向所谓的"友邦人士"讨好献媚,表达出作者

修辞编

无比激愤的心情。如果换种别的方式,恐怕文章中的这些深意就难以清晰地表达出来。

所以说,词语词性和用法的临时变化,作为一种修辞手段,一般都是为了强调某种意义,或者说是为了表达更加强烈的情感,因此,它对语言环境的特殊性是有很强的依赖性的。如果在实际运用过程中不顾具体的语言环境,不考虑是否有修辞上的需要,而随意地改变某些词语的词性和用法,那就不符合语言规范化的要求了。

➡ 思考与练习

一、下列句子中哪些词语用得不确切?请说明理由并加以修改。

1. 一到夏天,来歇伏的差不多净是蓝眼珠的外国人。
2. 在北京大学的美丽校园里,一股沉闷、忧郁的空气压得人透不过气。宝塔落到了水里,它的影子颠倒了过来。好像这个大学也就是如此。

二、分析下列划线词语的修辞效果。

1. 我便将这事告知了藤野先生;有几个和我熟识的同学也很不平,一同去诘责干事托辞检查的无礼,并且要求他们将检查的结果,发表出来。终于这<u>流言</u>消灭了,干事却又竭力运动,要收回那一封匿名信去。结末是我便将这<u>托尔斯泰式</u>的信退还了他们。(鲁迅《藤野先生》)

2. 看近处,那些落光了叶子的树木上,挂满了<u>毛茸茸亮晶晶</u>的银条儿,那些冬夏常青的松树和柏树上,挂满了<u>蓬松松沉甸甸</u>的雪球儿。(峻青《瑞雪图》)

3. 如果回去,祖国的老百姓问:"我们托付给你们的任务完成得怎么样啦?"我怎么答对呢?我说"朝鲜半边<u>红</u>,半边<u>黑</u>"。这算什么话呢?(魏巍《谁是最可爱的人》)

4. 我们在青帝官寻到个宿处,早早睡下,但愿明天早晨看到日出。可是急人得很,山头上忽然漫起好大的云雾,又浓又湿,悄悄<u>挤</u>进门缝来,落到枕头边上,我还听见零零星星几滴雨声。我有点焦虑……(杨朔《泰山极顶》)

三、比较下列各组句子,说说它们在表达上有什么不同。

1. 山呼,海唱。
   山在欢呼,海在歌唱。

第二章　词语的选用

巍巍群山在欢呼,滔滔大海在歌唱。

2. 汽车奔驰而过,笨重的运货车有韵律地响着铁轮。

汽车奔驰而过,笨重的运货车的铁轮有韵律地响着。

3. 西天上正飞着一片金光灿烂地晚霞,把老泰山的脸映得红彤彤的。

西天上正铺着一片金光灿烂地晚霞,把老泰山的脸映得红彤彤的。

第三章 句子的选用

句子是人们交流思想的基本语言单位。不同的思想感情要用不同的结构形式的句子来表达,我们应该根据具体的情况,如语言环境、语言对象等来选用、推敲、琢磨所使用的句子。只有这样,才能提高句子的表达效果,才能充分发挥语言的交际效能。

句子可以根据其内部的特点分成长句和短句、整句和散句、主动句和被动句、肯定句和否定句等许多类型。在语言运用过程中不同意义常常要用不同的句子来表达,每种句子又都有其特定的表意作用。如:

> 他关上了房间的大门。
> 他把房间的大门关上了。
> 房间的大门他给关上了。
> 房间的大门被他关上了。
> 关上房间大门的是他。
> 是他关上了房间的大门。

这几个句子的基本意思是一致的,但结构却不相同,所表示意义的重点和使用的场合也就不同。

所以说,适当地调整句式,有利于表达思想感情,使句子更适应上下文,在文章中更显现出和谐性。

第一节 长句和短句

句子的长短,不仅取决于字数的多少,还同句子的结构有关。我们常常把那些结构简单,词语又少的句子称之为短句,把结构复杂,词语多的句子称之为长句。两种句式各有自己的特点和修辞效果。

短句短小精悍,结构简单,表意简洁、有力,容易收到较好的修辞效果。如:

> 他只出来进去,劈劈柴,看看五色梅,或刷一刷水缸。有人跟他

说话,他很和气,低声回答两句。没人问他什么,他便含笑不语,整天无话可说。

(老舍《正红旗下》)

这个例子就是运用短句如实地记录了口语,使内容显得轻松活泼,既表现出了顺畅口语风格,也将主人公慢条斯理、不紧不慢的性格特征清晰地展现在读者的面前。

短句还可以轻松、简洁明了地叙述和描写事物,使所描写的对象更加有声有色。如:

临河的土场上,太阳渐渐地收了他通黄的光线了。场边靠河的乌桕树叶,干巴巴地才喘过气来,几个花脚蚊子在下面哼着飞舞。

(鲁迅《风波》)

这段写物的文字不多,使用的也是短句,但勾勒形象,铺陈画面,简洁凝练,留给读者丰富的想象余地。

另外,短句还可以表示紧张激动的情绪和坚决肯定的语气。

正义是杀不完的,因为真理永远存在!

历史赋予昆明的任务是争取民主和平,我们昆明的青年必须完成这任务!

我们不怕死,我们有牺牲的精神!我们随时像李先生一样,前脚跨出大门,后脚就不准备再跨进大门! (闻一多《最后一次的讲演》)

这段文字就采用了短句的句式来抒发作者强烈的思想感情,表达了作者对国民党反动当局的无比痛恨以及对真理的热爱、敢于献身于和平民主事业的热情。

有的时候,基于短句的简短有力的特点,许多号召、命令等也纷纷予以采用,用以表示某种强烈的感情。如:

站着说,不要跪!
造反了!造反了!

(鲁迅《阿Q正传》)

因为修饰成分多、结构层次多而形成的长句,可以将事物之间复杂的关系有条不紊地组织在一个统一的句子结构中加以清晰地表达出来,所以具有描述细致精确,论证缜密周严的修辞作用。它一般也有多种表现

修辞编

形式。

联合结构比较多是长句的一种表现形式。如：

> 我们的要求则是政治和艺术的统一,内容和形式的统一,革命的政治内容和尽可能完美的艺术形式的统一。
>
> （毛泽东《在延安文艺座谈会上的讲话》）

这就是一个由一系列的联合结构组成的长句。但是并非冗长不当，它将无产阶级对文学艺术的要求表述得明明白白,清清楚楚,让人印象深刻。

分句中的结构层次较多是长句的另一个表现形式。如：

> 鲁莽的专凭热情的军事家之所以不免于受敌人的欺骗,受敌人表面或片面的情况的引诱,受自己部下不负责任的无真知灼见的建议的鼓励,因而不免于碰壁,就是因为他们不知道或不愿知道任何军事计划是应该建立于必要的侦察和敌我情况及其相互关系的周密思索的基础之上的缘故。
>
> （毛泽东《重要的问题在善于学习》）

这个长句就是结构层次繁多的复句。它就是利用这种复句的形式将有某种密切关系的事物表述得十分清晰、明确。

虽然这些句子比较长,但是层次安排得很清楚,使人读起来很畅达。尽管形体看上去很长,可由于句中停顿较多,造成了长中有短,疏密有致,并不感到读起来很拗口。

一般说来,在无碍内容、感情充分表达的情况下,我们说话、行文以用短句为好,且这也符合汉语表达的习惯,符合人们的认知心理。而长句修饰多,联合成分也多,使用时一不留意就会出现语病。所以,人们常常在句子修辞中将长句变为短句。方法有二：

其一是将长句的修饰成分去掉,形成分句。如：

> 原句:在妇女代表队伍里,我看见从农村来的,坚持了十三年的斗争,把亲爱的独子贡献给解放战争,经历了无数次战争、监狱考验的中国劳动人民伟大的母亲李秀真。
>
> （刘白羽《记北京的胜利日》）
>
> 改句:在妇女代表队伍里,我看见从农村来的一位伟大母亲,她坚持了十三年的斗争,把亲爱的独子贡献给解放战争,她自己为革命

第三章 句子的选用

经历了无数次战争和监狱的考验。

(刘白羽《记北京的春天》)

原句中有很长的定语,读来拗口、吃力。改句中则变为几个分句,明快许多。

其二是将长句的联合成分拆开,重复与之直接组合的成分,形成并列的句子。如:

句一:我十分憎恨地主、资本家和一切卖国军阀,我真诚地爱我阶级兄弟、我们的党和我中华民族。

句二:我十分憎恨地主,憎恨资本家,憎恨一切卖国军阀;我真诚地爱我阶级兄弟,爱我们的党,爱我中华民族。

(方志敏《狱中纪实》)

句一中的"憎恨"、"爱"后面都有较长的以联合短语充当的宾语。而句二中则是将联合短语拆分开,重复与之直接组合的"憎恨"、"爱",就将长句变成了短句。

无论长句还是短句,只要能够根据表达的内容来决定,选用得当,就能产生好的修辞效果。有人喜欢在文章开头或结尾处选用短句,因为开头选用短句,可以给人以明快的印象,容易引人入胜;而结尾处选用短句,可以使语句缓急相间,波澜起伏,给人简洁有力的深刻印象。所以,在实际运用过程当中,人们为了更好地表现思想,一般总是交错地、配合地使用长短句。如:

但忽然得到一个可靠的消息,说柔石和其他十三人,已于二月七日夜或八日晨,在龙华警备司令部被枪毙,他的身上中了十弹。

原来如此!

(鲁迅《为了忘却的记念》)

作者首先选用了长句来叙述柔石等革命青年作家被国民党反动当局枪杀的事实,由于是长句,所以使得表述的内容更加具体,让人感到真实可靠、毋庸置疑。接着作者选用了一个精炼的短句,揭露出国民党反动派的凶残本质,铿锵有力。这两种句式应该说是相得益彰,相映生辉,充分表达出作者强烈的悲愤和痛恨之情。

修辞编

第二节 整句和散句

现代汉语修辞中,通常把排列在一起的一对或一串结构相同或相近、形式匀称齐整的句子,称之为整句。这样的句子往往富有形式美和声音美。相反,结构不整齐,形式长短不一,各式各样的句子交错运用的一组句子,我们称之为散句。

散句的句式一般丰富多样,富于变化。虽散而不乱,容易避免单调、呆板,取得较好的修辞效果。如:

> 我本身就喜欢夏天。夏天是整个宇宙上的一个阶段,在这时使人的身心解脱尽重重的束缚。因而我更喜欢夏天。
>
> (郭沫若《石榴》)

这个散句就是由不同的结构分句组成,不同的句式交错运用,层次起伏变化,对文章思想内容的表达显得灵活、生动、感人。

整句以其整齐匀称、节奏和谐而产生与众不同的修辞效果,这种句式常常运用于散文、诗歌、唱词中。如:

> 横眉冷对千夫指,俯首甘为孺子牛。
>
> (鲁迅《自嘲》)

这个例子结构相同,对偶工整,突出了鲁迅先生的爱憎情感。

事实上,在实际运用过程当中,我们常常不是单用某一个句式,而是将本来可以写成整句的句式写成长短不齐,或于散句中嵌入整句,这样做,不仅避免了语句的单调,又提高了修辞效果。如:

> 燕子去了,有再来的时候;杨柳枯了,有再青的时候;桃花谢了,有再开的时候;但是,聪明的,你告诉我,我们的日子为什么一去不复返的?
>
> (朱自清《匆匆》)

这是一个以整句为主的一段话,但在最后,作者却运用了"我们的日子为什么一去不复返的"这样一个散句形式,而没有按照前面语句的结构写成"我们的日子,没有复返的时候"这样一种形式。表面上看,似乎与前面的语句结构不一致,但正是这种不一致,使这段话避免了呆板、生硬,

第三章 句子的选用

更多了一种灵活、生动。这种整中有散,同中有异的句式,既避免了句式的平板,又使语言富于变化,使文气得到了活跃,使文章增加了波澜,较之单独使用整句效果要好得多。

第三节 肯定句和否定句

肯定句是指运用肯定的语气、句式来表达对事物作出判断的句子。否定句则是指运用否定的语气、句式来表达对事物作出判断的句子。如:

他是个好学生。

他不是个坏学生。

一个是肯定句,一个是否定句。两种句式虽然不同,表达的意思却基本相同,只是在语气上有轻重强弱的差别。一般说来,肯定句的语气较为强烈,更加直截了当、果断;否定句的语气则较弱,更显得委婉、平和。

否定句有两种类型:单重否定和双重否定。

单重否定只出现一个副词,即句中只有一个否定词。如:

七斤嫂,算了罢,人不是神仙,谁知道未来事呢?便是七斤嫂,那时不也说,没有辫子倒也没有什么丑么?

(鲁迅《风波》)

我想皇帝一定是不坐龙庭了。

(鲁迅《风波》)

我们那时不知道谈些什么……

(鲁迅《故乡》)

这是三个否定句,都使用了"不"字。如果将它们都改换成肯定句"人是人"、"那时也说"、"皇帝一定离开龙庭了"、"忘记谈些什么"也没有什么不可以的,但是否定句的语气更轻柔些。八一嫂为了替七斤进城被剪去辫子宽解,所以说"人不是神仙",又反过来问七斤嫂"那时不也说",都是不能使用重语气的环境,运用否定句式,容易被对方接受。

人们常常将肯定句和否定句并用,作先后排列,肯定否定相互映衬,相互补充,从正反两个方面说明情况或表明态度,以加强语势,增强表达效果。如:

243

修辞编

> 我们实行的是社会主义民主,不是资本主义民主。
>
> （邓小平《目前的形势和任务》）
>
> （蜜蜂）不是为自己,而是在为人类酿造最甜的生活。
>
> （杨朔《荔枝蜜》）

第一个句子是肯定在前,否定在后;第二个句子则是否定在前,肯定在后。如此肯定否定先后并用,都起到了相互映衬、增强效果的作用。

双重否定则是前后均出现一个否定词,即对否定加以否定。这种双重否定所表达的是肯定的意思,它比一般的肯定句语气更加坚定、更加强烈。如:

> 从前线回来的人说到白求恩,没有一个不佩服,没有一个不为他的精神所感动。晋察冀边区的军民,凡亲身受过白求恩医生的治疗和亲眼看过白求恩医生的工作的,无不为之感动。
>
> （毛泽东《纪念白求恩》）

这里的"没有一个不佩服",是说"所有人都佩服";"没有一个不为他的精神所感动",是说"所有人都为他的精神所感动";"无不为之感动"就是"人人为之感动"。双重否定的语气较为强烈,因为它表示没有例外,有排除其他可能的意味,语意较重,比一般的肯定句更加坚定有力。

双重否定有的时候还有含蓄的情味,比使用肯定句要更耐人寻味。如:

> 当然,这些人有的不是没有错误,犯了错误,作了自我批评,就有了正反两方面的经验嘛。
>
> （邓小平《各方面都要整顿》）

这里的"不是没有错误"是"有错误"的意思,但在语气上则委婉了许多,显示了领导者批评的艺术。

第四节 主动句和被动句

主语是动作或行为的施事者,这样的句子,我们称之为主动句,反之,主语是动作或行为的受事者,我们就称之为被动句。同一件事情,我们既可以用主动句表达,也可用被动句表达。如:

第三章　句子的选用

汽车撞伤了一名学生。
一名学生被汽车撞伤了。

这两个句式所表达的是一个意思,但所指的重点不同,被叙述的主体不一样。前一个句子是说明"汽车"怎么样;后一句则是说明"学生"怎么样,两者间的表达效果自然不同。

一般说来,主动句的谓语动词没有限制,语气更为直接、简洁;而被动句的谓语动词表示"遭受"义,使用的范围相对较窄。但是在一定的语境中,选用被动句比选用主动句更为合适,更具有特殊的修辞效果。

一、突出强调动作或行为的被动者,把它推为陈述中心

如:

忽而一个红衫的小丑被绑在台柱子上,给一个花白胡子的用马鞭打起来了,大家才又振作精神地笑着看。

(鲁迅《社戏》)

因为是挤在船头远远地朝戏台上望去,且看戏的又困又乏多在打哈欠了,此时,突然出现穿红衫的小丑容易惹人注目。同时,为了强调被动者"小丑"(他的表演才吸引"大家才又振作精神地笑着看"),主动并未出现,只剩下一个"被"字,用被动句式把红衫小丑推为陈述中心。

再比如:

小二黑挣扎了一会,无奈没有他们人多,终于被他们七手八脚打了一顿捆了起来。

(赵树理《小二黑结婚》)

在自然科学发展的历史中,有不少科学家认识了真理,并且坚持真理,结果被愚昧的统治者杀死、烧死,他们的学说、著作也被禁止、焚毁。

(吴晗《说谦虚》)

以上两例,前一个例子是为了突出主人公"小二黑";而后一个例子则是为了突出被杀死、烧死的科学家。但都是将受事者作为陈述对象,而选用被动句。

修辞编

二、主动者无须说出或不愿说出、无从说出时,要用被动句

如:

> 大家接着就预测他将被极刑,家族将被连累。不久,秋瑾姑娘在韶兴被杀的消息也传来了,徐锡麟是被挖了心,给恩铭的亲兵炒食净尽。
>
> (鲁迅《范爱农》)

是反动当局杀了秋瑾,挖了徐锡麟的心,所以他们是施事者,这在义中作者认为是不言而喻,无须进一步说明的。

再比如:

> 伽利略也因为信仰和传播哥白尼学说,在1633年他已经七十岁的时候,还被审讯,受到严刑的威胁。
>
> (竺可桢《哥白尼》)

> 那瀑布从上面冲下,仿佛已被扯成大大小小的几绺;不复是一幅整齐而平滑的布。
>
> (朱自清《绿》)

第一个例子突出了伽利略被审讯,而不必说出或不愿说出审讯者。而第二个例子则突出了"瀑布"飞流直下的变化,至于它被谁或者什么事物"扯成几绺",也是无从谈起的。

三、在特定的上下文里,为了使前后分句的主语保持一致,用被动句充当复句的分句

如:

> 他偏要死进城去,滚进城去,进城便被人剪去了辫子。从前是绢光乌黑的辫子,现在弄得僧不僧道不道的。
>
> (鲁迅《风波》)

这个例子始终是以"他"作为叙述的中心,使得前后分句的主语保持了一致,如果改成"他偏要死进城去,滚进城去,进城别人便剪去了他的辫子",则容易使人分散注意力。

> 闲人还不完,只撩他,于是终而至于打,阿Q在形式上打败了,被人揪住黄辫子,在壁上碰了四五个响头,闲人这才心满意足地得胜

地走了。

(鲁迅《阿Q正传》)

这个例子是在后一个分句中使用了被动句,它使两个分句同是一个主语,并可以把后一个分句的主语省略,使句子更加紧凑,语义连贯,语气流畅。假如改为"人们揪住阿Q的黄辫子在壁上碰了四五个响头",由于前后分句的主语不同,使得句子显得松散,语气也不流畅。

四、有时候表达一定感情色彩时,要用被动句

如:

可惜正月过去了,闰土须回家里去,我急得大哭,他也躲到厨房里,哭着不肯出门,但终于被他父亲带走了。

(鲁迅《故乡》)

如果将"被他父亲带走了"改成"他父亲带他走了",就没有了留恋、惋惜、不情愿的感情色彩了。

由此可见,在一定的语言环境下,选用被动句式比主动句式语意更加贯通,语气更加流畅,更有利于增强表达效果。

第五节 口语句式和书面语句式

现代汉语的口语和书面语是汉语语言存在的两种不同的形式,他们所使用的句式大体上是相同的,但仍存在着差别。我们把口语里经常出现而在书面语里较少出现的句式,称之为口语句式;而把书面语里经常出现而在口语里较少出现的句式,称之为书面语句式。口语句式少用关联词语,短句多,结构疏散,句式多变,显现出自由灵活、生动活泼、通俗简练的修辞色彩;而书面语句式正好相反,较多使用关联词语,长句多,结构严谨,显现出庄重、严肃、层次分明,逻辑性强的修辞色彩。

一般说来,口语句式极少运用专门术语和书面语词,但知识分子由于其文化素养较高,知识水平较高,在运用口语句式时,假如适当地使用少量的书面语词也是可以接受的。

至于书面语,由于其自身的特点,以及对修辞效果的要求,它更注重运用形象性的语言材料,以达到作者反映客观现实的目的。

修辞编

另外,为了增强表现力,使文章更加简洁凝练,庄重典雅,书面语句式有时还沿用些文言句式。如:

> 阿Q又很自尊,所有未庄的居民,全不在他的眼里,甚而至于对于两位"文童"也有以为不值一笑的神情。夫文童者,将来恐怕要变秀才者也;赵太爷,钱太爷大受居民的尊敬,除有钱之外,就因为都是文童的爹爹。
>
> (鲁迅《阿Q正传》)

这里"者……也"的句式,就是一个文言句式,这个句式的选用,使得这段文字生动活泼,同时也增强了讽刺的意味。"夫文童者,将来恐怕要变秀才者也",表面上看起来很庄重,实则辛辣地讽刺了当时人们的一种可悲可叹的意识,而这种描绘,正突出阿Q的那种所谓"自尊"的心态。这种"精神胜利法"的可笑可悲,通过运用文言句式,使得讽刺的效果得到了极大的加强。阿Q的人物性格,也自然地跃然纸上。

▶ 思考与练习

一、从句式选择的角度,分析下列句子的表达效果。

1. 他生得身材高大,面貌敦厚,眉目间透出股英武的俊气。

2. 抑不住的颂歌啊,尽情地唱吧,止不住的喜泪呀,甜甜地流吧,金子般的光辉题词啊,把各族人民团结的金桥飞架!

二、下面的句子采用了什么句式?请分析一下它们的修辞作用。

1. 好了,月亮上来了,却又让云遮去了一半,老远地躲在树缝里,像个乡下姑娘,羞答答地。

2. 小草偷偷地从土里钻出来,嫩嫩的,绿绿的。园子里,瞧去,一大片一大片满是的。坐着,躺着,打两个滚,踢几脚球,赛几趟跑,捉几回迷藏。风轻悄悄的,草软绵绵的。

三、下面句中的文言句式是否运用得当?为什么?

1. 车夫刚欲拔脚前奔,一个背枪的印度巡捕一臂在前面一横……

2. 至于错在阿Q,那自然是不必说。所以者何?就因为赵太爷是不会错的。

第四章　修辞方式(上)

修辞方式也称作修辞格,简称辞格。它是人们在长期使用语言的过程中,为了使修辞效果得到加强,不断创新和积累语言的表现形式,从而形成一种固定的形式。这种语言现象,在先秦的文学作品中就已经大量地出现,而有关它的论述也远在汉语修辞学形成前的古代典籍中就有了记载。修辞方式有很多,我们这里只选择一些人们常用的来具体说一说。

第一节　比　　喻

比喻就是打比方,是利用事物之间的相似特征,用同甲事物本质不同而又相似的乙事物作比,来说明甲事物的一种修辞方式。

其中,本体(甲事物)、喻体(乙事物)、喻词,构成比喻的三要素。如:

每一个具有共产主义风格的人,都应该像松树一样。

(陶铸《松树的风格》)

"每一个具有共产主义风格的人"是所要说明的甲事物,即思想的对象,是本体;"松树"是用来作比的乙事物,是喻体;"像……一样"则是联系本体和喻体,表示比喻关系的词语,是喻词。本体可隐可显,喻词也是可有可无,但喻体是必须要出现的。刘勰在《文心雕龙》中说:"物虽胡越,合则肝胆",这里的"胡越"喻远,"肝胆"喻近。意思是说,本体和喻体是本质完全不同的两种事物,因为他们之间在某些方面有了相似点,才能合起来,这才构成了比喻。

比喻的作用有二:对事物的特征进行描绘或渲染,使事物生动、具体,从而给人以鲜明的印象;用浅显的事物说明深奥的道理,化未知为已知,变深奥为浅显,助人认识事物,深入理解,明白道理。刘向曾以梁王与惠施的故事来予以说明:

客谓梁王曰:"惠子之言事也善譬,王使无譬,则不能言矣。"王曰："诺。"明日见，谓惠子曰："愿先生言事则直言耳，无譬也。"惠施对曰："今有人于此，而不知弹者，曰弹之状何若？应曰弹之状如弹，则谕乎？"王曰："未谕也。"于是更应曰："弹之状如弓，而以竹为弦。则知乎？"王曰："可知矣。"惠子曰："夫说者因以其所知谕其所不知而使人知之。今王曰无譬，则不可矣。"

（刘向《说苑》）

说"弹之状如弹"这种"未谕"的语言，使人难以对"弹之状何若？"有一个明确的认识；而说"弹之状如弓，而以竹为弦"就可以使人"可知矣"。由此可见，比喻通过对事物特征的描绘，可以使事物更加鲜明、生动、具体，从而给人以更加深刻的印象。

脓——这在我们有医学经验的人，都知道是一大群阵亡勇士的遗骸。我们的白血球是我们的"身体"这座共和国的国防战士。凡有外敌侵入，他们便去吞食它，待吞食过多时卒至于丢命，于是便成为脓。

（郭沫若《痈》）

通过比喻，深入浅出地说明了脓的产生及其本质，即使没有医学专业知识的人，看了也可一目了然。

由于结构方式的不同，比喻的基本类型可分为三个：明喻（甲像乙）、暗喻（甲是乙）、借喻（以乙代甲）。

一、明喻

这种类型的结构方式是本体和喻体、喻词同时出现。常用"像"、"似"、"如"、"仿佛"、"犹如"、"如同"等喻词，有时候后面出现"……似的"、"……一样"等词语与之相呼应。如：

苏小姐双颊涂的胭脂下面忽然晕出红来，像纸上沁的油渍，顷刻布到满脸，腼腆得迷人。

（钱钟书《围城》）

微风过处，送来缕缕清香，仿佛远处高楼上渺茫的歌声似的。

（朱自清《荷塘月色》）

她们从小跟小船打交道，驶起来就像织布穿梭缝衣透针一般快。

（孙犁《荷花淀》）

第一个例句没有与喻词相呼应的词语，只是构成"像……"格式。这个比喻不是比一样固定的事物,而是在比一样变化着的事物。苏小姐的脸红,从部分的红扩展到满脸都红,需要找一个扩展的比喻,这里用"像纸上沁的油渍,顷刻布到满脸",很是贴切,应该说是一个创造性的比喻。第二个例句将微风送来的荷花荷叶的"缕缕清香"比喻为"远处高楼上渺茫的歌声",用"似的"与前面的"仿佛"结合成"仿佛……似的"的格式,给人以丰富的想象余地,极富感染力。第二个例子也是如此,将她们驶船比喻为"织布穿梭缝衣透针",用"一般"与前面的"像"结合成"像……一般"的格式,很自然地使人联想到她们驶船的熟练,很有形象性。

二、暗喻

又称之为"隐喻",是一种不太明显的比喻。本体和喻体都出现在句中,只是喻词和明喻不同,一般使用"是"、"成"、"成为"、"当作"、"等于"、"变成"等等,也有用破折号来代替喻词的。如:

1. 生存的小品文,必须是匕首,是投枪,能和读者一同杀出一条生存的血路的东西。

(鲁迅《小品文的危机》)

2. 你这个死老汉!现在的事情你难道还看不清楚吗?莫非说整天和浆糊打交道,你自己也变成了一摊糊涂浆子?

(王蒙《说客盈门》)

暗喻不用"像"、"仿佛"一类的词语,它的结构以本体+是+喻体为主。这类比喻,形式上是判断句,但它之间起联系作用的"是"或破折号等,只是起喻词的作用,而不起判断的作用。因此,比起明喻来,暗喻本体和喻体的关系更为紧密,也就增加了强调的意味。

三、借喻

借喻较之暗喻更进一层,既不是甲是乙,也不是甲似乙,而是以乙替代甲。换句话说,就是本体和喻词都不出现直接说出喻体的一种比喻,这种比喻的结构方式是单借喻体来打比方,所以称之为借喻。如:

中国最多的却是枉道:不打落水狗,反被狗咬了。但是,这其实是老实人自己讨苦吃。

(鲁迅《论"费厄泼赖"应该缓行》)

> 修辞编

这个例句是用喻体"不打落水狗,反被狗咬"来比喻如果不坚决彻底地消灭敌人,就会被敌人所伤害。只出现喻体,本体却没有说出来,也没有喻词,所以属于借喻的形式。

再比如:

> 有一些作品,内容思想都很好。但是,语言文字却砂石很多,我们读起来,就正像吃上等的白米饭却咀嚼到砂子一样,就正像吃没有下盐的上等的肴馔一样。
>
> (秦牧《上味》)

我们可以由以上两例看出,借喻中虽然只是出现喻体,但本体所指的事物是明确的,本体和喻体之间的相似性尤其显著,以至喻体可以替代本体,只是从借喻的作用来看,仍然是为了突出本体的某种特性。

第二节 借 代

不直接说出某一事物的名称,而是借用相关物替代它,这种借用同要说的事物有紧密关系的另一事物来代替的修辞方式,就称之为"借代"。借代有两个特点:其一是所说的事物与要说的事物之间存有某种关系;其二是借代体通常由名词或名词性词组充当。所以说,借代说的一个事物,不过是换一种说法而已,这样,也可以使语言表现得生动,富有形象性。

一、借代的方式

1. 特征(标志)代本体,用人或事物的特征和标志来代替本体事物的名称。如:

> 工农出生的同志以"土包子"自谓,而把"戴眼镜的"称作"洋包子"。因为钢笔差不多人人都有一支,而眼镜却不多见,成了知识分子的明显标志。
>
> (老烈《乱弹》)

> 先生,给现钱,袁世凯,不行么?
>
> (叶圣陶《多收了三五斗》)

前一个例子是用"戴眼镜的"代知识分子,是特征代本体;而后一个例子是用银圆上的人头像"袁世凯"代银圆,是标志代本体。

2. 专名代泛称，用具有典型性的专有名称替代本体事物的名称。如：

> 对酒当歌，人生几何？譬如朝露，去日苦多。慨当以慷，幽思难忘。何以解忧？唯有杜康。
>
> （曹操《短歌行》）

这个例子是用造酒人杜康来替代酒。

3. 对代，指的是用与本体事物相对应的事物来替代本体事物。常见的有具体代抽象，抽象代具体，部分代整体，整体代部分，结果代原因等等。如：

> 这些眼睛们似乎连成一气，已经在那里咬他的灵魂。
>
> （鲁迅《阿Q正传》）

这个例子是用"眼睛们"（部分）替代那些喝彩的"看客"（整体），描写了阿Q在被示众后、枪毙前的心理状态。

二、借代和借喻

借代和借喻既有联系又有区别，不能混淆。主要表现在：

1. 两者的基础不同

借代是要求借体和本体有密切的关系，一般是具体、实际的，它的构成基础是事物的相关性。如红领巾是少先队员的标志。而借喻是一种比喻，它要求喻体和本体有一点相似性，一般是较为虚灵，它的构成基础是事物的相似性。如用"祖国的花朵"比喻小孩子，本体和喻体是靠相似点（新鲜、有朝气、象征未来）联系起来的。但相似与相关并不等同。借喻虽然不出现本体，但它还是属于比喻，所以可以变换成明喻，如可说"孩子们像祖国的花朵"；而借代是直呼借体，是换种说法和名字而已，不能构成明喻，如就不能说"少先队员像红领巾"。

2. 两者的作用不同

借代和借喻虽都有形象化的作用，但又各有侧重，借代重在揭示事物的特征；而借喻则是重在描绘意境。借代的作用在于"代"，借喻的作用在于"喻"，所以借喻可以变换成明喻而借代却不行。也就是说，借代的本体和借体可以有种各样的相互关系，但却不包括相似关系。陈望道先生在其《修辞学发凡》一书中给借代的定义即为："所说的事物纵然同其

> 修辞编

他事物没有类似点,假使中间还有不可分离的关系时,作者也可借那关系事物的名称,来代替所说的事物。如此借代的,名叫借代辞。"由此可见,陈望道先生也是将相似关系排除在本体和借体的各种不可分离关系之外的。所以说,本体与借体重要是有相似性,可以成明喻的,那它就是借喻,而非借代。

第三节 比 拟

比拟就是把人当作物来写,或把物当作人来写,或把此物当作彼物来写的一种修辞方式。如:

> 现在总算脱出这牢笼了,我从此要在新的开阔的天空中翱翔,趁我还未忘却了我的翅子的扇动。
>
> (鲁迅《伤逝》)

这个例子就运用了比拟的手法,写涓生被局里免职后的心情。涓生把此时看作是重新振作精神的力量,所以他把自己拟作脱了笼的小鸟,趁着还能扇动翅膀的时候,要在天空中翱翔一番。精确地表现了主人公此时复杂的心态。因此说正确地运用比拟,可以使读者对所表达的事物产生鲜明的印象,而且还可以感受到作者在作品中所表达的强烈的思想感情,从而引起共鸣。

比拟的结构类型可以分为:

一、拟人

这种修辞方式是将物当成人来描写,并赋予该物以人的动作行为和思想感情。如:

> 油蛉在这里低唱,蟋蟀在这里弹琴。
>
> (鲁迅《从百草园到三味书屋》)
>
> 每条岭都是那么温柔,虽然下自山脚,上至岭顶,长满了珍贵的林木,可是谁也不孤峰突起,盛气凌人。
>
> (老舍《小花朵集》)

这个例子所说的"油蛉低唱"、"蟋蟀弹琴"、"岭温柔",就是将昆虫和山岭赋予了人的动作行为,目的就是使文章的用意更加深刻。

不仅具体的物可以拟人,即便是抽象的东西,同样可以拟人,使之人格化。如:

科学技术进入农村千家万户
亿万农民正向贫穷愚昧告别

(标题——《人民日报·海外版》)

"科学技术"是抽象的概念,标题把它看成人,说它在"进入农村千家万户"。"贫穷愚昧",抽象词语,标题把它看成人,说"亿万农民"正在向它"告别"。

为了实现拟人化,可以将适用于人的动词、名词、形容词等,直接运用于物,赋予物以人的动作行为。如:

我比先前已经不大出大门,是坐卧在广大的空虚里,一任这死的寂静侵蚀着我的灵魂。死的寂静有时也自己战栗,自己退藏,于是在这绝续之交,便闪出无名的,意外的,新的期待。

一天是阴沉的上午,太阳还不能从云里挣扎出来,连空气都疲之着。

(鲁迅《伤逝》)

这个例子就是将人的思想感情和动作行为赋予物。写子君死了以后,涓生所沦落的处境,把涓生的情感和感受都转移到外物身上去了。

二、拟物

把人当作物来写,给人赋予物的特征和性质。或者把甲物当作乙物来写。如:

我到了自家的房外,我的母亲早已迎着出来了,接着便飞出了八岁的侄儿宏儿。

(鲁迅《故乡》)

对了,我同你,我们可以飞,飞到一个真真干净、快乐的地方。那里没有争执,没有虚伪,没有不平等……没有……你说好么?

(曹禺《雷雨》)

这个例子是写人不坐飞机不能飞,而写侄儿宏儿"飞出"来,"我们可以飞",就是把人当作了会飞的事物来写,是人的物化,目的是显出小孩子的活泼和机灵。

三、比拟与比喻

比拟和比喻有相似之处,都是拿两个事物作比,都有使语言形象化的作用。但两者又有着明显的区别。比拟的重点在于"拟",它是把甲事物"当作"乙事物来写,两者彼此交融,浑然一体。从结构格式上看,两者也有不同:比喻是本体+喻词+喻体,谓语一般是比喻词,而非动作动词;比拟是本体+拟体,主语是本体,谓语,也就是拟词,一般是行为动词,动词相关部分是拟体。构成比喻的基础是事物的相似性,而构成比拟的基础则是想象上的变通之处。不管哪种比喻,喻体一定出现,喻词,本体有时则隐去。如"工作好比千斤担"、"工作是副千斤担"、"接过这副千斤担"分别运用了明喻、暗喻、借喻的手段,但无论怎样,"千斤担"这一喻体总是要出现的;而比拟则是直接把甲事物当作乙事物来写,作为拟体的乙事物始终不出现如将比拟句"对方声嘶力竭地狂吠",加入拟体,说成"对方像疯狗一样声嘶力竭地狂吠",那么这就不是比拟,而成了比喻了。

第四节 夸 张

人们在说话、写文章的时候,为了表达的需要,有时抓住事物的特征,故意言过其实,对人或事作夸大或缩小的描述,这种辞格就叫作夸张。如:

> 两条腿像被积雪吸住了,足有千斤重,每迈出一步都要积攒浑身的力气;特别是胸口闷得厉害,好像一下塞进了大团棉花,透不出气来;心跳得怦怦响,似乎一张口那颗热乎乎的心脏就会一下子从嘴里跳出来。
>
> (王愿坚《足迹》)

这个例子中"千斤重"、"被积雪吸住"、"塞进大团棉花"、"心脏跳出来"等就是夸张。夸张讲的并非是事实,它以非同寻常的强度来描写客观事物的数量、情态等,以增强艺术表达的效果。但夸张也要以客观现实为基础,要夸而有节,不能无限制地虚夸。它是在貌似荒诞不经的描述中,衬托出鲜明的真实来。像这个例子,虽然不可能腿有千斤重,心脏也不能跳出来,但是通过这种极度夸大的描绘,却突出表现了当时雪山行军中的缺衣少食,山高地冻的巨大困难。用想象对客观事物进行合情合理的极度渲染,使其表现得既离奇又可信,从而强烈地表现出生活的真实性。

夸张的方式可以分成扩大夸张、缩小夸张和超前夸张三种类型。

一、扩大夸张

故意将事物往大处、高处、深处、强处、重处等方面说。如:

> 阿呀呀,你放了道台了,还说不阔?你现在有三房姨太太,出门便是八抬的大轿,还说不阔?吓,什么都瞒不过我。
>
> (鲁迅《故乡》)

这个例子是杨二嫂对"我"所说的极尽逢迎的话。"放了道台"、"有三房姨太太"、"出门便是八抬大轿"等,真是不小的排场,明显地扩大夸张。

二、缩小夸张

故意地把事物尽量往小处、低处、轻处、慢处、弱处等方面说。如:

> 红军不怕远征难,万水千山只等闲。
> 五岭逶迤腾细浪,乌蒙磅礴走泥丸。
> 金沙水拍云崖暖,大渡桥横铁索寒。
> 更喜岷山千里雪,三军过后尽开颜。
>
> (毛泽东《七律·长征》)

这个例子把绵延千里的五岭山脉,比作是"腾起"的小波浪;把雄伟、挺拔、广阔的乌蒙山脉,比作是滚动着的"泥丸",明显地将高大的形象,凝缩为渺小的形象了,这种高度的缩小夸张,反而衬托出了红军巨人般的高大形象。

三、超前夸张

故意把后出现的事情说成是先出现的,或同时出现的,甚至故意写不可能出现的事情。如:

> "请"字儿未曾说完,"去"字儿连忙答应,早飞去莺莺跟前。
>
> (王实甫《西厢记》)

> 修辞编

这个例子中红娘的"请"字尚未说完,张生"去"的动作已经完成了,这就是把"请"之后发生的"去"的动作行为超前了,是超前夸张。这个例子表面上看起来不是很合理,但通过这样的夸张和渲染,使得内容得到了加强。

夸张是一种常见的修辞手段,如果运用得当,就能收到理想的表达效果,但同时要注意的是运用夸张要以客观实际为基础,要源于生活;要掌握好夸张的分寸,不要流于浮夸。刘勰在《文心雕龙》中就提出"夸而有节,饰而不诬"的观点;要力求新颖,不落俗套,避免因循守旧。

第五节　对　　偶

所谓对偶,就是用结构相同或相近,字数相等的一对词组或句子,表达相似、相对、相关、相反意思,用以加强语言感染力的一种修辞方式。从形式上看,对偶音节整齐匀称,抑扬顿挫,平仄对应。从内容上看,又是互相衬托、补充,既凝练又概括力强,便于记忆,有着特有的表现力。如:

墙上芦苇,头重脚轻根底浅;
山间竹笋,嘴尖皮厚腹中空。

(毛泽东《改造我们的学习》)

这个例子就是典型的对偶形式,两句字数相等,结构相同,选取了"芦苇"、"竹笋"的特点,形象地刻画出靠机械地背诵马列著作若干词句的人、没有科学态度的人、徒有虚名并无真才实学的人的轻浮,并给予了尖锐的批评。

对偶在叙事、议论、抒情等方面都有广泛的运用,尤其是在诗歌中。严格地讲,对偶在旧体诗歌中运用的要求最为苛刻,不仅结构相同,字数相同,词性一致,就是出句与对句的字也不能重复,而且平仄要相谐。如:

金沙水拍云崖暖,大渡桥横铁索寒。

(毛泽东《七律·长征》)

天连五岭银锄落,
地动三河铁臂摇。

(毛泽东七律二首·送瘟神)

这两首律诗结构相同,词性也相对应。前一首中"金沙水"和"大渡桥"都是名词;"拍"和"横"都是动词;"云崖"和"铁索"都是名词;"暖"和"寒"都是形容词,而且互相对应。字数相等,都为七个字,且无重复之字。平仄也相谐,上句是"平平仄仄平平仄",下句是"仄仄平平仄仄平"。后一首中"天"对"地","连"对"动","五"对"三","岭"对"河","银"对"铁","锄"对"臂","落"对"摇",名词对名词,数词对数词,动词对动词,"平平仄仄平平仄"对"仄仄平平仄仄平",对仗很是工整,完全体现了旧体诗的风貌。

但是,我们也不能完全禁锢在旧体诗的框架内,倘若过分拘泥于形式,对思想的表达会带来不利的影响。所以,在现代新诗和文章中,更多的则是采用宽式对偶,即结构相同或相近,字数相等或相近,词类不一定相应,平仄也不一定完全相谐,所出现的用字允许重复。如:

　　他们忘却了纪念,纪念也忘却了他们!

(鲁迅《头发的故事》)

这个例子中,字数不相同,下句多出了一个"也"字。其目的是为了说明原来的辛亥革命是旧民主主义革命,可它没有完成旧民主主义革命的任务,而这个革命却被抛弃了,所以,在这里它是警句。在现代汉语中,这样的对偶是常见的一种现象,也是允许出现的。

按照形式上的要求,并根据其意义上的联系,对偶大体上可分为正对、反对、串对三种。

一、正对

这是上下联的意思基本相同的一种对偶。如:

　　绿树村边合,青山郭外斜。

(孟浩然《过故人庄》)

这个例子是属于正对的对偶。"绿树"对"青山","村边"对"郭外","合"对"斜",都是类似的事情。

二、反对

上下联意思相对或相反的对偶,意思是相反相成、对立统一的,它是从新旧、好坏、美丑等矛盾对立的两个方面来说明某一事理。如:

→ 修辞编

横眉冷对千夫指,俯首甘为孺子牛。

(鲁迅《自嘲》)

这个例子表示了鲁迅先生对敌人的无比憎恨和鄙视以及对人民群众忠心耿耿,勤恳效劳。虽然上下联意思完全不同,但确实是态度的真实写照。

三、串对

又称作流水对。上下联的内容意思相关、相连,但是上下联之间往往附带条件,常常是下句承接上句,接着上句来说。如:

野火烧不尽,春风吹又生。

(白居易《赋得古原草送别》)

欲穷千里目,更上一层楼。

(王之涣《登鹳雀楼》)

这两个例子都是将上下两个语言片段语意前后相连。上联表示原因、条件,下联表示结果、目的。

对偶是汉语传统的修辞方式,具有鲜明的中国作风和气派,一直为广大人民群众所喜闻乐见。不仅诗歌辞赋要讲究对仗,在散文和一些论文中,为了适应内容的需要,也常常加入对偶。这种修辞形式的使用,常常会使文章的语言显得错落有致。如:

惨象,已使我目不忍视了;流言,尤使我耳不忍闻。

(鲁迅《记念刘和珍君》)

这个例子从整体上看还算齐整对称,但具体看,却是结构不尽相同,可在这里,它仍旧有对偶的修辞效果。

运用对偶的时候要特别注意内容与形式协调,因为诗句文章的好坏主要还是表现在内容上。如果一味地追求形式的完美,而忽略了内容,那么效果就会适得其反。好的内容配上和谐的形式,才能加强语言的感染力。

另外,上下联应该互相补充,自然出对,要避免简单的重复。强凑对偶,会使诗句文章显得生硬。刘勰在《文心雕龙》中就主张"奇偶适变,不劳经营","岂营丽辞,率然对尔",意思是说该怎样就怎样,顺其自然,不必巧用心计,一切以适应表现的内容和目的为依据。如果刻意雕琢,难免以辞害意。

第六节　对　　比

对比就是把两个不同的事物或者同一个事物的两个不同的方面放在一起,互相比较、互相映衬,从而使得事物的性质和特征更加突出、鲜明,给人留有更深刻的印象。实际上,对比就是正反对偶的自由灵活的应用,只是它不受结构相同的条框的限制,而是把重点放在了表现意义的对立上。

对比可以分成两种。

一、两体对比

这是将两种根本对立的事物拿来进行对照,使好的更显好,坏的更显坏,大的更显大,小的更显小,从这种正反的对比中,去揭示事物的本质意义。王夫之曾在其《姜斋诗话》中说"以乐景写哀,以哀景写乐,一倍增其哀乐",这种说法非常明确地说出了对比在文章中的妙处。如:

>有缺点的战士终究是战士,完美的苍蝇也终究不过是苍蝇。
>
>（鲁迅《战士和苍蝇》）

这个例子就是用"战士"与"苍蝇"进行对比,讽刺了当时那些诬蔑革命者的人,坚定地站在了革命者的一边,支持革命的战士。

二、一体两面对比

这是将同一个事物的两个对立面放在一起进行对比,从而使该事物得到更加透彻的说明。如:

>朱总司令给我印象最深的是:他既是军队的统帅,又是人民的公仆。
>
>（李树槐《是统帅又是公仆》）

这个例子就属于一体两面对比。把"统帅"与"公仆"作比,反映了朱总司令的两面性,既是身经百战、统率千军万马的将军,同时又是时刻不忘为人民服务的人民公仆,体现了朱总司令作为开国元勋的崇高的革命品格。

对比和对偶是不相同的。虽然它们都要求"对",但对比的基本特点则是"对立",而对偶的基本特点则是"对称"。对比主要是从内容上说的,所要求的是内容和意义上的对立,对结构形式并不做要求。对偶则主要是从结构形式上说的,它要求结构相同或相似,字数相等或相近。所以说对比和对偶既有交叉,也有不同。

第五章　修辞方式(下)

第一节　排　比

　　用三个或三个以上句式相同,结构相同或相似、语气一致的语句,把它们排列在一起,来表达相同或相关的意义内容的一种修辞方式,这就是排比。排比是对偶的扩大和发展,但它更能集中地表现事物同一性质的含义,从而极大地增强语言的气势,使感情也得到一定程度上的加深。

　　构成排比的成分应该是三项以上,彼此的关系是平行、并列的,而且各部分常常带有共同或相近似的提示语。如:

　　　　你们(指青年)所多的是生力,遇见深林,可以辟成平地的,遇见旷野,可以栽种树木的,遇见沙漠,可以开掘井泉的。问什么荆棘塞途的老路,寻什么乌烟瘴气的鸟导师!

　　　　　　　　　　　　　　　　　　　　　　(鲁迅《导师》)

这个例子用了三个"遇见……可以……"的句子,它们句式相同,语气一致,从深林、旷野、沙漠三个方面展开叙述,教育青年人要勇于开拓,勇于创新,不要墨守成规,盲目地迷信权威、专家。语义连贯,气势通畅,感情充沛,极有说服力。按照排比的结构单位情况,可将排比分成这么几类

一、词的排比

如:

　　　　世上如果还有真要活下去的人们就先该敢说,敢笑,敢哭,敢怒,敢打,在这可诅咒的地方,击退了这可诅咒的时代!

　　　　　　　　　　　　　　　　　　　　　(鲁迅《忽然想到》)

　　　　灯塔上的人虽然来自四面八方,但却都有着共同的特点:勤劳、纯朴、健康。

　　　　　　　　　　　　　　　　　　　　　(高源《灯塔风雨》)

> 修辞编

这个例子是词的排比,通过"敢说"、"敢笑"、"敢哭"、"敢怒"、"敢打","勤劳"、"纯朴"、"健康"等排列,逐步深入地表现了人们的思想感情和活动的语言片断,构成了富有表现力的层递手法(即层递),把说话的重心完全地强调了出来。

二、词组的排比

如:

在北京,在天津,在各大都市,作威作福的叱喝声,胁肩谄笑的献媚声,鬻官卖爵的叫卖声,一掷千金的狂赌声,熊掌驼峰的烹调声,淫词浪语的取乐声,与监牢中的锁镣声,公堂上的鞭板夹棍声,都汇合到一处,"天堂"和地狱似乎只隔着一堵墙。

(老舍《正红旗下》)

这个例子是词组的排比。该例中运用了好几个排比词组,说明"天堂"与"地狱"只不过就隔着堵墙而已。

再比如:

拒腐蚀 讲文明 树新风——本市有关部门着手整顿公园秩序
(报纸标题)

这种把词组组成并列的排比形式,充当句子的不同成分,可以将句子说得更为集中、周全、严密。

三、分句的排比

如:

民族的科学的大众的文化,就是人民大众反帝反封建的文化,就是新民主主义的文化,就是中华民族的新文化。

(毛泽东《新民主主义论》)

这就是一种并列分句的排比,也就是说运用并列式的分句排比分句构成复句。它用"就是"作提示语,三个结构相同、语气一致的句子,集中说明了新民主主义的本质内容。

四、句子的排比

如:

这里叫洋八股废止,有些同志却实际上还在提倡。这里叫空洞抽象的调头少唱,有些同志却硬要多唱。这里叫教条主义休息,有些同志却叫它起床。

(毛泽东《反对党八股》)

这是复句与复句的排比,把几个复句排列在一起,来说明有许多人把六中全会通过的报告当做耳旁风,好像是故意与之作对,对这种现象予以了强烈的批评。

五、段落的排比

如:

一个说:"这孩子将来要发财的。"他于是得到一番感谢。
一个说:"这孩子将来要做官的。"他于是收回几句恭维。
一个说:"这孩子将来是要死的。"他于是得到一顿大家合力的痛打。

(鲁迅《立论》)

这个例子采用了段落排比的样式,使前后的层次,上下的脉络,彼此的照应,均显出清晰、鲜明、顺畅,尖锐地指出说真话与说假话的区别,说理透彻,重点突出,语言生动。

再比如:

他哭了,不是因为邻居的眼色,这个从南市来的孩子从小见惯了各种各样冷漠和怀疑的眼色。
他哭了,不是因为路人的歧视,这个在各国港口为中国争取到荣誉的海员,有的是对付歧视的办法。
他哭了,不是因为亲人们——妻子儿女,特别是哥哥,那个一心一意支持他走上这条路的哥哥的质问。虽然他们疑虑的视线在他心上织起了压迫的和有罪的雾似的迷网……

(柯岩《船长》)

从以上例子中我们可以看到,使用排比句,常常把排比和间隔反复结合起来,这些间隔反复的词语都有标明重点、加强语气的作用。

修辞编

第二节　反　　复

为了达到强调、突出的表达效果而将词语或句子,有意识地重复使用,这种修辞方式称之为反复。如:

军阀们也不是自己亲身在斗争,是使兵士们相斗争,所以频年恶战,而头儿个个终于是好好的,忽而误会消释了,忽而酒杯言欢了,忽而共同御侮了,忽而立誓报国了,忽而……。

（鲁迅《观斗》）

这里反复使用了"忽而……了",以此强调军阀们的真正用心,不仅没有使人感到重复的乏味,反倒加深了人们对军阀们的认识。

反复可分为连续反复和间隔反复二种。

一、连续反复

连续反复是接连重复相同的词语或句子,没有间隔。如:

少顷,看见大路上黄尘滚滚,一辆摩托车驶过;少顷,又是一辆;少顷,又是一辆;又是一辆;又是一辆。

（鲁迅《马上支日记》）

这个例子就是连续反复,描述了驶过的摩托车一辆接一辆,逐步增多,逐渐加快的景象,表现了北洋军阀的嚣张气焰,流露出作者对此的愤懑情绪。

再比如:

一见面,他车子还没放稳,就很激动地对我说:"大有文章可作,大有文章可作呀!"

（李存葆《高山下的花环》）

二、间隔反复

间隔反复就是把相同的词语或句子,作间隔使用。如:

党国倒愈像一个国,失了东三省,谁也不响,党国倒愈像一个国,失了东三省,只有几个学生上几篇"呈文",党国倒愈像一个国,可以博得"友邦人士"的夸奖,永远"国"下去一样。

(鲁迅《友邦惊诧论》)

这是间隔反复的例子。"党国倒愈像一个国"三次重复出现在行文当中,有力地揭穿了国民党当局丧权辱国的丑恶嘴脸。

再比如:

满足读者的好奇心,作者需要幻想;把事物集中概括起来,作者需要幻想;使"神龙见首不见尾"的事物纤毫毕现,作者需要幻想;表现自己强烈的愿望和想象,作者尤其需要幻想。

(秦牧《幻想的彩翼》)

由以上例子可看出,恰当地运用间隔反复,可以抒发出强烈地感情,增强叙事的条理性,强调和突出重点,还可以起到增强节奏感的作用。

第三节 双　　关

利用语音和语义的条件,有意使语句在特定的语言环境下具有明暗双重含义,这种修辞方式就叫作双关。如:

我刚打算往下跳,只见她扭回头来,两眼直盯着被惊呆了的孩子,拉长声音说:"孩子,好好听妈妈的话啊!"

(王愿坚《党费》)

黄新将要被敌人抓走,为了稳住躲藏在阁楼上的程同志,她说:"孩子,好好听妈妈的话啊!"表面上是说给被惊呆了的孩子的,但实际上却是嘱托程同志要"听党的话,千万不能暴露!"一句话具备了明暗两重的意义。

从这里,我们可以看出,双关具有利用音义条件造成双重含义;依靠特定的语言环境产生含义。恰当地运用双关,可以使语言显得幽默,可以使表达显得含蓄、生动、活泼。

一、双关的分类

双关,从构成的条件看,可分为两种:

(一) 谐音双关

这是利用词语或句子音同或音近的条件构成的双关。如:

→ 修辞编

　　这就是文人学士究竟比不识字的奴才聪明,党国究竟比贾府高明,现在究竟比乾隆时代光明,三明主义。

(鲁迅《言论自由的界限》)

　　表面上,作者是在讲"聪明"、"高明"、"光明",实际上却是借此讽刺那些高喊"三民主义"的文人学士的假三民主义。可谓针砭时政,入木三分。

　　再比如:

　　姓陶不见桃结果,姓李不见李花开,姓罗不见锣鼓响,三个蠢才哪里来?

(歌剧《刘三姐》)

(二) 语意双关

这是利用词语或句子的多义性在特定坏境下形成的双关。如:

　　夜正长,路也正长,我不如忘却,不说的好罢。

(鲁迅《为了忘却的记念》)

　　表面上在说黑夜和人生的道路,实则在说黑暗的社会和革命的道路,语意的含义极为深刻。

　　再比如:

　　周繁漪:好,你去吧! 小心,现在(望窗外,自语)风暴就要起来了!

(曹禺《雷雨》)

二、双关和借喻

双关与借喻的构成和目的不同。借喻的目的在于使抽象的、深奥的事物表达得具体、生动、简洁,它是以喻体代本体,说的是喻体,要表达的是本体事物,是比喻与被比喻的关系。而双关的目的在于使表达含蓄委婉,旨在"隐",它是借一个词语或句子的意义涉及两个事物。当然,有时双关是通过借喻表示出来的。

第四节　反　　语

用与本意相反的词语或句子来表达本意的一种修辞方式,称之为反语。如：

> 我还记得第一次五四以后,军警们很客气地只用枪托,乱打那手无寸铁的教员和学生,威武到很像一队铁骑在苗田上驰骋……
>
> （鲁迅《华盖集》）

这个例子中,"客气"、"威武"就是用反语进行斥责和嘲笑,表面上看是褒义词,实则是饱含贬义。

一、反语的分类

反语可分为以正说反和以反说正两类。

1. 以正说反。如：

> 智识高超而眼光远大的先生们开导我们:生下来的倘不是圣贤,豪杰,天才,就不要生;写出来的倘不是不朽之作,就不要写;改革的事倘不是一下子就变成极乐世界,或者,至少能给我(!)有更多的好处,就万万不要动!
>
> （鲁迅《这个与那个》）

鲁迅先生在这里运用反语批判了所谓"革命者"的陈词滥调,明明是因循守旧,妄图引诱青年脱离革命斗争的论调,却冠以"智识高超而眼光远大的先生们开导我们",这是一种怎样的"高超",又是一种怎样的"远大"呢？显然这是在运用正话来表示反义。

2. 以反说正。如：

> 哼,老四正闹脾气! 又是什么还拉车去,不管咱们的臭事儿喽!
>
> （老舍《龙须沟》）

修龙须沟本是一件大好事,但在老赵的嘴里却说成了"臭事儿",显然是正话反说,表示的是"打是疼,骂是爱"的感情色彩。

再比如：

> 姚大婶听人夸奖闺女,心都开了花,故意装作厌烦样子,皱着眉说:"罢呀,有什么福好享？有个豆腐。不知哪辈子该下她的,折磨死人了。一个大闺女家,不说在家里学个针头线脑的,天天跟她爹一样去上班。这也罢了,谁知又交上了那个朋友,闹起自由来了。于今时兴这个嘛,咱老脑筋,看不惯也得看。这不是,眼看要出门子了,连针

线都拿不起来,还得我给她操劳着赶嫁妆,不对心事还挑眼,累死也不讨好!"

(杨朔《三千里江山》)

该例是姚大婶对别人数落她闺女的一番话。看起来,她似乎是处处说闺女不好,实际上,却是向人夸闺女。这些语言也很符合姚大婶的性格——善良但碎嘴,爱啰嗦。

二、反语的运用

反语虽然也可以表示人与人之间的亲昵感情,但大多数反语则还是用在批判和揭露等方面,具有辛辣讽刺的修辞效果。在特定的环境中有时比正面论述更有力量,给人的印象也更为深刻。

同时,还能够明确表达出作者的爱憎情感,而且使得语言处在一种经常变换的状态中,更显生动、灵活、幽默。

反语作为一种强有力的表现手段,表意一定要明确,只有让读者真正了解到作者的真实含义,才能说运用是成功的。反语表示的意义是在特定语言环境中所形成的修辞义,所以背景知识就显得格外重要,只有了解背景知识,才有可能更好地指出事物的本质,表现出作者对论述对象所持有的态度和评价。

第五节 拈连和仿词

拈连是利用上下文的联系,把本来适用于甲事物的词语,巧妙地连用到乙事物上,从而产生一种特殊的情趣,这种修辞手法称之为拈连。

如:

可是"友邦人士"一惊诧,我们的国府就怕了,"长此以往,国将不国"了,好像失了东三省,党国倒愈像一个国,失了东三省,谁也不响,党国倒愈像一个国,失了东三省,只有几个学生上几篇"呈文",党国倒愈像一个国,可以博得"友邦人士"的夸奖,永远"国"下去一样。

(鲁迅《友邦惊诧论》)

此例中"国"一直在说,是指国家;"永远'国'下去一样"是承接前文,好像是顺手随便拈来一样,表示像一个国家那样存在下去。拈连在此处的运用,就表达了作者对国民党当局的嘲讽,具有一种幽默的味道。

再比如:

仲秋八月。柿子红了,柿叶儿也红了。

红了树梢,红了山石,红了黑油油的土地,红了淙淙流淌的溪水……

远远望去,山乡像一个红色的大海子。红波荡漾,红光腾起。烧红了蓝天边飘动的朵朵白云,天地间红成了一体……

(沙石《柿林笑语》)

仲秋八月是收获的季节,柿子红了,柿叶儿红了。"红"是柿林丰收特有的鲜艳色彩。从柿子红,柿叶儿红,联想到"红了树梢,红了山石,红了黑油油的土地,红了淙淙流淌的溪水",直到下段中"烧红了蓝天边飘动的朵朵白云,天地间红成了一体",所有这一切,都与"红"字相连成一气。重彩浓抹,强烈地画出了柿乡春华秋实的喜人盛况。

以上拈连也叫"顺连",它巧妙地利用上下文的联系,使得两个不同的概念,互相联系,增强了语言的生动性。

还有一种拈连叫"反连",大体适用于讽刺,或者把话说得生动诙谐,或者是给论争对方的回击。如:

作诗的人,叫"诗人",说作诗的话,叫"诗话"。李有才作出来的歌,不是诗,明明叫作"板话",因此不能算"诗人",只能算"板人"。

(赵树理《李有才板话》)

从"诗人"反连造出"板人"一词,为的是把话说得生动诙谐。

仿词则是根据上下文出现的词语,临时仿造新词语接连运用的一种修辞方式。这种方式可使上下文对比鲜明突出,语意新颖、独到。如:

一个阔人说要读经,嗡的一阵一群狭人也说要读经。岂但读而已矣哉,据说还可以"救国"哩。

(鲁迅《这个与那个》)

这个例子中"狭人"是仿制"阔人"而造的,这是对那些帮助国民党反动当局鼓吹尊孔读经的帮闲文人的一种无情的嘲讽。

再比如:

> 修辞编

"您真是个天才!"戈勒校长笑道,"您的胆量令人钦佩,女士。""我是'地主',博士!"女科学家冷冷一笑,"正如生命起源于大地一样,我的认识也是脚踏实地摸索出来的。"

(张扬《第二次握手》)

第六节 顶真和回环

顶真(顶针)又叫蝉联、联珠、顶真续麻,这是一种尾首蝉联,前递后续的修辞方式。即把上一句结尾的词语用于下一句的开头,使前后的句子头尾蝉联,上递下接。如:

大红花一朵朵全被拉长了,这时是泼刺奔进的红锦带。带织入狗中,狗织入白云中,白云织入村女中……

(鲁迅《好的故事》)

这个例子从结构上说,上递下接,一气呵成;表达上则是层层推进,井然有序;表现形式上,可以说是一种词语顶真,意指语句中词与词或词组与词组之间的蝉联。

顶真能够突出地反映事物的内在联系,揭示事物之间的辩证关系。用于叙事状物,可以条理分明,句句顶接,显得明快流畅;用于议事说理,便于阐明事物内在的递相依存的关系,说理周密谨严,富有哲理性;用于抒情写意,可以使得内容不断出新,环环相扣,给人一种格调清新的感受。

回环是采用变换次序的方法,利用词语的循环往复来表现不同事物之间的有机联系的一种修辞方式。如:

号兵的小手紧捏鲜红的号穗,眼直射着首长,坚定而清楚地说:"部队离不开号!号也离不开部队。"

(魏钢焰《船夫曲》)

这个例子中号兵所说的两句话"部队离不开号!号也离不开部队"词语相同,但排列的顺序恰好相反,从而形成了循环往复的语言形式美,揭示了部队和军号之间密不可分的辩证关系。因此,可以说回环的运用便于表现物之间相互依存、相互排斥的辩证关系。而这种形式又使得语言回环折绕,便于表达深沉的感情。

顶真和回环既有共同之处,又有区别。首尾相接,前句的末尾是后句的开头,这是顶真和回环的共同之处。而两者的区别在于:顶真是上递下接的组织结构,目的是让结构、语意能够贯穿一气,步步深入。而回环却是循环往复的组织结构,目的是于齐整中见变化;顶真是两句话中的首尾相接,语序的运行轨迹是一条直线。而回环则是内部语序的调整,其运行轨迹近似圆形。

第七节　辞格的综合运用

常见的辞格远不止前面介绍的几种,还有诸如"引用"、"设问"、"示现"等等。在语言实践中,为了表达的需要,常常把辞格加以综合利用,使它们形式错综复杂,这样才能各显其能,相得益彰,收到更加突出的修辞效果。

一般来说,辞格的综合运用可分为三种情况:

一、辞格的连用

辞格的连用是指同类辞格或异类辞格在一段文字中的接连使用。如:

> 两岸都是悬崖峭壁,累累垂垂的石乳一直浸到江水里去,像莲花,像海棠叶儿,像一挂一挂的葡萄,也像仙人骑鹤,乐手吹箫——说不定你忘记自己是在漓江了呢!

(杨朔《画山绣水》)

这个例子属于同类辞格的连用。例中连用五个比喻来描写石乳的千姿百态,奇景美境妙不可言。

多数辞格可以连用,常见的主要有比喻连用、借代连用、对偶连用、反复连用等,其中以比喻连用最为常见。

二、辞格的兼用

辞格的兼用是说一种表达方式兼有多种辞格。也叫作"兼格"。即从一个角度看属于甲辞格,从另一个角度看则属于乙辞格。一体多用,效果突出。如:

修辞编

> 一二三四五六七
> 孝悌忠信礼义廉

在这副对联中,从形式上看是对偶,在意思上看是缺"八"少"耻",暗含着"忘(王)八无耻"的意思,是谐音双关。所以说,它兼有对偶、双关辞格,以此表达人们对那些无耻之徒的斥责和愤慨。

三、辞格的套用

辞格的套用是指一个语言片断总的看来运用了某种辞格,其中某一部分又包含着另外的辞格。如:

> 眼前是:繁花似海,高楼如山,绿荫如屏……
> 耳边是:歌声阵阵,书声琅琅,笑语声声……
>
> (贺敬之《雷锋之歌》)

这个例子整个看是对偶,上下两句中还套用排比,而"繁花似海,高楼如山,绿荫如屏"的排比中同时又套用了比喻。

学习辞格一方面要把握辞格的特点,根据需要,准确地选用辞格,以提高表达效果;另一方面,还要学会辨识分析辞格,以正确理解和恰当评议他人所说的话,而辨识分析辞格,不仅要辨明辞格的类型,还要结合文章的题旨内容从整体着眼,弄清各个辞格在一个统一体中的相互关系和不同的地位。

思考与练习

一、指出下列语言片断中所用的修辞手法,并分析其表达效果。

1. 为人民利益而死,就比泰山还重;替法西斯卖力,替剥削人民和压迫人民的人去死,就比鸿毛还轻。

2. 鸟儿将巢安在繁花嫩叶当中,高兴起来了,呼朋引伴地卖弄清脆的喉咙,唱出婉转的曲子,跟轻风流水应和着。

3. 曹雪芹写王熙凤:后面是一片冰山,山上有一只雌凤。其判云:凡鸟偏从末世来,都知爱慕此生才。一从二令三人木,哭向金陵事更哀!

4. 高雅的人说:"白话鄙俚浅陋,不值识者一哂之者也。"

5. 沉默呵,沉默呵!不在沉默中爆发,就在沉默中灭亡。

二、借喻与借代、比拟与比喻各有什么区别,请举例说明。
三、分析下面辞格综合运用的例子,指出其修辞效果。
真的假不了,假的真不了。

附 录

逻辑与语法、修辞关系简论

我们编写《逻辑·语法·修辞》这部书,其宗旨是要使逻辑、语法和修辞知识更简明实用,培养读者综合运用这些知识的能力。这三种知识虽然各管一方面,但在语言表达中却是综合体现的。而要使这三门学科的理论达到"互相关联,切于实用",实际做起来却较为复杂,也是一项需要探讨的研究课题。这里谈一点看法,仅供参考。

一、事理分析与逻辑分析的关系

长期以来,我们面对一段语言表述,习惯的分析是看它的语法结构有没有问题,修辞好不好,而缺少逻辑方面的分析。一般情况下,把事理分析等同于逻辑分析,认为合不合事理就是合不合逻辑。其实,逻辑与事理并不完全等同。事理分析时主要看语句表达的意思是否真实,合于实际,有没有道理,都是根据客观事实和科学知识来判断的,这当然也能解决一些语法分析不及的问题,有时也就把这些不合事理的表达错误包括在语法错误中,如"主谓不合"、"语意不明"、"自相矛盾"等。但从逻辑方面来看,概念准确与否,一些简单判断是否恰当,都可以根据事理作出正误的分析,但作为逻辑的核心内容——推理,只用事理分析显然是不够的。就拿直言三段论推理来说,它要求满足两个条件:一是前提真实,二是形式正确(合乎推理规则)。必须符合这两条要求的三段论,才能必然推出真实结论。两条要求缺一不可。如果前提不真,而形式正确,或者前提真,而形式不正确,都不能推出必然真的结论。前者,根据事理即可判断推理前提是否真实,而后者,只有根据推理规则,才能判断推理形式是否正确,由此可知,即使前提都是合乎事理的真实判断,如果推理违反了逻辑规则,此推理无效。例如:

> 有些干部是中年人,
> 张科长是干部,_____
> 所以,张科长是中年人。

这个推理的前提都是真的,似乎按三段论形式推出的结论"张科长是

附 录

中年人",也应是合乎逻辑的。但是,实际上这个结论只是一种可能情况,不是必然能推出的真实结论。如图示:

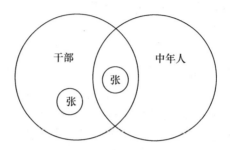

很明显,"张科长是干部"中的"张科长",在图中与"中年人"的组合有两种可能,即张科长可能是中年人,也可能不是中年人,据此不能推断一种必然结论。逻辑理论告诉我们,此推理违反了"中项在前提中至少周延一次"的规则。中项"干部"在前提中两次都不周延,也就是说"干部"分别与"张科长"和"中年人"在外延上都只发生部分关系,无法确定"张科长"与"中年人"的必然联系,因而推不出必然结论。

此种前提真实的三段论形式,还可能推出完全错误的结论。例如:

有些水果是梨,
香蕉是水果,
所以,香蕉是梨。

可见,不能仅看前提是否合于事理,就判断一个推理能否成立,还要看其推理过程是否合乎规则。其实,用现代逻辑的观点看,逻辑只关心推理的形式规则,根本不涉及具体内容。具体内容是否真实,逻辑本身是不能提供的,只有靠事实、经验和具体科学知识。因为我们研究的是语言表述中的逻辑问题,所以必须考虑如何把逻辑与语义分析、事理分析结合起来,这也可以说是一种把"事理"包容进去的"大逻辑"观念。

明确事理与逻辑的关系,对我们理解和掌握语言表达中的推理分析,是很重要的。有位学生在学了逻辑以后,谈体会时说得好:"只有在学了逻辑以后,我才知道怎样用推理方法推出真的结论,例如,我听到说'优秀律师都精通法律,李律师精通法律,所以,李律师是优秀律师'这样一段话,如果在我学习逻辑之前,凭直觉,一定会认为他是对的。为什么呢?因为不精通法律怎么能成为优秀律师呢?难道对法律一窍不通的人能成为优秀律师吗？而且通常优秀律师也是因为他对法律精通呀！可是在学了逻辑之后，我才认识到这个推理是不合逻辑的，犯了'中项两次不周延'的错误，因而推不出必然真的结论。"事实上也是如此，优秀律师是精通法律的，而精通法律的未必都是优秀律师。

由此可见，对语言表达的逻辑分析，除要有事理分析外，还要掌握一定的逻辑思维的理论、方法和规则，才能对一些复杂的判断和推理作出科学的逻辑分析，也才能更好地把逻辑、语法和修辞结合起来，提高我们的综合分析能力。

二、逻辑分析与语法分析的关系

人通过思维活动获得的结果为"思想"，而表达思想的工具是语言，用语言表达思想的方式叫言语，即说话和写文章。逻辑和语法则分属两个层面，逻辑管思维和思想层面，语法管语言和言语层面。一般说来，在思维层面上，概念是否明确决定用词是否准确，判断是否恰当决定句子是否通顺，推理是否合乎逻辑决定说理论证是否严谨有说服力。语言学家吕叔湘认为："一般地说语法要服从逻辑，一句话不但要有适当的结构，也要事理上讲得过去，才算是通。"（《语法修辞讲话》）语言学家高名凯认为，语法结构规则不能脱离逻辑基础，如"为什么我们要在复句里前面用'因为'后面用'所以'呢？因为这种复句正为的是表达逻辑上的因果关系的推理。如果学生不了解这种语法成分的逻辑基础，他们就不知道如何运用这些语法成分"（《语法教学和逻辑思维能力的培养》）。当我们手中既有了逻辑工具（概念、判断、推理方法及规则等），又有了语法工具（词性、短语、句子及其成分等构成规则），那应如何分析具体语句呢？

在对语言表达的逻辑分析中，概念分析是最基本的逻辑分析。概念的语言形式是词和短语。概念要通过语词表达，但并不是所有的语词都表达概念，如助词、叹词等没有实在所指的词不表达概念。同一概念可以表达为不同的语词，同一语词也可以表达不同的概念。语词的搭配也要以概念关系为依据。在语言表达中，逻辑上的要求首先就是要明确地使用每一个概念。如果概念不明确，就会影响意思的准确表达，以致造成判断或推理的失误。例如，在日常生活、人际交往中，常会出现因概念歧义造成的纠纷。如北京丰台法院某法庭曾判过一起案子：

附 录

当事人张某和高某是邻居又是同事,两年前,张某向高某借了 14000 元。今年 7 月,张某归还高某部分欠款后向高某打了借条。在借条上,张某写道:"张某借高某人民币 14000 元,今还欠款 4000 元。"可是张某一直未再还款,高某便将张某告到法庭,诉称张某尚欠其余款 10000 元,请求返还。但是,张某声称只欠原告 4000 元,认为欠条上写的意思是"还有 4000 元欠款未还",而原告高某认为是"还了欠款 4000 元"。

这起案子中,双方因对一个"还"字的不同解释发生纠纷,旁观者谁也说不清真相。原因在于双方用了一个因不同词性可作两种概念理解的词,而且没有在表述上明确其确切含义。如果把"还"字作为动词使用,就是"已还了 4000 元",如果把"还"字作为副词使用,就是"还有 4000 元未还"。这个例子告诉我们,语法上关于词性的变化,直接影响着逻辑上能否明确表达一个概念,而概念的明确表达,又需要在确定的意义上使用一个词。这实际是一个古老的逻辑原则,早在两千多年前"西方逻辑之父"亚里士多德就说过:"把一个名辞的多种意义加以考察是有用的,一方面是为了澄清,同时也是为了确保我们种种的推理是以真正的事实为依据,而不是仅仅从事于所用的名辞。"(《论辩篇》)还说:"对于一个歧义的名词或歧义的表述,一个人答辩应当像下面的这种样子,说'在一种含义上它是这样,而在另一种含义上它不是这样'。"(《辩谬篇》)在现代生活中,由于有意或无意,在推理或论辩过程中,使用一个歧义词而影响交际、破坏合作、造成损失的现象,并不少见。

通过以上关于概念与词性关系的分析可以说明:把逻辑分析与语法分析结合起来,不是能把问题说得更清楚、更透彻吗!

关于判断的分析,我们先举一个用主谓句表达的性质判断来看:

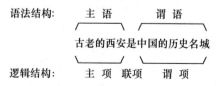

对上例的语法分析,还可有成分分析:主语是由定语"古老的"和中心语"西安"构成的偏正词组;谓语是由判断动词"是"加上由定语"中国的"和中心语"历史名城"构成的偏正词组而构成的合成谓语。再从词性

与成分的关系看:主语的偏正词组是由形容词作定语修饰名词的中心语,谓语的偏正词组是由名词作定语修饰偏正词组的中心语。根据以上对句子、成分、词性的分析,可以确定其搭配的结构是否符合语法规则。

逻辑分析则是从概念的外延和判断的真假上作出分析,从而判定该语句是否合乎逻辑。

首先,这是一个性质判断类型中的单称肯定判断,是由主项"古老的西安"和联项"是"以及谓项"中国的历史名城"组成。从主项与谓项的外延关系上看,属于真包含于关系,即两概念之间,前者外延包含在后者外延之中,并且小于后者的外延。根据性质判断的真假可以由其所包含的主、谓项外延关系来判定的规律,即可确定上述判断为真,因为规则表明:主谓项外延关系为真包含于关系时,全称(包括单称)肯定判断为真。根据这种分析,该判断逻辑上可以确定为真判断。

如果将该判断的主谓项互换表达为"中国的历史名城是古老的西安"。那么,其主谓项之间则为真包含关系。根据上述逻辑规则,不能构成真的全称肯定判断,因此,这个判断在逻辑上是假判断。如同一个古老的话题:"凡金子都是闪光的。不能认为:凡闪光的都是金子。"值得注意的是,这个判断在语法结构上并没有错误,只是主语和谓语互换了位置,却违反了逻辑规则。可见,对语言表达中涉及真假判断的分析,尤其是面对大量没有语法错误而有逻辑错误的语句,逻辑分析是不可缺失的。

又如,用复句表达的联言判断:

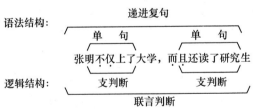

从语法分析上看,不但要看每个单句本身的语法结构,而且还要考虑递进连词"不但,而且"所要求的"语序"。如果将单句前后颠倒过来,就会不合乎事理,也不符合递进连词的语法意义。从逻辑分析上看,却不考虑递进连词的语法意义,只根据联言判断的逻辑性质,判定其真假。联言判断的真假判定规律表明:一个联言判断,在其支判断都真的情况下为真,与支判断的顺序无关。用符号可以表示为:"p且q"与"q且p"等值。因此,语法上的并列、递进、转折等复句,都属于联言判断范围,因为都具

附录

备断定几种情况同时存在(单句都是真实判断)的联言性质。由此可见，在对语言表达进行逻辑分析时，不能简单套用逻辑，必须结合语法意义，才能符合语言表达的实际，也才能揭示出语言表达的真正内涵。对一个复句(复合判断)而言，逻辑解决真假问题，语法解决表达结构问题，两方面结合起来，才能做到对语言表达在两个层面上较为全面的综合分析。

三、逻辑分析与修辞手段的关系

关于修辞与逻辑有什么样的关联，也是一个有待深入研究的课题。表面上看，修辞的许多手段，如夸张、反语、重复等都不合逻辑，甚至有的不合语法，但是，透过表层深入分析，就会发现，每一个能有最佳语言效果的修辞语句，都有其内在的合理性及深层的逻辑联系。鲁迅早就讲到，要把"燕山雪花大如席"的夸张，说成"广州雪花大如席"，就是修辞失误。因此，仅从表面看就认为修辞与逻辑无关，甚至是反逻辑的，是不符合修辞规律的。如果修辞可以乱来，没有其内在的合理性，那么修辞将不成为修辞，不但不能增强语言表达效果，而且会以辞害义，降低语言表达的质量。如说"飞流直下三千尺"，也是因为事理上如果有这样的高度，飞流是可以达到的。要说"三千丈"也未尝不可，更加强调飞流的气势。如果说成"飞流直上三千尺"，读者将不知所云，"飞流"如何能"直上"？另外，有些看似不合逻辑的说法，却有其语源上的依据，如有位修辞学者说道："从字面上看'救生'符合逻辑，'救死'好像有些不合理了；因为需要'救'的，是生命而不是死亡。有的语言工作者认为……这是一种'反逻辑'构词，但是事实并非如此，'救死'是以反逻辑的表象出现的合逻辑的构词，它要求接受者越过表层的不合理，去追寻深层的合理。"(谭学纯《广义修辞学》)因为"救"的本义是"止"，成语有"抱薪救火"；"救"还有"助"的意思，《左传》中有"楚人伐宋以救郑"。这种相反相成的语义，使得"救"既可以"救死"也可以"救生"。可见，修辞决不是任意而为的，即使表面上看不合逻辑，也必有其内在的合理依据，因此，最好的修辞，也必是最好地体现了内在的某种逻辑联系。

基于以上的认识和分析，我认为，反映思维规律的逻辑，与构造通顺语句的语法和追求最佳语言效果的修辞，从深层意义上说，是完全一致的，不存在任何矛盾。三者之间既有区别又紧密关联，哪一方面都不可缺失，缺失了哪一方面都会影响语言表达的质量。思维的逻辑性是语法和修辞的基础以及最终依据。逻辑对语言表达具有根本性意义,可以说,逻辑是在思维层面上统领语言表达的圭臬。如果掌握这三方面的知识和规律,并对三者关系有所把握,将会进一步提高我们读、写、说的语言表达水平。

《逻辑·语法·修辞》各编练习题参考答案

《逻辑编》练习题参考答案

第一章 绪论

一、逻辑学是研究思维的逻辑形式及其规律的科学。

二、逻辑学具有共有性、基础性和工具性。逻辑学的作用主要是：1. 有助于人们由已知推断未知,获得新认识;2. 有助于人们准确表达思想,严密进行论证,提高辨析逻辑错误的能力;3. 有助于驳斥谬误和揭露诡辩。

三、1. 了解学科特点,增强学习信心;2. 循序渐进,讲究学习方法;3. 联系实际,学以致用。

四、

1. 客观规律。

2. 逻辑学。

3. 思维规律。

4. 某种说法。套用逻辑形式,表达错误观点。

五、

1、4 语句表述的逻辑结构:有些 S 是 P。

2、7 语句表述的逻辑结构:如果 p,就 q。

3、6 语句表述的逻辑结构:只有 p,才 q
　　　　　　　　　　　　非 p,
　　　　　　　　　　所以,非 q。

5、9 语句表述的逻辑结构:所有的 S 都是 P。

8、10 语句表述的逻辑结构:所有的 M 都是 P。
　　　　　　　　　　　　　S 是 M,
　　　　　　　　　　所以,S 是 P。

《逻辑·语法·修辞》各编练习题参考答案

第二章　概念

一、概念是反映对象本质属性(或特有属性)的思维形式。概念的特征是内涵和外延。

二、概念与语词的关系：1．概念要通过语词表达，但不是所有语词都表达概念；2．同一个概念可以表达为不同的语词。3．同一个语词可以表达不同的概念。

三、概念可根据不同的标准划分为：1．单独概念和普遍概念；2．集合概念和非集合概念；3．正概念和负概念。集合概念的特征是它反映的集合体中的每一个体不具有集合体的属性。

四、两概念之间在外延上的关系有：1．全同关系，2．真包含关系，3．真包含于关系，4．交叉关系，5．全异关系。全异关系又可分为矛盾关系和反对关系。真包含关系与真包含于关系统称为属种关系。属种关系中外延较大的叫"属概念"，外延较小的概念叫"种概念"。矛盾关系与反对关系的区别在于两概念之间有无第三种可能，没有第三种可能的为矛盾关系，有第三种可能的为反对关系。

五、限制是指通过增加概念内涵从而缩小其外延的逻辑方法。概括，也称"扩大"，是指通过减少概念内涵从而扩大其外延的逻辑方法。

六、概念的定义是揭示概念内涵的逻辑方法。或者说是用简短的语句指明对象的本质特征。下定义的规则有：1．定义项必须与被定义项的外延重合；2．定义不应循环；3．定义不应作否定陈述；4．定义不应使用比喻。

七、概念的划分是揭示概念外延的逻辑方法。或者说是把一个属概念划分为若干种概念的方法。划分的规则有：1．划分的子项外延相加必须等于母项的外延；2．划分出的子项外延之间不相容，互相排斥；3．每次划分的标准必须同一。

八、

1．表达概念的：你、游览、雄伟壮观、中国万里长城。
不表达概念的：过、的、吗。

2．表达概念的：努力学习、能取得优秀成绩。
不表达概念的：只有……才。

附 录

九、

1. 学位

内涵——根据专业学术水平由高等学校、科研机构等授予的称号。

外延——博士、硕士、学士等。

2. 文物

内涵——历代遗留下来的在文化发展史上有价值的东西。

外延——具有上述内涵的建筑、碑刻、工具、武器、生活器皿、各种工艺品等。

3. 手机

内涵——手持式移动电话机。

外延——音乐手机、拍照手机、上网手机、商务手机、智能手机等。

4. 股份公司

内涵——实行股份制的公司

外延——股份有限公司、有限责任公司。

5. 有价证券

内涵——对货币、资本、商品或其他资产等有价物具有一定权利的凭证。

处延——股票、债券、各种票据、提单等。

十、

1. 法

内涵——体现统治阶级意志,由国家制定或认可,由国家强制力保证执行的行为规则的总称。

外延——法律、法令、条例、决定、命令等。

2. 发明

内涵——一种重大的科学技术新成就,它必须同时具备下列三个条件:(1)前人没有的;(2)先进的;(3)经过实践证明可以应用的。

十一、

1. 普遍概念。

2. 单独概念。

3. 普遍概念。

4. 单独概念。

《逻辑·语法·修辞》各编练习题参考答案

十二、

1. 集合概念。
2. 非集合概念。

十三、

1. 正概念。
2. 负概念。

十四、

1. "北京"(a)、"中华人民共和国的首都"(b)、"历史名城"(c)之间,a与b为同一关系,a、b共同与c为属种关系。图示为:

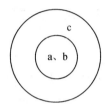

2. "香蕉"(a)、"苹果"(b)、"水果"(c)、"富士苹果"(d)之间,a与b为并列关系,a、b共同与c为属种关系,b与d为属种关系。图示为:

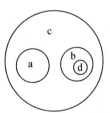

3. "司马迁"(a)、"史学家"(b)、"文学家"(c)、"思想家"(d)之间,a与b、c、d分别为属种关系,b、c、d之间为三重交叉关系。图示为:

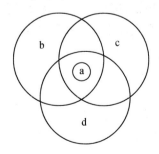

附 录

十五、

1.

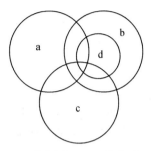

a. 公务员　b. 青年人　c. 北方人　d. 男青年

2.

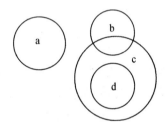

a. 肥皂　b. 进口家电　c. 洗衣机　d. 海尔牌洗衣机

十六、

1. 限制正确,概括正确。

2. 限制不正确,概括不正确。

3. 限制不正确,概括正确。

4. 限制不正确,概括正确。

凡不正确的限制或概括,都是因为被限制概念与限制后的概念,或被概括概念与概括后的概念之间不具有属种关系。

十七、

1. 不正确。定义过宽。

2. 正确。

3. 不正确。否定定义。

4. 不正确。循环定义。

5. 不正确。定义过窄。

6. 不正确。比喻定义。

《逻辑·语法·修辞》各编练习题参考答案

十八、

1．正确。

2．不正确。子项相容。

3．不正确。整体分为部分。

4．不正确。划分不全。

5．不正确。多出子项。

6．不正确。混淆根据。

十九、

1．概念混淆。"效尤"应为"效仿"。

2．概念错用。"博士后"不是"学位"，专指"获得博士学位后继续深造的阶段，或指博士后研究人员"。

3．概念不明。"非欧美地区"中的"非"既可指"非洲"，也可指"欧美地区"以外。

4．误用集合。"鱼类"应为"鱼"。

5．外延过宽。"蔬菜"应限制为某种具体蔬菜。

6．并列不当。"研究生"与"博士生"为属种关系，不应并列。

7．限制不当。"质量差的"不能限制"次品"。

8．概括不当。"手机"、"饮水机"、"纳米杯"都不属于"电器产品"。

9．定义过宽。定义概念包括了所有的三角形。

10．子项相容。整4斤的西瓜既可卖8角一斤，也可卖6角一斤。

实例分析题答案：

一、双方言明"当年四月底付清货款"，但合同上却写明"四月底结清货与款"。"货款"是指"全部货的款"，而"货与款"可理解为"剩下的货和卖掉货的款"。仅一字之差，却表达两个完全不同的概念，其内涵和外延完全不同。厂家根据合同当然无法打赢这场官司。

二、婚姻法修改草案中涉及的四个概念是："重婚"(a)、"其他违反一夫一妻制的行为"(b)、"违反一夫一妻制的行为"(c)、"有配偶者与他人同居"(d)。修改后，其概念关系图示如下：

附 录

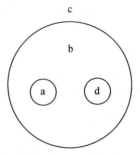

修改的逻辑方法是对"其他违反一夫一妻制的行为"(b)这一外延比较大的概念,在内涵上增加属性缩小其外延,限制为"有配偶者与他人同居"(d)。

三、调查问卷的选项划分违反了两项划分规则:

1. 违反了"划分的子项之和必须与被划分的母项外延相等"的规则,该划分遗漏了"年收入20万元以下"的人员,而这部分人在我国工薪人员中占绝大多数,犯了"划分不全"的逻辑错误。

2. 违反了"划分出的各子项之间在外延上必须互相排斥"的规则,该划分每相邻的两项之间都有交叉,使处于交叉中的人员无法选项,犯了"子项相容"的逻辑错误。

另外,该调查问卷开头只说"您的年收入",外延过宽,应限制为哪一年,才能统计出准确的结果。

该调查问卷修改建议如下:

您在2009年的收入情况(单选):
• 1万元(含)以下
• 1万元以上—5万元(含)
• 5万元以上—10万元(含)
• 10万元以上—50万元(含)
• 50万元以上—100万元(含)
• 100万元以上
(不注"含"则为"不含")

第三章 判断

一、判断是对思维对象有所断定的思维形式。判断的特征:一是必有断定;二是必有真假。

二、判断与语句的关系:1.判断要通过语句表达,但并不是所有语句都表达判断;2.同一判断可以表达为不同的语句;3.同一语句可以表达不同的判断。

三、性质判断,也称直言判断,是断定思维对象具有或不具有某种性质的判断。性质判断是由主项、谓项、联项和量项四部分组成。性质判断的基本类型有:1.全称肯定判断(A),2.全称否定判断(E),3.特称肯定判断(I),4.特称否定判断(O)。

四、同一素材 AEIO 性质判断之间的真假对当关系是:

1. 反对关系(A—E):A 真,E 必假;A 假,E 可真可假。E 对 A 同理。二者不能同真,却可同假。

2. 矛盾关系(A—O、E—I):A 真,O 必假;A 假,O 必真。O 对 A 同理。E 真,I 必假;E 假,I 必真。I 对 E 同理。二者不能同真,也不能同假。

3. 差等关系(A—I、E—O):A 真,I 必真;A 假,I 可真可假。I 真,A 可真可假;I 假,A 必假。E—O 之间同理。二者可以同真,也可以同假。

4. 下反对关系(I—O):I 真,O 可真可假;I 假,O 必真。O 对 I 同理。二者不能同假,可以同真。

掌握同一素材 AEIO 之间的真假对当关系的规律,可以"举一推三",或用于论证等。

五、概念的周延性是指在性质判断中对主项、谓项外延的断定情况。如果在判断中断定了主项(或谓项)的全部外延,那么这个主项(或谓项)就是周延的;如果在判断中没有断定主项(或谓项)的全部外延,那么这个主项(或谓项)就是不周延的。AEIO 四种判断中主、谓项的周延规律是:A 判断主项周延,谓项不周延;E 判断主项与谓项都周延;I 判断主项与谓项都不周延;O 判断主项不周延,谓项周延。其中肯定判断(A、I)的谓项都不周延,是因为在肯定判断中,被断定的谓项没有量项表示,只知道谓项概念外延中至少有一个分子与主项概念外延有相容关系;并未表示被全部断定,因此,逻辑上认为肯定判断谓项都不周延,而不考虑具体内容上可能出现的谓项周延的特例。

六、关系判断是断定对象之间关系的判断。关系判断是由关系项、关系词和关系量项(有的没有)三部分组成。

七、模态判断是断定事物的可能性或必然性的判断。模态判断是由

> 附 录

对某种现象的断定和模态词构成。模态判断的基本类型有:1. 或然肯定判断,2. 或然否定判断,3. 必然肯定判断,4. 必然否定判断。

八、规范判断是对人的行为提出某种规定的判断。规范判断是由对某种行为的断定和规范词组成。规范判断的基本类型为:1. 必须肯定判断,2. 必须否定判断,3. 允许肯定判断,4. 允许否定判断,5. 禁止肯定判断,6. 禁止否定判断。

九、联言判断是断定几种情况同时存在的复合判断。联言判断是由联言支(联言判断中的支判断)和联结项(联结支判断的连词"并且")组成。联言判断的公式是:p 并且 q($p \land q$)。联言判断的真值取决于联言支的真假关系:如果联言支都真,则联言判断为真;如果联言支中至少有一假,则联言判断为假。

十、选言判断是断定几种可能情况至少有一种(或只有一种)存在的复合判断。选言判断是由选言支(选言判断中的支判断)和联结项(联结支判断的连词"或者"等)组成。选言判断可分为相容选言判断和不相容选言判断两类。相容选言判断的公式:p 或者 q ($p \lor q$)。相容选言判断的真值取决于选言支的真假情况:如果选言支至少有一真时,则相容选言判断为真;选言支都假时,则相容选言判断为假。不相容选言判断的公式:要么 p,要么 q($p \veebar q$)。不相容选言判断的真值取决于选言支真假情况:如果选言支有而且只有一真时,则不相容选言判断为真;如果选言支都真或都假时,则不相容选言判断为假。

十一、假言判断是断定某一事物情况为另一事物情况条件的复合判断。或者说,是有条件地断定某种情况存在的判断。假言判断是由假言支(假言判断中的支判断,也称"前件"与"后件")和联结项(联结假言支的连词"如果,就"等)组成的。假言判断可分为充分条件假言判断、必要条件假言判断和充分必要条件(简称"充要条件")假言判断三种类型。充分条件假言判断的公式:如果 p,就 q($p \rightarrow q$)。充分条件假言判断的真值取决于其前件(表示条件的支判断)和后件(表示依赖条件产生结果的支判断)之间是否为充分条件关系:如果前件真,后件必真时,则充分条件假言判断为真,如果前件真,后件假时,则充分条件假言判断为假。必要条件假言判断的公式:只有 p,才 q($p \leftarrow q$)。必要条件假言判断的真值取决于其前、后件之间是否为必要条件关系:如果前件假,后件必假时,则必要条件假言判断为真;如果前件假,后件真时,则必要条件假言判断为假。

《逻辑·语法·修辞》各编练习题参考答案

充要条件假言判断的公式:当且仅当 p,就(才)q(p↔q)。充要条件假言判断的真值取决于其前、后件之间是否为充分必要条件关系:如果前件真,后件必真,或前件假,后件必假时,则充要条件假言判断为真;如果前件真,后件假,或前件假,后件真时,则充要条件假言判断为假。

十二、负判断是否定一个判断的判断。负判断的结构是由否定词和被否定的判断两部分构成,其结构的公式为:并非 p(¬p)。负判断的真假值要依据其所包含的支判断的真假来判定。支判断真,则负判断假;支判断假,则负判断真。

十三、

1. 表达判断。

2. 不表达判断。

3. 表达判断。

4. 表达判断。

十四、

1. 全称肯定判断(SAP)。主项"数码相机"周延;谓项"高科技产品"不周延。

2. 单称肯定判断(SAP)。主项"台湾"周延;谓项"美丽的宝岛"不周延。

3. 全称否定判断(SEP)。主项"人"周延;谓项"能脱离社会生存的"周延。

4. 全称肯定判断(SAP)。主项"星球"周延;谓项"运动的"不周延。

5. 特称肯定判断(SIP)。主项"人"不周延;谓项"画家"不周延。

6. 特称否定判断(SOP)。主项"会议"不周延;谓项"非开不可的"周延。

7. 特称否定判断(SOP)。主项"文学家"不周延;谓项"写小说的"周延。

8. 全称肯定判断(SAP)。主项"占全班五分之二的女同学的考试成绩"周延;谓项"很好"不周延。

十五、

1. 已知 SAP 真,可推知素材相同的 SEP 假,SIP 真,SOP 假。

2. 已知 SAP 假,可推知素材相同的 SEP 不定,SIP 不定,SOP 真。

3. 已知 SIP 真,可推知素材相同的 SAP 不定,SEP 假,SOP 不定。

附 录

4. 已知 SEP 真,可推知素材相同的 SAP 假,SIP 假,SOP 真。

5. 已知 SOP 假,可推知素材相同的 SAP 真,SEP 假,SIP 真。

十六、

1. 关系项:父母、儿女。关系词:抚养。属反对称关系判断。

2. 关系项:周红、张文。关系词:……和……是同事。属对称关系判断。

3. 关系项:张经理、王董事长。关系词:敬佩。属非对称关系判断。

4. 关系项:今天的气候、昨天的气候。关系词:……比……高。属反对称关系判断。

十七、

1. 已知"必然 p"真,可推知"必然非 p"假,"可能 p"真,"可能非 p"假。

2. 已知"必然 p"假,可推知"必然非 p"不定,"可能 p"不定,"可能非 p"真。

3. 已知"可能非 p"真,可推知"必然 p"假,"必然非 p"不定,"可能 p"不定。

4. 已知"可能 p"假,可推知"必然 p"假,"必然非 p"真,"可能非 p"真。

十八、

1. 联言判断(p∧q)。联结词省略。

2. 不相容选言判断(p∨q∨r)。联结词:或是……或是……或是。

3. 联言判断(p∧q)。联结词:虽然……但。

4. 必要条件假言判断(p←q)。联结词:只有……才。

5. 充分条件假言判断(p→q)。联结词:如果(省略)……就。

6. 充分条件假言判断(p→q)。联结词:哪里……哪里就。

7. 必要条件假言判断(p←q)。联结词:不……焉。(p←q = $\bar{p}$→$\bar{q}$)。

8. 充要条件假言判断(p→q)∧(p←q)。联结词:有则……无则。

十九、

1. 判断歧义。找不到"孩子",或是找不到"妈妈"。

2. 主谓不合。"原因"不能是"结果"。

3. 量项不当。特称误作全称。

4. 量项不当。全称误作特称。

5. 误用否定。"防止不走"实际表达是"走"。

6. 关系项不当。"娱乐"后应加"活动"。

7. 联言不当。"并"后的分句内容不应是公安局的事,而应是法院对凶犯的判处。

8. 联言不当。"商品上和包装上"应为"商品上或包装上"。选言不当。"名称或地址"应为"名称和地址"。

9. 假言不当。"充分条件"误作为"必要条件"。

10. 假言不当。"必要条件"误作为"充分条件"。

实例分析题答案:

一、法师在唐诗《枫桥夜泊》中的"寒山寺"和"夜半钟声"处划了几个圈,其意是"有寺庙(寒山寺)是夜里敲钟的"(有 S 是 P),而柳田教授在这之前说的是"佛教经典上没有寺庙夜里敲钟的记载"(所有 S 都不是 P)。根据性质判断 AEIO 的真假对当关系,"有 S 是 P"真可推断"所有 S 都不是 P"假,因而柳田教授为此连连向法师致敬。

二、关键是当审判长让被告打开照相机时,被告说:"审判长,假如我把它打开,那就证明照相机是我的,是吗?"被告这里故意混淆条件关系,把"能打开照相机"对"证明照相机是我的",只是必要条件,却说成充分条件。审判长立即指出:"不对,打开了,并不证明它一定是你的;而打不开,那就证明一定不是你的。"清楚明确地说明了这一逻辑关系。然后让被告打开照相机,结果被告打不开,这就有力证明了照相机不是被告的,被告无言以对,最后终于低下了头。

三、根据题设"如果正面是元音字母,那么它的背面就是偶数"这一充分条件假言判断的前件与后件的真假关系,可知:

① E 牌背面必是偶数(不需要翻)

② K 牌背面不一定是偶数(需要翻)

③ 4 牌背面不一定是元音(需要翻)

④ 7 牌背面必不是元音(不需要翻)

根据以上分析,只需翻 K 4 两张牌,即可知全部情况。

第四章 推理

一、推理是由一个、两个或两个以上已知判断推出一个新判断的思维形式。推理是由前提和结论两部分构成,前提与结论之间必须具有某种推出的逻辑关系。推理的传统分类为演绎推理、归纳推理和类比推理。

二、直接推理是根据一个已知判断推出一个新判断的推理形式。直接推理的方法主要有:1.对当关系直接推理;2.换质法直接推理;3.换位法直接推理。换质法是通过改变一个性质判断联项的性质推出一个新判断的直接推理,而换位法是通过调换一个性质判断的主、谓项位置推出一个新判断的直接推理。

三、三段论推理是由两个包含着一个共同概念的性质判断推出一个新判断的推理。三段论推理是由三个不同的概念(小项、中项、大项)和三个不同的判断(大前提、小前提、结论)构成。三段论推理形式有四种不同的格,即第一格(中项在大前提的主项,小前提的谓项);第二格(中项在大、小前提的谓项);第三格(中项在大、小前提的主项);第四格(中项在大前提的谓项,小前提的主项)。

四、正确进行三段论推理必须符合两个必要条件,即前提真实和形式正确(符合推理规则),缺一不可。三段论推理的一般规则有:1.一个三段中只能有三个不同的项(概念);2.中项在前提中至少周延一次;3.在前提中不周延的项,到结论中不得变为周延;4.前提中有一否定,则结论必否定;5.两个否定前提不能得结论;6.前提有一特称,则结论必特称;7.两个特称前提不能得结论。

五、三段论的省略式主要有:1.省略大前提,2.省略小前提,3.省略结论。

六、联言推理是前提或结论为联言判断的推理。联言推理有两种推理形式,即组合式和分解式。

七、选言推理是前提中有一个选言判断的推理。选言推理有两种推理形式:1.不相容选言推理。有两种正确式:① 肯定否定式,② 否定肯定式。2.相容选言推理。有一种正确式:否定肯定式。

八、假言推理是前提中有一个假言判断的推理。假言推理有三种主要推理形式:1.充分条件假言推理。有两种正确式:① 肯定前件式,② 否定后件式。2.必要条件假言推理。有两种正确式:① 否定前件式,② 肯定后件式。3.充要条件假言推理。有四种正确式:① 肯定前件式,② 否定后件式,③ 否定前件式,④ 肯定后件式。

九、二难推理是以两个充分条件假言判断和一个含两支的选言判断为前提的推理。破斥二难推理的方法有:1.揭露假言前提的虚假;2.指出推理过程错误;3. 指出两支的选项未能穷尽,遗漏选言支。

十、归纳推理是根据个别性认识推出一般性认识的推理。归纳推理可分为完全归纳推理和不完全归纳推理两类。完全归纳推理与不完全归纳推理的主要区别在于:完全归纳推理的特点是:① 前提中无一遗漏地考察了一类中的每一个对象,结论没有超出前提范围;② 只要前提都真,其结论必然为真。不完全归纳推理的特点:① 前提中只列举了一类中的部分对象,结论超出前提范围;② 结论具有或然性,但能提高可靠程度。

十一、类比推理是根据两个或两类事物在某些属性上相同,从而推断在另一属性上也相同的推理。提高类比推理结论可靠程度的要求是:1. 类比对象之间相同的属性越多,结论可靠程度越高;2. 类比对象的相同属性与类推的属性之间具有必然联系,结论可靠程度高;3. 类比推理过程中不能有与类推属性不相容的属性。

十二、

求同法公式:

场合	相关因素	被研究对象
(一)	A、B、C	a
(二)	A、D、E	a

所以,A 与 a 之间有因果联系

求异法公式:

场合	相关因素	被研究对象
(一)	A、B、C	a
(二)	B、C	

所以,A 与 a 之间有因果联系

十三、

1. 换质法直接推理。正确($SEP \xrightarrow{换质} SA\overline{P}$)。

2. 换位法直接推理。不正确($SAP \xrightarrow{换位}$ 应对主项限量为 PIS)。

3. 换位法直接推理。不正确(SOP 不能换位)。

4. 换质法直接推理。正确($SIP \xrightarrow{换质} SO\overline{P}$)。

十四、

1. 不正确。违反"三段论中只能有三个不同的项"的规则,犯了"四

附 录

概念"逻辑错误。

2. 不正确。违反"三段论的中项在前提中至少周延一次"的规则,犯了"中项不周"的逻辑错误。

3. 不正确。违反"三段论在前提中不周延的项,到结论中不得变为周延"的规则,犯了"小项扩大"的逻辑错误。

4. 不正确。违反"三段论中两个否定前提不能得结论"的规则,犯了"双否前提"的逻辑错误。

5. 不正确。违反"三段论中两个特殊前提不能得结论"的规则,犯了"双特前提"的逻辑错误。

6. 正确。

十五、

1. 联言推理合成式。正确。

2. 不正确。充分条件假言推理不能由肯定后件推出肯定前件。

3. 不正确。必要条件假言推理不能由否定后件推出否定前件。

4. 不正确。相容选言推理不能由肯定一个选言支否定其他的选言支。

5. 不正确。不相容选言推理中遗漏了选言支。

6. 推理顺序为:

1) 根据④小刘去

2) 根据④③推出小赵不去

3) 根据2)和①推出小王也不去

4) 根据②④推出小李、小张都去

所以,小刘、小李、小张能去旅游,小赵、小王不能去旅游。

十六、

1. 不完全归纳推理简单枚举法。不正确。犯了"轻率概括"的错误。

2. 科学归纳法。比较可靠。

3. 类比推理。不正确。犯了"机械类比"的错误。

十七、

1. 求异法。不正确。存在两个相异因素不能求异。

2. 求同法。不正确。真正原因不在表面相同的因素中,而在相异因素中。

3. 求同求异法。正确。

4. 剩余法。正确。

实例分析题答案：

一、老板说的三句话可以用推理方法分别推出三句话，三位客人听后相继都走了。

第1句"该来的还不来" $\xrightarrow{\text{换位}}$ "来的不是该来的"。（一位客人走了）

第2句"不该走的也走了" $\xrightarrow{\text{换质}}$ "不该走的不是不走的" $\xrightarrow{\text{换位}}$ "不走的不是不该走的" $\xrightarrow{\text{换质}}$ "不走的是该走的"。（第二位客人走了）

第3句"我又不是说的他们"。以三位来的客人作为选言推理的大前提，然后通过否定其中两位（说的不是他们），必然推出说的是第三位客人。（第三位客人也走了）

二、安徒生女友珍妮的答话，实际上表达了一个充分条件假言推理否定后件式：

  如果要恨，就得首先有爱，
  我对你没有爱,（省略）
  所以，我对你也就没有恨。

安徒生通过珍妮的答话，听出了其中的隐语"我对你没有爱"，因此才使安徒生感到悲痛。

三、文成公主面对松赞干布的问题，处于两难境地：

  如果我告诉他一个能难倒我的问题，那么他就可能用这个问题难倒我，我就要嫁给他；
  如果我不能告诉他一个能难倒我的问题，那么他就是用他的问题难倒我了，我就也要嫁给他。
  或者我能告诉他，或者我不能告诉他，
  总之，我就要嫁给他。

松赞干布用一个能使文成公主处于两难的问题，最终使文成公主嫁给了他。

第五章　逻辑思维基本规律

一、同一律是指在同一思维过程中，任何一个思想都与自身同一。同一律的公式：A 是 A。同一律的要求是保证思维具有确定性。违反同

→ 附 录

一律的错误是:1."混淆概念"或"偷换概念";2."转移论题"或"偷换论题"。

二、矛盾律是指在同一思维过程中,任何一个思想与其相否定的思想不能同真。矛盾律的公式:A 不是非 A。矛盾律的要求是保证思维的无矛盾性,是从反方面要求思维的确定性。违反矛盾律的错误是:自相矛盾。

三、排中律是指在同一思维过程中,任何一个思想与其相矛盾的思想不能同假,必有一真。排中律的公式:A 或者非 A。排中律的要求是保证思维的明确性。违反排中律的错误是:"两不可"。

四、

1. 违反了同一律,犯了"偷换概念"的错误。"急救医学"被偷换为"急救"。

2. 违反了同一律,犯了"偷换论题"的错误。"什么是幸福"被偷换为"如何得到幸福"。

3. 违反了矛盾律,犯了"自相矛盾"的错误。"傍晚"与"夜色未退","整个"与"半边","含苞"与"怒放","近一年多"与"今年元旦之前","基本"与"全部",皆为"自相矛盾"。

4. 违反排中律,犯了"两不可"错误。对"蟹不能与柿同食"与"蟹与柿同食"互相矛盾的判断同时都加以否定。

实例分析题答案:

一、根据排中律可知甲、乙两人的话为互相矛盾的判断,其中必有一真,根据题设其只有一人说了真话,可推知丙、丁两人的话皆为假话,而丙说:"甲没拿",则该书是甲拿的。

二、年轻人违反了同一律,犯了"偷换概念"的错误。年轻人将"两份未付款的夹肉面包"偷换为"两份已付款的夹肉面包",用来换了价格相同的黑啤酒,造成黑啤酒已付钱的假象,进行诡辩。

三、甲法官违反矛盾律,犯了"自相矛盾"的错误。

乙法官没有违反逻辑思维规律。

丙法官违反同一律,犯了"转移论题"的错误。

丁法官违反排中律,犯了"两不可"的错误。

第六章 论证

一、论证是根据已知的真实判断,确立某一判断真实性的思维过程。

《逻辑·语法·修辞》各编练习题参考答案

论证是由论题、论据和论证方式三部分组成。论证与推理关系密切,论题相当推理的结论,论据相当推理的前提,论证方式相当推理的形式。

二、根据运用推理不同论证可分为演绎论证、归纳论证和类比论证;根据是否直接证明论题可分为直接论证和间接论证。五种常用的论证方法是:三段论证法、假言证法、完全归纳证法、反证法和选言证法。

三、论证的规则有:1.论题必须清楚、明确,否则为"论旨不明"的错误;2.论题必须保持同一,否则为"转移论题"、"证明过多"或"证明过少"的错误;3.论据必须真实、充分,否则为"虚假理由"或"论据不足"的错误;4.论据不得使用未经证实的判断,否则为"预期理由"的错误;5.论据不得依赖论题,否则为"循环论证"的错误;6.由论据必须能推出论题,否则为"推不出来"的错误。

四、反驳是根据已知真实判断确立某一论题虚假或不能成立的思维过程。反驳是由被反驳论题、反驳的论据和反驳的论证方式三部分组成。反驳与证明关系密切,反驳实际是用一个证明去推翻另一个证明。证明的目的是求真,反驳的目的是驳假。证明的规则也适用于反驳。

五、反驳的类型可分为反驳论题、反驳论据和反驳论证方式三种。反驳的方法,根据运用推理不同分为演绎反驳和归纳反驳;根据是否直接针对反驳对象分为直接反驳和间接反驳,间接反驳主要有"独立证明"和"归谬法反驳"。

在反驳中如果驳倒了对方的论据,只能使对方论题丧失了根据不能成立,并不等于证明对方论题为假,所以驳倒了论据不等于驳倒了论题,但使对方论题不能成立,也是一种反驳方式,同样是有效反驳。

六、谬误可分为形式谬误和非形式谬误两大类。形式谬误是指违反各种逻辑形式规则的谬误,非形式谬误是除形式谬误以外的一切谬误。常见的谬误有语词歧义、总合谬误、分称谬误、偶然关联、因果倒置、特例谬误、同语反诉、稻草人谬误、以人为据、诉诸众人、诉诸情感、诉诸权威、诉诸无知、双重标准等。

七、

1. 论题:喜马拉雅山脉在过去地质年代里曾经是海洋地区

论据:地质学已经证明……海百合等化石。

论证方式:三段论证法。

2. 论题:我国必须培养大量具有创新能力的科技人才。

附 录

论据:如果不培养大量具有创新能力的科技人才,我国就不能……建成现代化的社会主义强国。我国要实现强国目标,所以必须培养大量具有创新能力的科技人才。

论证方式:反证法。

3. 论题:这个逻辑证明的错误是论证方式上的原因。

论据:一个逻辑证明的错误,或者是……也不是由于论据方面的原因。

论证方式:选言证法。

八、

1. 证明过多。论题是"名人未出于名门者,委实更多",而结论却是"所有名人都是从无名小辈中过来的"。

2. 循环论证。论题是"改革经济体制是当务之急",而论据却是"经济体制改革是目前最迫切的任务",与论题同意。

3. 推不出来。论题是"被告人陈某有杀人罪行",论据有三个,但都是在运用充分条件假言推理中,犯了通过肯定后件推出肯定前件为结论的逻辑错误。

九、

1. 被反驳论题:认为林业对发展农业关系不大。

用来反驳的论据:先设反论题:"林业与农业的关系极为密切",然后运用假言推理推出"怎么能说林业对发展农业关系不大呢"的结论。

反驳的论证方式:假言推理形式。

反驳方法:独立证明。

2. 被反驳论题:鲁迅写出那样多的好作品,是因为他在写作时总是一根一根地吸烟。

用来反驳的论据:如果说写作时一根接一根地吸烟就能写出好作品,那么,为什么我在写作时一根接一根地吸烟,并没有写出一篇好作品呢?

反驳的论证方式:充分条件假言推理否定后件式。

反驳方法:归谬法反驳。

十、

1. 反驳中指出对方论证过程的大前提"凡是公司老板都很有钱,都要购买豪华住宅"不真,是对的,但以"并不是所有公司老板都会购买豪华住宅"(有些老板不会购买豪华住宅)为大前提,推断出"高强也不会住

豪华住宅",其推理过程为:

> 有些老板不会购买豪华住宅,
> 高强是老板(省略),
> 所以,高强不会购买豪华住宅。

该推理违反了三段论"中项在前提中不得两次都不周延",犯了"中项不周"的逻辑错误。

2. 被反驳论题是"红星超市有些商品质量并不好"(有些 S 不是 P)。用来反驳的论据是"红星超市的女衬衫面料、款式都很好,谁见了都说好"(有 S 是 P)。根据性质判断 AEIO 之间的真假对当关系,由"有 S 是 P"真,不能必然推出"有 S 不是 P"为假。

实例分析题答案:

一、这位造纸厂的技师运用了一个假言推理的演绎证明。即:如果这个证件是真的,那么签署证件的日期应是在 1885 年以后(因为证件纸是 1885 年生产的),但是这份证件签署的日期却是 1884 年,从而推断出这个证件是假的。

二、戴嵩认定米芾还的画不是真品,是用反证法证明的。论证过程是:
论题:米芾还的画不是真品。
设反论题:米芾还的画是真品。
论据:如果是真品,那么画上的牛眼中应有牧童依稀晃动的身影。但米芾摹画仓促,没有画出这传神之笔。
结论:所以,此画不是真品。

三、赵某企图根据一份遗漏了死者之母的公证书要求继承全部遗产。审判长指出公证书不应遗漏死者之母,而她是有权继承遗产的。反驳中运用了归谬法。推理过程为:

> 如果如赵某所说公证书有效,那么公证书上就应有死者之母吴氏为继承人之一,
> 但公证书上没有这一内容,
> 所以,这份公证书无效。

其后,赵某又以其母居住女儿家等理由,企图否定其母的继承权,审判长根据法律相关规定,指出这些理由都与法律规定相矛盾,而不能成立,最后使赵某无话可说。

➡ 附 录

《语法编》练习题参考答案

第二章 语素的分类和运用

一、语素是最小的语音语义结合体,是最小的语法单位。

二、语素可分为:单音节语素、双音节语素、多音节语素。

三、根据语义和构词作用,语素可以分为实语素和虚语素。

四、词是比语素高一级的语法单位,是表示一定意义、具有固定的语音形式、可以独立运用的最小的结构单位。

五、现代汉语复合词的构成方法有联合式、偏正式、主谓式、动宾式、补充式。

六、现代汉语派生词的构成方法有前加式、后加式、中加式。

七、常见简缩法:从全名中取中心成分、取专名略类名、两个并列的附加成分合用一个中心成分、抽取词或词组中最有代表性的成分、标数概括。应注意防止:生造词语、滥用简称、颠倒语序、任意拆用。

八、生造词语,注意词语是否具有语言交际的需要、词义是否明确;滥用词语,要考虑词语范围、对象,遵守普遍性原则以及要见词明义、易于理解;颠倒语序,一个词由哪几个语素组成,一旦选定、约定俗成了,不但不允许任意更换语素,而且也不允许任意颠倒;任意拆用,一般是不能拆用的,但在具体运用时,偶尔也会出现,可插入成分有限,所以,除出于修辞的需要、有特定的语用条件,不能拆用。

九、

成词语素:狗、羊、学、祝、闪、平、狼;不成词语素:虎、鸭、柿、眉、绩、习、素;不能单独作语素的字:蜻、鹃。

十、词:伟大、的、天文学家、哥白尼、说、人、天职、在、勇于、探索、真理、我、国、人民、历来、创造、革命、我们、一定、要、打破、常规、开拓、科学、发展、道路、既、又、这、是、科学工作者、特有、风格、让、无穷、宇宙、长河、中、去、吧

联合式:伟大、探索、人民、创造、开拓、发展、道路、风格、宇宙

偏正式:天职、真理、历来、一定、常规、科学、特有、长河

动宾式:革命、无穷

补充式:打破

附加:天文学家、勇于、我们、科学工作者

十一、

1. "爱卫运动"(爱国卫生运动)为生造的简称。

2. "演术"(演讲技术)为生造的简称。

十二、

1. 北京民族体育运动会→北京民运会(抽取词或词组中最有代表性的成分)

2. 万宝路香烟→万宝路(取专名略类名)

3. 代表中国先进生产力的发展要求,代表中国先进文化的前进方向,代表中国最广大人民的根本利益。→三个代表(标数概括)

4. 中国人民志愿军→志愿军(从全名中取中心成分)

5. 中学和小学→中小学(两个并列的附加成分合用一个中心成分)

第三章 词的分类和运用

一、首先看词能否充当句法成分。能则实词,不能则为虚词;其次,实词的不同语法功能表现在词和词的组合能力上。从中体现出实词的不同类别;虚词的不同语法功能表现在它和实词或词组的关系上。从中表示出虚词的不同类别。

二、以功能即词与词的组合能力为标准,分为实词与虚词。主要是看其是否能充当句法成分,是则为实词,反之则为虚词。

三、名词和谓词的区别,主要看能否接受"不"的否定;名词不能,谓词能,"不"是区别二者的"鉴定字"。同是谓词,动词和形容词又如何区别呢? 看能否带宾语,一般情况下,动词能,形容词不能。能否带宾语,是区别动词和形容词的重要语法特点。但并非所有动词都能带宾语,遇到不能带宾语的动词时,可以看能否接受"没有"否定;动词能,形容词不能。表示心理活动的动词和形容词一样,可以接受程度副词的修饰,二者的区别要看在接受"很"的修饰之后能否再带宾语;动词能,形容词不能。

四、其一是要符合语法功能;其二是要用得准确妥帖。

五、其一在表达数字时,要注意二者的区别,才能保证数量的准确无误;其二表示概述的词语,有的表示比说出的数字多一些,有的少一些,有的表示可多也可少,要注意准确选用;其三准确地选用量词,要注意量词和名词的搭配习惯;其四数量词组修饰名词,位置通常在前,但以下几种情况,最好位置在后:被修饰的词语较为复杂;量词本身较为复杂;数目较为复杂;记账时。

六、代词活用有虚指、表示反诘或强调、表示概括、表示列举、表示增强语势。

七、

名词:答案、战争、青年;动词:热爱、答应、作战;形容词:平常、年轻、坚决;副词:非常。

八、

1. 最后一个"不",将意思正好说反了。去掉。

2. 数量的减少不能用倍数,只能用分数表示。改"一倍"为一半、二分之一或百分之五十。

3. 量词"幢"常用于楼房,"山"应用"座"表示。

4. "恶狠狠"不能加程度副词,"特别"去掉。

5. "见闻"此处误用为动词,改为"看到"。

第四章 词组的分类和运用

一、词组是词和词按照一定方式组合起来,表示一定关系、有特定意义、能自由运用的造句单位。

二、偏正词组、动宾词组、述补词组、主谓词组、联合词组、同位词组、连动词组、兼语词组、数量词组、方位词组、"的"字词组、介词词组、"所"字词组、比况词组。

三、指词形系统、语序也相同的词组,实际上却包含有不止一个结构关系和语义。

产生的方式有:多义词引起的、组合次序不同引起的、结构关系不同引起的、语法意义不同引起的、轻重音不同引起的、修饰关系不同引起的。

四、在一定语境中仍然存在多义,就是歧义现象。常见的消除方法有:添加虚词、添加修饰语、变更语序、利用量词区别、改用别的说法。

五、词组复杂化的途径有:扩展(包括单项和多项两种扩展)、延伸(包括单层次和多层次两种延伸)、套接。

六、运用层次分析法切分复杂词组要注意:

1. 句法和语义是紧密联系的,因此,要求切分出来的片段不仅语法上是一个句法成分,而且语义上也是合乎逻辑事理的。

2. 虚词除可以同实词或词组组成结构共同充当一个句法成分的,以

《逻辑·语法·修辞》各编练习题参考答案

及介词之外,一律不作成分切分。

3. 每次切分,通常是二分,也可以是三分或多分。

4. 动词前有状语,后有宾语或补语,或宾语和补语都有的三合、四合词组,切分时,第一层切分在哪儿,要考虑结构关系的松紧和语义是否合乎逻辑事理。

七、

伟大祖国(偏正)　　　　善于学习(动宾)
干得好(述补)　　　　　今天下雨(主谓)
理想与现实(联合)　　　首都北京(同位)
摔门出去(连动)　　　　让低碳远离"作秀"(兼语)
两把(数量)　　　　　　黄河以北(方位)
读过书的("的"字词组)　在教室里(介词词组)
所花费("所"字结构)　　烈焰般(比况)

八、

1. 面目清秀,风度翩翩。
2. 人在中国,心向世界。
3. 火光映红了石壁,血水染红了悬崖。
4. 竞争力量,比赛机智。

九、

1. 打捞起来 一条船
　　└─述─┘ └─宾─┘
　└述┘└补┘ └偏┘└正┘
　　　　　　　└─数量─┘

2. 我们的 前途 无限 光明
　└──主──┘ └──谓──┘
　└偏┘└正┘ └偏┘└正┘

3. 学会 全面地 看问题
　└动┘ └───宾───┘
　　　　└───动┘└宾┘
　　　　└偏┘└正┘

▶ 附　录

十、
1. 找到了孩子的父亲——父亲找到了孩子。
2. 漂亮的姑娘的上衣——姑娘的上衣漂亮。
3. 几个学校的老师——学校的几个老师。
4. 烧带鱼———份烧带鱼。

第五章　名词的分类和运用(上)

一、一个词或词组,只要用特定的语气语调说出来,通常就是一个句子。

二、基本句型是依据句子结构的状况确定的。遇到一个句子,先看它是单句还是复句。如果是单句,再看它是主谓句还是非主谓句;如果是复句,再看它是一般复句、多重复句还是紧缩句。再往下,如果是主谓句,还要看它是完全句还是省略句;如果是非完全句,还要看它是独词句、无主句还是无谓句。由于单句可以充当复句的分句,因此,确定句型,重点在单句。单句的基本句型是主谓句和非主谓句以及它们的再分类。

三、省略句中省略的部分,常见的是主语,有时候是谓语,也可以是其他句法成分。省略是有条件的,或一定上下文中承上、蒙下省略,或自述省略"我",或对话中省略重复部分和共享知识。因为,省略是有条件的,省略的成分也比较确定,所以,一般都可以把它们补写出来。只是,一补出来,语言就显得啰嗦了。这一点不同于非主谓句。

四、处在句子的前半部分,作为被陈述对象或话题,回答"谁"、"什么"等问题的词语,叫作主语;处在句子的后半部分,用来陈述、说明主语或充当述题,回答"怎么样""是谁""是什么"等问题的词语,叫作谓语。

名词性词语充当主语是最常见的。谓词性词语也能充当主语,但有一定条件,即谓语通常属于:表示描写的,一般由形容词性词语充当;表示判断的,一般由动词"是"和它的宾语组成的动宾词组充当;表示评议的,一般由动词"有"和它的宾语组成的动宾词组充当。

可以充当谓语的词语:名词性词语作谓语,构成名词谓语句。一般是短句,口语中运用较多;动词性词语作谓语,构成动词谓语句。动词性词语作谓语是无条件的;形容词性词语作谓语,构成形容词谓语句,除非谓形容词、象声词之外,一般形容词作谓语也是无条件的。指代形容词的代词也可以作谓语;主谓词组作谓语,构成主谓谓语句。通常把主谓谓语中的主语叫作"小主语",把谓语叫作"小谓语"。

五、名词性词语作谓语是有条件的。名词谓语句,主语常同"人"、"时令"有关,谓语则说明与主语相关的日子、天气、籍贯、领属或某种属性、特征。数词作谓语通常是说明年龄、而且必须是两位数的。数量词组作谓语时,主语常是数量词组。名词性谓语的主要作用是说明或判断主语,有时也用来描写主语。

六、主谓谓语句主要有三种:第一种,小谓语是及物动词,但不带宾语;主语是受事,是小谓语意念上的宾语;第二种,小主语和小谓语有从属关系;第三种,小谓语带有宾语;全句的主语可以加上介词"关于、对于",或"在……上"组成介词词组。

七、动词后面的词语,可能是宾语,也可能是补语;形容词后面的词语,一般是补语。宾语出现与否,决定于动词的性质。一般认为,可以带宾语的动词是及物动词(或他动词),不能带宾语的是不及物动词(或自动词)。

宾语由什么词语充当,也决定于动词的选择性。现代汉语的动词,多数只带名词性宾语,少数只带谓词性宾语,有些两种宾语都可以带,多数动词只带一个宾语,少数动词可以带两个宾语;作补语的词语,有的不必借助结构助词"得",有的一定要借助"得"。

八、宾语只能出现在由动词充当的述语之后,接受动词的支配,主要表示动作行为的对象,也可以表示产生动作行为的有关因素,回答"谁"、"什么"、"怎么样"的问题;补语既可以出现在由动词充当的述语之后,也可以出现在由形容词充当的述语之后。它主要用来补充述语,说明动作行为的结果,动作行为延续的时间、出现的次数,性状的程度以及与述语有关的其他因素等等,回答"多久"、"怎么样"、"多少"的问题。

九、定语主要是主语中心语或宾语中心语的修饰成分;状语则是谓语中心语的修饰成分。此外,名词性偏正词组中的修饰成分也叫作定语,谓词性偏正词组中的修饰成分也叫作状语。有时候,句子前面还有修饰成分,即"句首状语",是修饰整个句子的。

充当定语的词语,有的必须借助结构助词"的",有的不必;充当状语的词语,有的必须借助结构助词"地",有的不必。

十、定语修饰中心语所能表示的语义较多,大致为四类:一是领属性定语。表示领有或从属关系,一般由名词和代词充当;一类是限制性定

附 录

语。举出某种属性或特征来对中心语加以分类或限定,有区别作用;一类是描写性定语。描写中心语的形状、数量等,使中心语所表示的人、事物、现象具体化、形象化;一类是同一性定语。表示定语和中心语所指相同。

状语修饰中心词所表示的语义,也是多方面的。

十一、复说成分的作用主要是使句子条理清楚。此外,由于被复说成分和复说成分指称相同,因此,也就强调了所指称对象。

十二、插说的作用在于给句子增添某种意义,如表示应答、招呼或感叹;表示提醒、强调或范围;表示推测、估计或消息来源;表示心情、态度或语气;表示总括、补充或按注。从而使语义更为细致准确。

十三、

1. 是　　　　　　　　2. 不是
3. 不是　　　　　　　4. 是

十四、

1. 提高整个中华民族的科学文化水平,‖是亿万人民群众的切身事业。(动宾‖动宾)

2. 现状和习惯‖往往束缚人的头脑。(联合‖偏正)

3. 一年‖三百六十五天。(量词短语‖量词短语)

4. 康熙皇帝‖对当时西方传教士所带来的一切欧洲学术,几乎都发生兴趣。(同位‖偏正)

5. 当年红军二方面军长征渡金沙江时总指挥贺龙写的一封信‖已经在云南丽江纳西族自治县发现。(偏正‖偏正)

6. 越王勾践‖独自坐在石室里。(同位‖偏正)

7. 用历史著作《三国志》去对比文学著作《三国演义》,‖未尝不是有益的事。(偏正)‖(偏正)

8. 几乎大多数历史事件和历史人物,‖史学界的评价还莫衷一是。(偏正)‖(主谓)

十五、

1. 我一次能擒获二三十只这种野鸭子。
2. 你还信不过我吗?
3. 《锦城成都》这本书里有介绍川菜的刀功特技。
4. 马年的纪念邮票,我买了两套。

《逻辑·语法·修辞》各编练习题参考答案

十六、

1. 他的话说〈到我的心坎里〉了。
2. 树上掉〈下〉｜一个苹果〈来〉。
3. 我找〈到〉了｜他的同学。
4. 这时已经是｜下午三点多钟了。
5. 一条船可以坐｜五十人。

十七、

1. 妈妈拿来(一件)(崭新的)(白色)(丝绸)衬衫。(数量词组、形容词、名词、名词)
2. (我们的)国家进入了(新的)(历史)时期。(代词、形容词、名词)
3. 这是(一把)(刚买来的)(塑料)玩具枪。(数量词组、偏正词组、名词)
4. 法律保护(公民的)(合法收入、储蓄、房屋等)所有权。(名词、联合词组)

十八、

1. 本句为称代式复说,把"我们的部队,我们的战士"放在前头,然后用"他们"加以复指,显然是为了强调。从上下文看,"谁是我们最可爱的人呢?"接着加以回答:"我们的部队,我们的战士",使表达的语气肯定,衔接得更紧凑。
2. 本句为总分式复说,"大乔和小乔"是总说,"有的"、"有的"为分说。它的作用主要是使句子条理清楚,同时也强调了所指对象。

十九、

1. 天气‖〔是〕好。
2. 他〔是〕‖长高了。
3. 村里‖来了个送信的。

二十、

1. 第一个分句的主语是"小张",可第二个分句的主语不再是"小张",所以第三个分句以第一个分句的主语作为自己的主语就不妥当了,应该加上"小张"。
2. 食堂工作人员认为是"整人"、"有意刁难",这是指什么讲的呢?"是……"之前少了主语。可加指示代词"这"。"这是……'有意刁难'",主谓词组,充当"食堂工作人员认为"的宾语。

▶ 附 录

3."保证粮食不断增长",粮食怎么增长呢?"粮食"为"粮食产量"之误,少了中心语"产量"。如果"粮食"不改动,那下文的"增长"应改为"增产"。

4."公益劳动"为"参加公益劳动"之误。"公益劳动"为名词性偏正词组,不能充当主语"百万市民"的谓语,其前应加上动词"参加",由这个述宾词组充当谓语。

5."引起了重视","引起了"谁的重视?应该加上"他们的",加以明确。

第六章 句子的分类和运用(下)

一、几个动词表示连续发生的几个动作,这几个动作之间有先后关系;几个动词之间有方式或手段和目的的关系;几个动词之间有原因或条件和结果的关系;两个动词从正反两面共同说明、相互补充;前一个动词表示可能或必要,后一个动词表示相应的行为。

二、现代汉语里,能组成兼语词组的第一个述语的动词是有一定限制的。这些动词通常表示"使令、请派、认定、协助、陪同"等意义,因此,能触发它的宾语产生相应的动作行为,并成为第二个述语隐含的主语。所以,才有"兼语词组是由动宾词组和主谓词组套接而成的"的说法。

三、组织表示"处置"的"把"字句,有两点要求:谓语中心必须是能带受事宾语、具有"处置"能力的动词;谓语动词不能是"光杆"的,即前后必须有别的成分。组织表示"成为"的"把"字句,要注意,句中的"乙"和"丙"应当同一性质、同一范畴,或者有某种相似点,可以构成比喻。否则,也可能出现病句。

四、组织"乙"被"甲"怎么样类的"被"字句时,要注意谓语中心语必须是在语义上能支配主语的动词;主语表示的是定指的人或事物;"被"所组成的介词词组应尽量靠近相关的动词,尤其不应用副词或助动词把它们隔开;在"为/被……所"格式中,谓语中心语后面一般不能有其他词语;除了"为/被……所"格式外,"被"字句的谓语动词不能是"光杆"的;要防止滥用"被"字。

五、表示"等同"的"是"字句;表示"归类"的"是"字句;表示"存在"的"是"字句;表示"强调"的"是"字句。

六、其一是两说并存;其二是两式杂用;其三是两句捏合。

七、意义上密切联系;结构上互不包容;语气上句调统一;分句间有小停顿。

八、联合复句有并列、连贯、递进、选择、分合等几种类型。并列例:我的朋友是个性格开朗的人,也是个热情的人;连贯例:老师推门走进教室,学生们都站了起来;递进例:写一本书尚且不费力,何况是一篇小小的评论呢?选择例:这本书不是十块,就是二十;分合例我们必须从两个角度来考察这个问题,一个是政治角度,一个是经济角度。

九、偏正复句有因果关系类型,例:既然知道错了,就快改了吧!转折关系类型,例:此地气候四季如春,然而春天仍然是最好的季节。条件关系类型,例:只有健康长寿,才能安度晚年。让步关系类型,例:即使一天不吃不喝,一天也要消耗一千大卡。目的关系类型,例:丢了好,省得我再扔了。

十、紧缩复句有主语不同类型,例:你为难,我更为难。主语相同类型,例:你不想看也得看。

十一、多重复句就是结构层次至少有两个或两个以上,分句之间具有多种关系或多层关系的复句。分析多重复句主要抓两条,一是综观全局,逐层剖析;一是抓住关联词语,参考语义关系。

十二、

1. 兼语句
2. 兼语句
3. 兼语句
4. 连动句
5. 兼语句
6. 兼语句

十三、

1. "把小岛建成花园一样美丽",是把两种结构套在了一起,可改为"把小岛建成美丽的花园"或"把小岛建设得花园一样美丽"。

2. 两种结构杂糅。可改为"考试设在一间古色古香的大厅里"或"考试在一间古色古香的大厅里举行"。

3. 缺少同启下连词"不但"相搭配的承上连词,应在"提高"前添上"而且"。

4. 错用关联词语。第二分句与第三分句之间是充足条件关系,应将

> 附 录

"只有……才"改为"只要……就";全句第一层应为条件关系,不是假设关系,应将"如果"改为"无论"。

5. "黄金季节"前缺定语"旅游",其后的句号应改为逗号。"游客"前的定语"全国"也多余,删去。"机会"前也应加定语。

十四、

1. 因果关系,偏正复句。
2. 并列关系,联合复句。
3. 因果关系,偏正复句。
4. 并列关系,联合复句。
5. 因果关系,偏正复句。

十五、

1. 因为我们是为人民服务的,│所以,我们如果有缺点,‖就不怕别人批评指正。
2. 三味书屋后面也有一个园,│虽然小,‖但在那里也可以爬上花坛去折腊梅花,‖‖在地上或桂花树上寻蝉蜕。
3. 想有乔木,‖‖‖‖想看好花,‖‖‖一定要有好土。‖没有好土,‖‖‖便没有好花,│所以土实在较花木还重要。

十六、

1. "扎堆势众不仅是为了占窝,也是为了取暖。"这是一个复句,包含两个分句:"不仅是……,也是……"。"扎堆势众"是共同的主语,从它所表示的意义来看,只能做前一个分句的主语,不能做后一个分句的主语。因为"势"是"势力"的意思。如"人多势众"、"仗势欺人"等,"扎堆势众"和"占窝"有关,和"取暖"就没什么关系了。这就犯了"顾此失彼"的毛病。可改成:"扎堆不仅势众,便于占窝,也是为了取暖"。

2. 该句想要表达的一是白天辨别方向比较容易,黑夜比较难;一是介绍黑夜怎样辨别方向。可是第一层意思只说了一半就匆匆转入下一层,使人弄不清楚作者的思路。修改的办法可先把第一层意思该说的话补全:"白天……容易,黑夜比较困难";然后,在第二层意思的开头加上一些过渡性的文字,再往下说,及改成:"不过也有办法,除指北针外……"。

3. 这复句中有两个表示结果的分句,一是"之所以消费火爆",一是"所以人们花钱的积极性很高"。可是一个放在开头说,一个放在最后说,为什么要把它们分开呢？应该合并一处。全句可改为"去年国庆节期间之所以消费火爆,人们花钱的积极性很高,很重要的一个原因就是加薪,再加上正值建国五十周年大庆、中秋佳节"。

第七章 句群的分类和运用

一、句群是在语义上有逻辑关系,在语法上有密切关系,在结构上衔接连贯的一群句子的组合;是介于句子和段落之间的语言单位,或者说是大于句子、小于段落的语言单位。在语言运用中,句群是相对独立的"语义句法"单位,它经常以一定的语言手段为组合标志,可以从语流中切分出来。

二、句群的类型有：

1. 并列句群,例:风,更猛了。雪,更大了。天也越来越黑了。

2. 连贯句群,例:被俘战士用愤怒和鄙视的眼光对着敌人。接着,昂然走向刑场。

3. 递进句群,例:在这些时候,我可以附和着笑,掌柜是决不责备的。而且掌柜见了孔乙己也每每这样问他,引人发笑。

4. 选择句群,例:这不正是学生对老师的一片情意吗？或许是孩子对母亲的一颗心。

5. 总分句群,例:从严密的综合科学体系讲,最基础的是两门学科。一门物理,是研究物质运动基本规律的学问。一门数学,是指导我们推理、演算的学问。

6. 解证句群,例:修陵的民工达70万人。当时秦朝全国总人口约2000多万,壮丁也不过700万人。也就是说10个壮丁中就有1个被征去替秦始皇修坟,这对老百姓是多么沉重的负担呀！

7. 因果句群,例:那清香纯净疏淡,像是桂花香,又像是兰花香,细想又都不像。因为小寒前后,桂花已开过,兰花却还要迟些日子才开。

8. 目的句群,例:我们要在进入这片大沙漠之前把车检修一遍,把油备足。免得在大沙漠里中途"抛锚",免得给基地带来麻烦。

9. 条件句群,例:我小时侯,有一次杨梅吃得太多,发觉牙齿又酸又软,连豆腐也咬不动了。我这才知道,杨梅虽然熟透了,酸味还是有的,因为它太甜,吃起来就不觉得酸了。吃饱了杨梅再吃别的东西,才感觉牙齿被它酸倒了。

附 录

10. 转折句群,例:他放心了,我却沉重地忧虑着,但不能说出来。

三、应注意:上下句子要连贯;前后语意须照应;推理论证合逻辑;遣词造句合语境。

四、

1. 我没地方去!(一)│这是我的家,(二)‖也是我的坟墓!(三)‖况且,刀放脖子上的时候,(四)‖‖我要是躲开,(五)‖‖‖就太无勇了吧!(六)

(一)和(二)——(六)是解说关系,(二)(三)与(四)——(六)是递进性并列关系,(二)和(三)是一般性并列关系,(四)和(五)(六)又是解说关系,(五)和(六)是假设性因果关系。

2. 不论是作家与否,都可以有幽默感。(一)│所谓幽默感就是看出事物的可笑之处,而用可笑的话来解释它,或用幽默的办法解决问题。(二)‖比如说,一个小孩见到一个生人,长着很大的鼻子,小孩子是不会客气的,马上叫出来:"大鼻子!"(三)‖‖假若这位生人没有幽默感呢,也许就会不高兴,而孩子的父母也许感到难以为情。(四)‖‖‖假若他有幽默感呢,他会笑着对小孩说:"就叫鼻子叔叔吧!"(五)‖‖这不就一笑而解决了问题么?(六)

这是一个五重句群,不常见,但也会出现。(一)是总括,(二)——(六)是解释说明;(二)又是总括;(三)——(六)是解说;(三)(四)(五)是解说;(六)是总括;(四)(五)是分述。

3. 老李这才明白她,确是好看!不算美;好看。(一)│浑身上下没有一处不调匀,不轻巧。(二)‖小小的身量,像是名手刻成的,肩头,腿肚,全是圆圆的。(三)‖‖挺着小肉鼻梁,项与肩的曲线自然、舒适、圆美。(四)‖‖长长的脸,两只大眼睛,两道很长很齐的秀眉,(五)‖‖剪着发,脑后也扎了两个小辫——比李太太的那两个轻俏着一个多世纪!(六)‖‖穿着件半大的淡蓝皮袍,自如,合适,露着手腕。(七)‖一些活泼,独立,俊秀的力量透在衣裳外边,把四周的空气也似乎给感染得活泼舒服了,像围着一个石刻杰作的那点空气。(八)‖不算美;只是这点精神力量使她可爱。(九)

(一)是整个句群的主题,(二)——(九)都是说明这个主题的;(二)是总括,说明为什么"好看";(三)——(九)是分述,具体说明"浑身上下没有一处不调匀,不轻巧";(三)——(七)是并列关系,写外表;(八)

318

(九)并列关系,写内在的精神力量。

《修辞编》练习题参考答案

第一章 修辞概说

一、这种说法欠妥。它贬低和缩小了修辞的功能。"咬文嚼字"只是修辞的部分功能。修辞还要研究句式、修辞格、语言风格等内容;至于说是"文字游戏"也是不妥当的。修辞是语言的一种综合运用,涉及面极广。

二、修辞活动,也叫修辞行为。这种修辞活动或修辞行为,就是在一个特定的条件下,为了取得最好的表达效果,根据自己所要表达的思想内容,对语辞的选用,句子的锤炼,特定修辞方式的运用,以及篇章结构和语体风格等语言手段的一个选择过程;修辞规律,就是运用恰当的表达手段以提高语言表达效果的规则和方法;修辞学,就是研究运用恰当的表达手段,为适应特定的语境,以提高语言表达效果的规律的科学。

第二章 词语的选用

一、

1. 改为:一到三伏天,来歇伏的差不多净是蓝眼珠的外国人。

"夏天"和"三伏天"意思相近,但有区别。"夏天"历时长,改为"三伏天"更准确,且三伏天天气炎热,到北戴河避暑,也很自然。

2. 改为:在北京大学的美丽校园里,一股沉闷、忧郁的空气压得人透不过气。宝塔落到了未名湖里,它的影子颠倒了过来。好像这个大学也就是如此。

因为"水"是概括的意义,较为空泛,不如"未名湖"具体。同时,能使之带上北京大学特有的地方色彩。

二、

1. 这里作者对词语的意义选用充分考虑到了感情色彩。原来鲁迅先生是这样写的:"终于这事情消灭了,干事却又竭力运动,要收回那一封匿名信去。"但后来改为用贬义词"流言"代替了原来的中性词"事情",表现了鲁迅先生对制造流言飞语的无耻小人的痛恨和憎恶的感情。

2. 由于使用了"毛茸茸"、"亮晶晶"两个词语,使树枝上的雪条儿有

附 录

了形象和色泽;由于使用了"蓬松松"、"沉甸甸"两个词语,使柏树上的雪球儿有了质地和重量。这些具体可感的词语,给这幅图景以形象的渲染,使这段文字犹如一幅画卷,成了名副其实的瑞雪图。

3. 这里的"红"与"黑",不再表示两种颜色,它们在原来的意义基础上,增添了新的意义。"红"给人明朗、美丽的感觉,这里代表朝鲜解放了的天地;"黑"给人昏暗、沉闷的感觉,这里代表韩国被美李统治的天地。"红"与"黑"的活用,增强了语言的形象性。

4. 这里的"挤"字,既反映了门缝里进雾的特点,也反映了外面云雾之浓,还反映了"我"不愿意接受雾而又无力排除它的矛盾心情。

三、

1. 此三句都是由两个主谓句构成的复句,但表达效果很不相同。首句形象不够具体,但语气急促,简洁明快;次句形象虽然也不够具体,但语气较为舒缓,增加了一些抒情色彩;三句形象具体鲜明,语气也更加舒缓,使得抒情色彩更浓了。

2. 第二句较好。因为第一句中"运货车"、"响着"、"铁轮"三个词语配合起来,含义模糊不清。应是领属性词语"运货车"居于主语地位,而主语"铁轮"反放在了宾语的位置,造成了配合关系的混乱。所以应做调整。写成"笨重的运货车的铁轮有韵律地响着",意思就明白了。

3. 由前文的描写可以推知,此时的西天上并不是"大风起兮云飞扬"的动态,而是静态。下一句无端地用一"飞"字描绘成"晚霞",是不符合实际状况的,所以,用"铺"字,表意才贴切。

第三章 句子的选用

一、

1. 这个散句,两个分句结构不同,但语意贯通,散而不乱,描述了一个英俊人物的特征。

2. 这个整句中三个分句都是结构相似的主谓句,而且主语、谓语的末了都是押韵的,形式整齐,音韵和谐,流畅地抒发了赞颂党的真挚感情。

二、

1. 运用了被动句"却又让云遮去了一半",这是为了保持叙述方向的一致,让"月亮"这个话题贯穿下去。假如不用被动句式,而说成"云又遮去了一半",那就使得话题一会儿是"月亮",一会儿是"云",叙述方向变来变去,使人感到别扭。

2. 运用了短句,生动活泼地描述了春天的景象和气氛。

三、

1. 此处的文言数量词组"一臂"不妥,应改为"一条胳膊"这种现代汉语的表现形式,因为更加通俗易懂。

2. 在这段描述中,作者采用了"者……也"的文言句式,使文笔生动活泼,增强了讽刺的力量。

第四、五章　修辞方式(上、下)

一、

1. 对比。同是关于"死",但却有着两种截然不同的意义,用这两个分句来表示,赞扬什么,反对什么,态度极为鲜明。

2. 比拟。把事物当作人来描写,表现出鲜明的物我交融的感情色彩。

3. 双关。这是暗示王熙凤一生,"凡鸟"两字合起来是王熙凤的"凤"字。"一从二令三人木"是说贾琏对王熙凤始是听从(一从),继而是冷淡(二令),终于遗弃(人木,即休,是休弃的意思。)"哭向金陵",是说被休后哭泣着回到金陵。这首诗概括了王熙凤的一生遭遇。

4. 反语。"高雅的人"是对那些极力反对白话文的封建复古主义者的否定。

5. 反复。用这种接连反复的语言,表达了心中异常愤慨的感情。

二、

1. 借代和借喻既有联系又有区别,不能混淆。主要表现在:

(一) 两者的基础不同。借代是要求借体和本体有密切的关系,一般是具体、实际的,它的构成基础是事物的相关性。如红领巾是少先队员的标志。而借喻是一种比喻,它要求喻体和本体有一点相似性,一般是较为虚灵,它的构成基础是事物的相似性。如用"祖国的花朵"比喻小孩子,本体和喻体是靠相似点新鲜、有朝气、象征未来联系起来的。但相似与相关并不等同。借喻虽然不出现本体,但它还是属于比喻,所以可以变换成明喻,如可说"孩子们像祖国的花朵"。而借代是直呼借体,是换种说法和名字而已,不能构成明喻,如就不能说"少先队员像红领巾"。

(二) 两者的作用不同。借代和借喻虽都有形象化的作用,但又各有

附 录

侧重,借代重在揭示事物的特征;而借喻则是重在描绘意境。借代的作用在于"代",借喻的作用在于"喻",所以借喻可以变换成明喻而借代却不行。也就是说,借代的本体和借体可以各种各样的相互关系,但却不包括相似关系。所以说,本体与借体重要是有相似性,可以成明喻的,那它就是借喻,而非借代。

2. 比拟和比喻有相似之处,都是拿两个事物作比,都有使语言形象化的作用。但两者又有着明显的区别。比拟的重点在于"拟",它是把甲事物"当作"乙事物来写,两者彼此交融,浑然一体。从结构格式上看,两者也有不同:比喻是本体＋喻词＋喻体,谓语一般是比喻词,而非动作动词;比拟是本体＋拟体,主语是本体,谓语,也就是拟词,一般为动词,动词相关部分是拟体。构成比喻的基础是事物的相似性,而构成比拟的基础则是想象上的变通之处。不管哪种比喻,喻体一定出现,喻词、本体有时则隐去。如"工作好比千斤担"、"工作是副千斤担"、"接过这副千斤担"分别运用了明喻、暗喻、借喻的手段,但无论怎样,"千斤担"这一喻体总是要出现的;而比拟则是直接把甲事物当作乙事物来写,作为拟体的乙事物始终不出现,如将比拟句"对方声嘶力竭地狂吠",加入拟体,说成"对方像疯狗一样声嘶力竭地狂吠",那么这就不是比拟,而成了比喻了。

三、

这里兼用了回环、对偶、对比。其修辞效果是"横看成岭侧成峰,远近高低各不同"。从这一角度看是甲格,从另一个角度看又是乙格。兼用可使多种不同的修辞效果交织在一起相互作用,相互补充,浑然一体,增添文采合力。